88条股市老经验 让你快速从股盲到股精

护城河工 ◎ 著

图书在版编目（CIP）数据

88条股市老经验让你快速从股盲到股精/护城河工著.
-- 上海：立信会计出版社，2015.8
（擒住大牛/荣千主编）
ISBN 978-7-5429-4721-5

Ⅰ.①8… Ⅱ.①护… Ⅲ.①股票投资—基本知识
Ⅳ.①F830.91

中国版本图书馆CIP数据核字(2015)第136180号

策划编辑　蔡伟莉
责任编辑　蔡伟莉　孙　勇
封面设计　久品轩

88条股市老经验让你快速从股盲到股精

出版发行	立信会计出版社
地　　址	上海市中山西路2230号　　邮政编码　200235
电　　话	（021）64411389　　　　　传　真　（021）64411325
网　　址	www.lixinaph.com　　　　　电子邮箱　lxaph@sh163.net
网上书店	www.shlx.net　　　　　　　电　话　（021）64411071
经　　销	各地新华书店
印　　刷	廊坊市华北石油华星印务有限公司
开　　本	787毫米×1092毫米　　　　1/16
印　　张	15.25　　　　　　　　　　插　页　1
字　　数	289千字
版　　次	2015年8月第1版
印　　次	2015年8月第1次
书　　号	ISBN 978-7-5429-4721-5/F
定　　价	42.00元

如有印订差错，请与本社联系调换

前言

中小股民抱着赚钱的美梦进入股市，但大多数却只能重复着凄凉的赔钱故事。而很多股民之所以投资亏损，往往是因为步入了认知和操作的误区。事实上，在股市中每个股民都有过犯错误的经历，而且有些错误还会一犯再犯。这就形成了操作上的一些通病，如果不及时诊治，对投资来说后患无穷。

股市中令人犯错的陷阱如此之多，对股民来说，如果亲身经历每一个陷阱后才得到教训，付出的代价将是巨大的。聪明的投资者总是善于吸取别人的教训，多动些脑筋，少付出些真金白银的学费，何乐而不为？

许多中小股民喜欢打听股票内幕消息，根据小道消息和股评建议来买股票。脑袋长在别人身上，用自己的血汗钱去冒险；很多股民盲目跟风，而不是认真分析，仔细求证。只有在盲目跟从别人吃亏上当后，才意识到"导师"不过是是滥竽充数的南郭先生。

一些股民不会看基本面。股市中有句老话叫做：长线看基本面，短线看技术面。炒股做长线一定要关注基本面，但不是静态地关注，必须注意基本面是变化的，尤其要警惕基本面的陷阱。如果基本面发生逆转，要长线止盈，技术面走坏要短线止损。

还有一部分中小股民认为股市理论不过是"阳春白雪"，看着好看，但却不实用，对实际股票操作也没有没什么帮助。这是一个很大的误解。不识庐山真面目，只缘身在此山中！理论，是从实际中总结出来的，理论可以从宏观上指导我们的实践。如果仅仅看到某些漩涡和逆流，而看不到历史长河的奔腾，只能说明观察者的短视。那些每天眼光短浅的，锱铢必较，斤斤计较今天涨几分，明天跌几角，患得患失，总想精确的预测股市的人，其结果只能是海森堡所说的：越想测准就越测不准。相反，如果你能了解并通过股市理论对股票市场建立一个完整的概念，那么你就有了更大的视野和驾驭全局的战略眼光，在操作股票时，你就能更好地把握并预测股市大的走势。

一些中小股民往往是匆匆入市，并没有做好充分的研究和准备，不学习炒股技巧，不掌握股市的一些基本规律，就想大赚特赚，他们甚至连起码的量价关系和通道理论都不清楚，结果很多时候白白地放走了大牛股；还有一些股民因为在技术分析中犯错，误判市场的主要趋势，将下跌途中的局部反弹误认为行情反转，往往在反弹的顶部买进股票，惨遭套牢，损失巨大。

一些中小股民失败的原因往往在于一些错误的操作，而错误的操作又归因于一些似是而非的观念。比如不设止损位，在亏损之初，不愿了断，却一相情愿地认为自己的股票会很快回升而失去了更多的机会；敢输不敢赢，赚了一点就跑，最终结果总是赚小头亏大头。股票市场险象环生，如果有惊无险时便逃之夭夭，永远都不可能赚到大利润。

本书全面地分析了中小股民在消息、理论、技术、交易、实战、跟庄、观念等各个方面的易犯错误，还通过图文对照的深入阐述及大量实例剖析，对中小股民应如何避免落入常见的陷阱做了详尽讲解。此外，在每辑之后，我们还针对讲解的内容设计了相应的强化习题，既注重理论的深度、方法的讲解，也注重实例的解析，力图使读者在读过本书后能够做到学以致用。

法布尔在《昆虫记》当中这样写道："4年黑暗中的苦工，换来一个月的纵情吟唱。"这或许也是很多中小股民的真实写照——你要在寂寞中积累经验、改正错误，认真地从失败中学习，让自己不断进步，这样才最终能在存有不确定性的市场中，找到一丝必然性来实现最终的盈利！

目 录

第一辑 观念至上——股市没有击败你，是你自己击败了自己 /1

1. 适时止损，长期不卖未必稳赚 /2
2. 慎抢反弹，急跌之后未必反转 /4
3. 敢输敢赢，割肉不断未必安全 /7
4. 不要恐高，高价股票更易掘金 /9
5. 操作要稳，频繁操作放跑黑马 /11
6. 分散有度，多买未必分散风险 /13
7. 巧打新股，广撒网未必多捕鱼 /15
8. 把握风险，保本才是第一位的 /16
9. 不要贪婪，最高点卖出不现实 /17
10. 不要迷信，高送转可能变陷阱 /19
11. 追涨有度，学会在拉升中出逃 /21
12. 盘整慎入，形势不明易出差错 /23
13. 不做赌徒，炒股不是一场豪赌 /25
14. 不要刻板，资金投入手法多变 /27

第二辑 基本面分析——宏观为天做长线，不把握变化难赚钱 /37

15. 关注发展，炒股不能只看年报业绩 /38
16. 不要轻视，政治因素对股价影响巨大 /39
17. 关注金融，货币供应量不能忽视 /40
18. 不要轻视，利率与股市涨跌密切相关 /42

19. 不要忽略，汇率变动可以影响股价 / 43

20. 把握特点，熊市慎选周期性行业股 / 45

21. 不要误读，把握财政政策变化 / 46

第三辑　理论误区——思路决定了出路，方向不对努力白费 / 51

22. 不要滥用，中短趋势少用道氏理论 / 52

23. 不要抛弃，黄金分割也可以测市 / 53

24. 把握精髓，不要踏入量能分析误区 / 56

25. 把握实战，不要忽略中长期均线 / 57

26. 灵活分析，不要太迷信数浪 / 60

27. 把握趋势，不要误解形态理论 / 64

28. 分清类型，不是每个缺口都会回补 / 69

29. 不要误读，价值投资需要真正理解 / 73

第四辑　技术分析——虚虚实实的技术，融会贯通避免误用 / 83

30. 把握技巧，不要被KDJ钝化误导 / 84

31. 分析条件，不要误用MACD金叉 / 88

32. 成功买卖，不要忘记利用周线图 / 94

33. 避开陷阱，DMI与CDP是黄金组合 / 97

34. 掌控节奏，别忘利用布林线中轨 / 99

35. 实战应用，不要轻视简单的SAR指标 / 101

36. 实战之法，不要应用ASI指标做长线 / 103

37. 分清形态，不要被假包覆线误导 / 106

38. 辨清真假，不要被假平台突破迷惑 / 109

39. 不要错过，均线与趋向线可灵活组合 / 113

40. 不要滥用，把握条件利用15分钟K线战法 / 115

41. 把握时机，不要错过头肩底入货信号 / 118

42. 识别陷阱，不要被"影线"轻易骗过 / 121

43. 不要混淆，分清调整浪A的波段形式 / 123

第五辑 交易分析——买卖技巧掌握好，头脑发热易被套 / 129

44. 理智追涨，选股不能不看涨幅 / 130
45. 辩证分析，不要看到地量就抄底 / 131
46. 把握机会，别错过暴跌、暴涨、暴量 / 133
47. 早早介入，不要放过黑马启动前兆 / 134
48. 不要错过，抓住跳空跌买入时机 / 137
49. 准确识别，不要错过旗形买入时机 / 139
50. 不要误判，别错过巨阴洗盘买入时机 / 141
51. 及早出货，不要留恋高位黄昏星 / 144
52. 果断离场，不要错过空方炮见顶信号 / 147
53. 出货清仓，高位量价背离不要再等 / 150
54. 均线炒股，脱线、八爪线时不要介入 / 152
55. 关注形态，高位不能不警惕平顶线 / 155
56. 未必看涨，并列阳线可能继续下跌 / 158
57. 把握周期，逃顶别忘常看周K线 / 160

第六辑 实战分析——没有不赚钱的股市，只有不赚钱的操盘 / 169

58. 把握开局，开盘后半小时不可轻视 / 170
59. 赢在终点，别忘在收盘前15分钟操盘 / 171
60. 避免冲动，不要轻率操作复牌的股票 / 173
61. 把握涨跌，买卖股票不要选错时机 / 175
62. 温故知新，不要忘记常做复盘练习 / 176
63. 洞察先机，不要不做尾盘成交量分析 / 178
64. 时刻警惕，不要跳入异动股的陷阱 / 180
65. 制订计划，不要把短线做成中线 / 181
66. 灵活判断，不要被个股假上涨迷惑 / 182
67. 深思熟虑，炒股不要随意地下单 / 184
68. 把握指标，不要忘记关注换手率 / 185
69. 高抛低吸，不要误读第一起涨点 / 187
70. 避免被套，抄底前别忘甄别事实 / 188

第七辑 跟庄经验——识破陷阱靠理性，盲目接盘难免被骗 / 197

71. 知己知彼，不要认不清主力优势 / 198
72. 研判动向，跟庄不可不看买卖盘 / 199
73. 逆向思维，警惕主力低位放量出逃 / 200
74. 不受蒙骗，不要被缩量回调吓倒 / 202
75. 小心为上，不要被假涨停板诱骗 / 204
76. 把握意图，不要过于迷信筹码分布 / 206
77. 不要盲目，别忘预估个股的上升空间 / 207
78. 心稳手稳，不要惧怕主力阴线震仓 / 211
79. 仔细分析，不要被主力大单所骗 / 214

第八辑 消息面错误——人群中积聚的是愚蠢，而不是天生的智慧 / 221

80. 跟风炒股，"风头"得利"风尾"吃亏 / 222
81. 不要盲目，重仓强势题材股要谨慎 / 223
82. 别听噪音，小道消息满布陷阱 / 224
83. 网络陷阱，世上没有免费的午餐 / 226
84. 不要跟风，散户要建立买卖规则 / 227
85. 不要追星，炒股莫做"追星族" / 229
86. 破除迷信，股评只能做参考 / 230
87. 不要轻信，警惕圈子变为陷阱 / 231
88. 不要循规，炒股可做反市场操作 / 232

第一辑　观念至上

股市没有击败你，是你自己击败了自己

在实战中，股民投入的资金并没有太大的差别，但收益却迥然不同，其原因就在于炒股者的观念不同，炒股很多时候就是考验人的观念，观念正确了，就会在股市中赚钱。因此中小股民既要锤炼技术熟练程度和对细节的把握能力，又要建立健全良好的投资观念，不因暴涨而冲动，不因暴跌而恐慌，在风云变幻的股市中始终保持理性行为，只有战胜了自己才能战胜股市。

1. 适时止损，长期不卖未必稳赚

止损是一个怎样重复讲也不过分的问题，毕竟对于投资者来说保本是第一位的。但是还是有很多投资者无法做到明智地止损，他们总是存着侥幸心理认为：短线股价虽然下跌，但一定会再涨回来，只要长期抱着，总有赚钱的那一天。极端者甚至认为，股票大趋势总是上涨的，因此只要不卖就不会赔钱，长期下来一定赚！但事实真的是这样吗？

林先生是一个资深股民，在2010年4月初，他以每股21.30元的价格重仓亚宝药业（600351），4月13日该股涨至23.20元，与他同期买入的股友抛出了该股票，但林先生认为后市还会有大行情，因此仍然按兵不动。没想到5月初亚宝药业股价跌到了19.60元，妻子劝他将股票卖出，他确认为妻子有点大惊小怪，坚持持有。此后亚宝药业股价在一个小反弹后再次下跌，到了5月12日，股价已跌至18.60元，而林先生预设的止损位是百分之十，即19.17元。股友劝他赶快割肉止损，但是林先生犹豫了：如果现在将股票卖出的话，损失数额还是比较大的，不如再坚持一下，等再有个反弹挽回一点损失再卖出吧！

林先生的犹豫带来了可悲的后果，5月27日亚宝药业股价跳水大跌，每股跌至10.09元，其后一路走跌，并在相当长一段时间内股价徘徊在10元左右，林先生深度套牢。

股市中像林先生这样无法果断止损，总抱有侥幸心理的人并不少见。这里要再一次强调，认为股价再怎么下跌也总会涨回历史高点的想法是非常错误的，我们可以找到系列串已经自市场上除名的公司，事实会证明给你看，"股价总会涨回来"这句话有多么靠不住。

股市中理性的投资者，应该是"买慢，卖快"。看好一只股票，应该多看看，多比较。决定买了，也没有必要追高。很多人不是这样，只要一有什么消息，就怕它跑了，快速买入，然后就是漫长的等待。套住了，不止损。也不忍心割肉。套久了，忍

无可忍了，这才下决心回去拿"刀"，这才发现已经没有肉可割了，剩下的是骨头，但还是一刀斩下去。

投资大师吉姆·罗杰斯（Jim Rogers）告诫投资者：出错是伴随投资过程的不可避免的部分；出错并不可怕，可怕的是出错不改而酿成大祸。无论是何原因，只要股票价格低于止损价格，股票就应卖出而防止损失继续扩大。投资大鳄乔治·索罗斯（George Soros）也说过"学会止损，千万别和亏损谈恋爱"。

止损是投资中一个很重要的概念，在股票这个风险市场中，任何人都不可能完全不出任何差错，而一旦套牢特别是深套便很难做出妥善处置。有的人可能会认为，"止损"就意味着将账面浮亏变做了现实，这是他们所难以接受的，这一点在新投资者中尤为多见。但事实上，主动积极的止损能够避免损失的进一步扩大，同时为下一步的调整留备了空间与能量。

比如在2007年下半年国内股市到达巅峰状态时，投资者都欢欣鼓舞。然而随之而来的掉头直下，却给很多投资者造成了账户损失。一些心存侥幸的人，过于犹豫，总想再等一等，看一看，在迅速变化的市场环境中导致亏损一再扩大，不仅错过了止损的好时机，还陷入了深度套牢的窘境。即使后市出现了转机，由于亏损幅度过大，也很难扭转乾坤。而经验老到的投资者，敏锐地嗅出了市场的气息，果断地撤出场外，最终成功地躲过了一劫。

那么，投资者怎样止损才合适呢？

①在任何情况下，用百分比而不是价位来表示止损距离，尽管承受能力、操作风格等具有很大差异，但5%至10%通常是可接受的合理幅度，而对不同价位或不同敏感度的个股，也需设置不同的止损距离：对股价较低或股性较活跃的个股，幅度可适当放宽；反之，则应以下限为准。

②在买入的情况下，止损价位一般以收盘价为准，且设在前一个局部小底部以下，以免被盘中震荡被过早地清理出局，而幅度又不能过大以确保回补时有倒差价，否则止损就是无情地将原本看好的个股割在了地板上。

③在卖出的情况下，止损价位通常设在前一个局部小顶部以上，且应以收盘价为准，但幅度也不宜过大，以免因短线的小幅反弹而回补在另一个高位。

此外这里还要介绍一种相对复杂一点的技术止损法。这种止损法是将止损设置与技术分析相结合，剔除市场的随机波动之后，在关键的技术位设定止损单，从而避免亏损的进一步扩大。

比较特别的是，技术止损法没有一个固定的模式。一般而言，运用技术止损法，其原则就是以小亏赌大盈。例如，中小股民在上升通道的下轨买入后，等待上升趋势的结束再平仓，并将止损位设在相对可靠的平均移动线附近。就沪市而言，大盘指数上行时，5天均线可维持短线趋势，20天或30天均线将维持中长线的趋势。一旦上升行情开始后，可在5天均线处介入而将止损设在20天均线附近，既可享受阶段上升行情所带来的大部分利润，又可在头部形成时及时脱身，确保利润。在上升行情的初期，5天均线和20天均线相距很小，即使看错行情，在20天均线附近止损，亏损也不会太大。

还有一种情况是当市场进入盘整阶段（盘局），这时候通常会出现箱形或收敛三角形态，价格与中期均线（一般为10～20天线）的乖离率逐渐缩小。此时投资者可以在技术上的最大乖离率处介入，并将止损位设在盘局的最大乖离率处。这样可以低进高出，获取差价。一旦价格对中期均线的乖离率重新放大，则意味着盘局已经结束。此时价格若转入跌势，投资者应果断离场。特别强调的一点是，盘局后期则应将止损范围适当缩小，提高保险系数。

总之，永远不要抱有侥幸心理，保护性止损价位永远不能向下移动，这应作为一条最基本的原则来牢记。不止损除了要承受可能赔更多钱的风险，也丧失了这笔资金再运用的机会及效益，这是盲目长期持有所难以弥补的代价。

2.慎抢反弹，急跌之后未必反转

在股市中暴涨暴跌都很常见，在股市经历大幅下挫后，时常会出现反弹走势，遇到反弹行情在追逐利润的同时，也包含着一定风险，因此一定要谨慎。实战中，股市下挫时，有些股民往往并不去分析市场出现急剧变化的原因，而是忙不迭地入场抢反弹，他们认为急跌之后必有反转，短期内就能大赚。

股民胡女士热衷于抢反弹，这主要是因为她有过几次成功经历，因此印象深刻。2006年的大牛市中，有过几次暴涨暴跌的行情，让胡女士利用抢反弹小赚了一笔。胡女士发现，每次市场出现大幅震荡，股价暴跌后，往往会出现一次报复性反弹，如果把握好急跌与急涨的关系，就是一次绝妙的获利机会。

但也正是抢反弹让胡女士经历了炒股以来最惨痛的失败。

2010年4月15日，云南铜业（000878）经过了一段时间的上涨，股价涨至28.96元。从这天开始，仅仅两个交易日股价就跌至25.97元。胡女士认为这是一个不容错过的机会，这只股票前期一直在稳步上涨，但并没有涨到位，因此暴跌之后很可能是一个强劲反弹，因此在4月19日收盘前40分钟，胡女士以25.99元买入了大量云南铜业的股票。

让胡女士非常得意的是，第二天股市就出现了小幅反弹，股价连续3个交易日上涨，股价回升到26.40元附近。4月23日，股价收出了一根十字阴线，胡女士犹豫了一下，最终她还是选择了持有，认为这只是一个小调整，后面应该紧跟反弹。但是云南铜业的状况很快就急转直下：4月27日股价再次下跌，并且在下一个交易日暴跌至21.23元。胡女士不甘心，仍继续持有，但是该股之后一直萎靡不振，缓慢下行。最后，由于急需资金周转，胡女士只得在6月30日以17.90元的价格割肉了结。

其实，胡女士的发现并没有错，尤其是在多头市场环境中，暴跌与暴涨往往相随相生，尤其是一些强势品种的股票，这一点特别明显。但是，当市场出现转折时，暴跌之后就未必能够迎来预期的反弹了。比如，当市场出现系统性风险时，暴跌很有可能只是下跌趋势中的第一步，此时盲目抱着抢反弹的心理入场，不仅难以获利，反而容易让自己陷入深渊。

反弹行情的种类很多，一般来说包括：技术性反弹、超跌性反弹、报复性反弹、中继性反弹还有诱发性反弹，但并不是每一次反弹都值得参与。例如，中继性反弹股民应尽量避免参与；技术性反弹和诱发性反弹则需根据市场情况，并结合诱发反弹的实质性消息综合研判，看是否值得参与。相对而言，超跌性反弹和报复性反弹较适合股民参与。

在判别了反弹趋势后，如何选股便显得十分重要。在通常情况下，股民可以关注一些"压紧弹簧股"，这类股基本面情况较好，其深幅下跌是受大盘疲弱影响，但继续大跌的动力并不强，就如同被压紧的弹簧一样，是潜伏在低价区的超跌股，这类股往往能爆发出强劲的上涨行情。

①多杀多局面中不宜抢反弹。多杀多局面下的杀伤力不容轻视，投资者需要耐心等待做空动能基本释放完毕后，再考虑下一步的操作方向。

②仓位过重不宜抢反弹。抢反弹时一定要控制资金的投入比例，既不能重仓，更不能满仓。如果仓位已经较重的投资者，再贸然参与反弹行情，将会很容易出现全线被套的被动局面。

③股市新手不宜抢反弹。参与反弹行情属于短线投资行为，通常需要投资者具有良好的投资心态，以及敏锐的判断、果断的决策和丰富的短线投资经验。

④不设止损不宜抢反弹。反弹行情在提供炒作机会的同时，也说明了市场还未完全转强。在参与反弹行情时应该坚持安全第一、盈利第二的原则。

⑤弱势确立不宜抢反弹。当行情处于熊市初期，后市还有较大下跌空间；或者市场趋势运行于明显的下降通道、行情极度疲弱时，不宜随便抢反弹。

⑥脉冲行情不宜抢反弹。对于昙花一现的快速反弹行情和涨幅不大的小波段行情，投资者应该以保持观望为主。这类反弹的获利空间十分狭小，可操作性差，缺乏参与价值。

⑦下跌放量不宜抢反弹。在股价已经持续下跌一段较长时间后，跌市已近尾声时，抢反弹要选无量空跌股，而不能选择放量下跌股。

⑧股价抗跌不宜抢反弹。抢反弹要尽量选择超跌股，抗跌股有可能在股市的某一段下跌时间内表现得比较抗跌，但是，这种抗跌未必能够持久。

⑨控盘老庄股不宜抢反弹。这类庄股无论是否经历了深幅回调，都不适宜抢反弹。控盘庄股经过长期运作，庄家的成本极为低廉，即使经过大幅跳水，庄家仍有暴利可图。

⑩风险大于收益时不宜抢反弹。只有在预期收益远大于风险的前提下，才适合抢反弹。

除此之外，抢反弹的买卖时机也很重要。

首先是对买入时机的把握，抢反弹过早，容易造成套牢；抢反弹过迟，往往会错过稍纵即逝的买入价位，从而失去机会。抢反弹应坚持不追高的操作原则，因为抢反弹具有一定的风险因素，盲目追高容易使自己陷入被动的境地，逢低买入一些暴跌过后的超跌股，可以使自己掌握进出自由的主动权。

其次是卖出的技巧，许多投资者常常被反弹急风骤雨式的拉升所迷惑，以为是新一轮启动了，历史上虽然有过反弹最终演化为反转的先例，但出现的概率很小，往往需要市场环境的多方面因素配合才行。绝大多数报复性反弹会在某一重要位置遇阻回落，当反弹接近阻力位时，要提高警惕，踏空的投资者不能随意追涨，获利的投资者要及时获利了结。

同时，牢记下面的这些原则对抢反弹也大有裨益。

①估算风险收益比率。参与反弹之前，要估算风险收益比率，当个股反弹的风险远远大于收益时，不能轻易抢反弹，只有在预期收益远大于风险的前提下，才适合抢反弹。

②趋势不明时不参与反弹。当股市下跌趋势已经形成或运行于标准的下跌趋势通道中时，投资者不宜抢反弹，此时抢反弹，无异于火中取栗、得不偿失。

③要设置具体的止损价位，做好止损的心理准备。反弹并非市场已经完全转强，在参与反弹时应该坚持安全第一、盈利第二的原则，一定要设置止损位，当股价到达预定价位时应立即果断卖出。

④不宜满仓操作。在弱市中抢反弹，要根据市场环境因素，选择适当的资金投入

比例，贸然重仓或满仓参与反弹，是不合时宜的，一旦研判失误，将损失巨大。

⑤不设盈利预期。抢反弹应根据市场情况随机应变，当趋势向好时，即使获利丰厚也可以继续等待；而反弹的上升趋势受阻时，即使获利微薄或浅套也要坚决清仓出货，不能让盈利预期束缚自己。

总之，抢反弹时机出现时，股民一定要冷静地分析。当不确定的因素出现时，与其博一把，倒不如等待消息明确，不确定性因素消失时，再做进一步的打算。这一点在行情转换中显得尤其重要，很多投资者被套牢往往就出现在牛熊转换之间，当行情处于熊市初期，暴跌之后一般还会出现较大的下跌空间，此时抢反弹的操作无异于羊入虎口。

3.敢输敢赢，割肉不断未必安全

前面我们曾经说过股民易犯的不能及时止损的错误，但是还有一部分股民所犯的错误正好与这个相反：这些股民每天都盯着股市的涨跌，股价稍有下跌，立即卖出股票，尽管这种做法看上去能够避免被深度套牢的风险，但是投资者使用这种操作方法的话，很难获得盈利的机会，不断地割肉操作，加大了投资成本，还可能不断错杀绩优的股票，与投资机会失之交臂。

老刘是2006年在朋友的建议下进入股市的，那是一个大牛市，甚至很多新股民都在这一年赚得盆满钵满。老刘的朋友是个资深股民，看股票很有水准，在他的推荐下老刘买过一些非常不错的股票，奇怪的是其他人靠着这些股票都赚了大钱，而老刘却只赚了一点小钱。

原来老刘在退休前是做会计的，也许就是这个原因使得他对数字过于敏感。股票，即使是一只非常不错的股票也总是有涨有跌，而老刘对于股票的涨跌就过于敏感了。他总是把见好就收看做了投资的第一要义，稍有"风吹草动"，哪怕有小损失也立即清仓退出。

2010年9月27日，老刘以15.32元的价格建仓航天科技（000901），从长期均线来看该股正处于一个上涨的趋势中，建仓价位还是比较合适的。持股后该股连续两天上涨，但在第三个交易日股价有所回落，跌至15.94元。同期买入的股友都选择了按兵不动，但老刘有点紧张，"不可贪婪，还是见好就收吧。"老刘这样劝诫自己。于是在10月8日，也就是节后第一天，老刘就以16.20元将股票抛出。老刘卖出股票后第二天，股价就开始下跌，老刘十分得意。可是10月19日该股却开始了一波强劲的上涨，到了11月5日股价已升至21.21元。

从15.32元到21.21元，老刘选中的股票涨幅巨大，而他却仅仅赚得了其中的一点。反倒是老刘的一位股友听到他的介绍后，一直持有这只股票，赚得春风满面。

影响股票涨跌的因素有很多，对于每日的波动，只有从容应对，才能稳定获利。如果像故事中的股民老刘一样过于谨小慎微，不能沉着应对短期的波动，那就只能让波动牵着走，忙进忙出，难以获利。

纽约有位叫夏皮诺的心理医生，他请了一批人做了两个实验。

在第一个实验中，实验者有两个选择：第一，有75%的机会得到1000美元，但有25%的机会什么都得不到；第二，确定得到700美元。虽然一再向参加实验者解释，从概率上来说，第一选择能得到750美元，可结果还是有80%的人选择了第二选择。大多数人宁愿获得少些，也要确定的利润。

第二个实验里，实验参与者同样有两个选择：第一，75%的机会付出1000美元，但有25%的机会什么都不付；第二，确定付出700美元。结果是75%的人选择了第一选择。他们为了搏25%什么都不付的机会，从数字上讲多失去了50美元。

那么如果你是参加实验的一员，你会做什么样的选择？炒股就是带有一定风险的游戏，你必须更大胆一点。

也就是说，不要让每日的涨跌影响你的操作，每日的涨跌有很大的随意性，你去预测带有很大的不确定性，一些庄家甚至会根据当日的消息和盘面中中小股民的行为随时改变涨跌，中小股民难以猜准。因此炒股不能整天盯着电脑，斤斤计较每天的涨跌，这样你永远赚不到钱，主力的意图中小股民是琢磨不透的，越"聪明"的高手死得越快。

我们知道一只股票的趋势是有相对连续性和稳定性的，只要趋势未改变，每日的涨跌就只会在趋势之内运动，你要学会欣赏主力的短线表演。如果中小股民的注意力全放在短线的认识上，脑海中全是短线的事，这就妨碍了我们全面深入系统地分析大势，不能用比较长远的眼光来观察事物，就无法看到短线背后的背景，不能清楚短线走势的原因，无法准确地预测将来。对于股票你不需要天天分析，天天分析容易患上"股市近视"症，到了大势有转折信号的关键时刻，看个清楚，搞个明白就可以了。

没有只涨不跌的股票，即使选对了股票，也不可能出现一路"扶摇直上"的状况。对于任何一只股票来说，都有可能陷入短线整理回落。当出现下跌或是亏损时，对于投资者们来说，首先要做的是审视股票的基本面，看其是否已经出现了变化，如

果没有出现背离，那么不妨坚定地持有。同时，在股价下跌的过程中，设定合适的止损位置也是必需的，当股价下跌到预期的位置，果断地采用止损操作；在此之前，则可以勇敢一些，以免出现误杀，与好的投资机会失之交臂。

沉着应对每日波动是一项炒股的基本功，需要良好的心态和精湛的技术两个支撑，需要长时间的磨练，非一朝一夕能达到，能做到从容应对波动是说起来容易做起来难的事情，重要的是看清趋势。

4.不要恐高，高价股票更易掘金

很多中小股民不敢买高价股。一只股票股价在30、50元甚至更高，就不敢去"碰"了。之所以会有这种反应，一来觉得自己资金量小，股价高，能买到的数量太少，赚钱概率小；二来更觉得高价的股票"已经涨了那么多了"，万一跌起来，那就要每天几块钱甚至十来块钱地往下走，风险比低价股要大得多。但这种想法是正确的吗？

北京股民沈小姐从事文职工作，是在2006年进入股市的。沈小姐对于股票的基本面非常关心。上市公司实施新会计准则后，沈小姐就开始留意哪些企业会从中受益。2007年4月初，沈小姐看到一则"新会计准则提高岁宝热电（600864，2007年12月24日起更名为哈投股份）含金量"的报道，报道中提到岁宝热电仅仅可供出售金融资产就导致该公司所有者权益增加21.48亿元。这给了她很大的启发，按当时会计准则规定，岁宝热电应对股权投资及股票投资在长期投资和短期投资中核算，而在2007年年初民生银行每股市值为10.21元。而岁宝热电到2006年年底，仍持有民生银行2亿多股。在金融资产大幅上升的年代，这项投资一定会提升其经营业绩。

正是基于这样的考虑，沈小姐在4月份以35元左右的高价大量吃进岁宝热电，在买入股票时，家里人和朋友都曾为沈小姐感到担心，因为股价太高了。股价涨至51元时，沈小姐动摇了，虽然该股预计会大涨，可是股价这么高万一跌落自己肯定吃亏不小，于是当天沈小姐就把股票抛了。没想到，抛货后股票仍在直线上涨，一直涨到83元才开始下跌。后来沈小姐感叹道，"现在想来，股价的确只不过是个数字，真正有成长性、盈利能力好的公司，股价就算高得'离谱'，自然也有背后业绩给它撑着。"

沈小姐，特别是沈小姐家人的想法，其实代表了很大一部分股民的思维模式。很多中小股民患有"恐高症"，总觉得股票价格高，跌起来空间太大，心里没底。认为

低价的股票，风险低，盈利的机会大。其实，这是一个很大的误区，平时我们都知道"便宜没好货，好货不便宜"，但在股票交易上就不清楚了，不少投资者无法抗拒一些价格很低的股票，但要知道，价格之所以如此低的总是有内在原因的，这些公司要不是过去表现一直不好，就是现在遇到了什么问题。

在国外成熟股市，盈利能力很强的公司和一些资不抵债的公司股价简直是天壤之别，就拿美国股市来说，投资大师沃伦·巴菲特旗下的上市公司伯克希尔·哈撒韦公司的股价超过了每股10万美元，相反还有很多股票每股只有不到1美元。再如，香港股市就有几百港元一股的股票，但还有更多所谓的仙股，每股不足1港元。由于中国股市的不成熟，形成"鸡犬升天"格局，所谓的ST股和绩差股得到追捧，甚至有一些基金也参与其中，美其名曰有重组预期。不可否认有麻雀变凤凰的先例，但还有很多公司退市的惨痛教训。做股票就是要做明确的、大概率事件，市场价格的扭曲迟早是要恢复正常的估值。2007年"5·30"绩差股连续跌停，就是一个很好的例证。其实，选择股票主要是要看上市公司有没有持续的业绩增长能力，而不是股价的高低。按照拉里·利文斯顿的说法，投资者就应该购买高价股，因为高价股才意味着有足够股价波动的空间。但是，A股却历来都有炒作垃圾股的传统，炒作垃圾股可能的收益率或许比起持有质优价高的个股来说收益更多。

其实，股价到底多少算高，多少算低，并没有一定的标准。有的股票可能5元、10元，都太贵，因为它背后根本就是个垃圾公司。但有的股票可能已经涨到50元、60元甚至100元，还是有人会看到它的成长价值，还是会去买。关键看你怎么算账了。

先来说说交易的原则：一般普通股票，涨跌都是10%，赚和亏都是总资金量的10%。

比如你有10万元钱，买1万股10元的股票，那么你的持仓为100000元（10000×10），假如涨10%，那就是每股11元，你的钱变成了11万元（没计算手续费用等），跌10%的话就剩下90000元。

比如你有10万元钱，买4000股25元的股票，那么你的持仓为100000（4000×25），假如涨10%，那就是27.5，你的钱变成了11万（没计算手续费等），跌10%的话就剩下90000元。

也就是说，如果两者都下跌10%，前者股价下跌1元，后者股价下跌10元，很多人想着，哇，下跌10块钱，那还了得，跌得也太多了吧？！但其实这是假象——你跌掉的钱是一样的，无论投资哪一只股票，最后都是亏掉1万元！

一般情况下，一个股票之所以价格高，有如下原因：第一，具备价值投资概念，发展潜力大，业绩有充分保证，如行业龙头；第二，基金中长线仓，可以看基金最近的进出情况；第三，有题材，如金融题材、资产注入。因此，高股价的股票盈利模式好，上升空间还是很大的，中小股民一定要充分注意其基本面和实质题材。而低价股，看上去股价低，但因为公司本身的"品相"不好，虽然每股的价格都低，但还是虚高，因此抗跌能力反而差，一旦出现系统性风险，大盘整体行情弱，或是公司本身有什么负面消息，跌起来那可是会"一泻千里"的。

所以，高股价的股票并不可怕，"买高价股比低价股风险大"这本身就是个误区。对于高价股，中小股民还是要去分析其价格高的原因所在。如果公司毛利率等指标持续往上跳，那么高市盈率也不可怕，反而会有继续上涨的动力和空间。

5.操作要稳，频繁操作放跑黑马

频繁操作短线不仅是新手易犯的错误，也是很多资深股民的通病。频繁操作短线的目的，就是希望以此获取差价收益。但在牛市中，这样做很容易"骑得上黑马，赢不到最后"。

2009年五一之后，32岁的网站设计师小陈带着30万元资金进入股市，打算做点投资为家庭财产增值。

小陈头脑灵活，在进入股市之前阅读了大量的炒股书籍，而且还在网上坚持模拟炒股半年，自认对股市有一定的了解，而且也有不错的选股眼光。

真正炒股后，小陈发现原来炒股并没有想象中那么容易，至少从心态上讲自己变得容易紧张焦虑，再也没有了模拟炒股时的从容。他自己也感觉到，操作太频繁，主要还是账面数字来回变动变动，赚不多的。在不到两个月的时间里，他的买卖次数超过20次，30万元的资金，买进了26只股，特别是还出现同一板块的重复配置。

虽然认识到了自己操作过于频繁这个问题，但是在实战操作中还是很难改正。比如2009年8月到11月间，小陈一直反复买进卖出鱼跃医疗。这是一只表现不错的股票，从30元一路涨到36元、42元、50元、60元，但可惜的是由于小陈没有坚持捂住，别人从这只股票上大赚了一笔，小陈却只有小小的收获。对此小陈倍感遗憾："如果我不来回买卖就好了，像这种医疗优质股，投资价值我是看到的。只怪我自己手痒，放走了大黑马！"

股市中，与小陈有相同或者相似经历的中小股民应该有不少，很多人一只股票昨天买，今天卖，稍微一涨就怕跌，马上手忙脚乱抛售，结果一抛售出去就大涨，心里不服气,马上又追回,如此反复,不断抬高自己的持股成本,一有风吹草动,看见下跌就割肉,结果,一割肉,股票又上涨,一上涨又去追高,终究把自己跌进一个操作怪圈,这样实在不行。

还有一些中小股民买入时很冲动,买入后整天忧心忡忡,心神不定,爱到处问该买还是该卖。在大盘下跌时,这些投资者由于恐惧和不安,经常错误地操作,使亏损面增大。如果你进入股市不能很好调节心态,由于投资股票影响了生活和工作,最好的方法是离开股市,因为你不适合这里。

易犯这样错误的中小股民都应该问问自己:如果对一只股票没有任何把握,为什么要买进?如果对一只股票完全不放心,为什么不选择休息?

所以中小股民不要频繁短线操作。当股市上涨趋势形成时,最好是持股不动,吃大波段,在转弱趋势还没出现前,都不必急着卖股票。否则,明明是能够数倍获利、赚钱的股票,很可能因为一时的小利引诱,令你卖在大涨启动点上。在这样的情况下,中小股民一旦卖出,又不愿以更高的成本追回。

当股市下跌趋势形成时,抢反弹也是非常危险的,越跌越买,往往是跌无止境,这时最好的策略就是空仓观望。但是,习惯于短线操作的中小股民却不是这样。他们往往沉溺于其中而不能自拔。成功的短线操作带来的那种快感,确实会让人上瘾。但是在沉迷之中,短线交易者也会失去超然的思维和心态,忘记市场大趋势的方向,成为一个逆市交易者。

同时,由于短线交易者心有余悸,一般不敢用大资金参与交易,所以盈利也很有限。从选股上说,选对50%,扣除佣金后仍然是亏损的。即使选对90%,但是一次错判也可能让前边的盈利荡然无存。就好像有人赢了会增加赌注,而有人在亏损时又急于翻本,以至越陷越深。

其实,"频繁换股、波段来回"的操作手法,在大盘和个股处于僵持或震荡阶段,具有一定的优势。但在大牛市里,往往得不偿失。多动不如少动、少动不如不动,这样的操作法则在牛市里更为适用。而如果是在大熊市中,过于频繁操作,就更容易进进"买一个跌一个,抛一个涨一个"的怪圈,感觉永远踏不准市场的节拍,最终常常错失良机,还付出不少交易费用。

总之,选股、择股固然重要,但是耐心持股更重要。股票应该是用来投资的,一旦看准了某个股票的投资价值,最好不要过于频繁操作,要耐得住寂寞,有意培养自己的投资意识而非投机习惯,这样才能逐渐成长为炒股高手。

6.分散有度，多买未必分散风险

大多数股民都听过一句话：不要把鸡蛋放进一只篮子里。应该说这句话是正确的，但如果放进的篮子太多，往往也会适得其反。因为人的精力是有限的，如果持有太多股票，就很难照顾周全。聪明的股民会选择两三只绩优股，建立组合，好生看管，稳定生财。

很多中小股民资金量并不大，但酷爱分散投资，买了一大堆股票，有的还有权证，基金，B股，只要能买的都买上。股票也是高价，低价，蓝筹，题材都有。他们的投资理论是"不要把鸡蛋放在一个篮子里"。10只鸡蛋放在10个篮子里，结果在行情的大起大落中，往往是鸡飞蛋打。

张先生在一家知名公关公司做高级文案，他是在2009年4月份开始炒股的。张先生是一个做事很慎重的人，入市的时候他准备了22万元资金，他的炒股设想是，炒股收益高于储蓄及债券就可以了，一定要求稳，把炒股风险降到最低。

刚进入股市，张先生感到有点惴惴不安，他不知道什么股票比较可靠。一些股友告诉他不要把鸡蛋放到一个篮子里，张先生认为这种说法很对，于是就通过朋友推荐、小道消息、看股评在4月上旬购入了星湖科技、亚泰集团、岳阳纸业、宝胜股份、马应龙、华能国际、济南钢铁等7只股票。这7只股票除马应龙外，到5月21日已全部抛出，张先生查看了一下账户资金，虽然星湖科技和亚泰集团小赚了一些，但是被其他几只股票拖了后腿，账户里还出现了27000多元的亏损。张先生有点头疼："不是说分散投资一般能分散风险的么，怎么我这点资金投资了7只股票，却没什么成效呢？！"

生活中，有一部分中小股民也像张先生这样"坚决执行"分散投资的理念，他们资金量不多，投资的股票个数却不少，结果或因照顾不周，或只是纯粹为了分散投资而把资金分散到不同的股票上，风险却并没有分散，结果都是一个字：亏。而且，一些人还不懂得什么是真正意义上的分散投资，买了很多相同行业的股票，根本起不到分散投资的作用。

分散投资的缺点还有：①提高成本。这么多的股票肯定使持仓的成本上升，因为相对而言买100股肯定要比买1000股付出的手续费要贵。②分散精力。你不可能有精力对许多的股票进行跟踪。③拉低收益。买太多只股票你就算是买到了黑马也不可能赚到钱、说不定还要赔，因为一匹黑马再大的力气也拉不动装着10头瘸驴的车，这是很自然的事情！

巴菲特曾经告诫投资者说："多元化投资就像诺亚方舟一般，每种动物带两只上船，结果最后变成了一个动物园。这样投资的风险虽然降低了，但收益率也同时降低了，不是最佳的投资策略。我一直奉行少而精的原则，我认为大多数投资者对所投资企业的了解不透彻，自然不敢只投一家企业而要进行多元投资。但投资的公司一多，投资者对每家企业的了解相对减少，充其量只能监测所投企业的业绩。"

很多中小股民，资金只有几十万元，但操作的股票却多达十几只甚至几十只，每天要看一遍都非常耗时，更不要说操作了。我们建议资金量不大的投资者操作的股票最好不要超过3只。股票只数少，我们研究起来也容易，操作起来也便捷。

需要注意的是，我们并不反对分散投资，但是强调分散投资要有法有度。

第一，分散投资不代表可以分散并降低风险。

不把鸡蛋放在一个篮子里，这意味着你所找到的这几个篮子，互相之间必须有显著的风险属性区别，也就是相关性越小越好。比如，它们可以是不同证券市场上的股票；它们也可以是同一证券市场里不同行业的股票；它们可能一部分是大盘股一部分是创业板股票。也就是说，越是把不同板块行业的股票组合在一起，风险越容易分散。

第二，分散投资尽量在自己熟悉的领域。

一般来说，中小股民的资金量都很有限，股票投资技能也不如专业研究人员。因此中小股民应该把注意力放在自己熟悉的领域，因为精力越分散，你对其中任何一个领域懂得就越少。换句话说，中小股民最好能集中有限的资金和精力，把鸡蛋放到少数几个你所熟知的篮子里面，然后看紧它们。你持有股票的种类越多，你的反应速度就会越慢，很可能无暇照看。

总之，分散投资虽然能降低非系统风险，但不能获得超越市场平均值的利润，要想获得超额利润，只有集中投资3至5家公司。普通投资者在资金达到百万元以上之前应集中投资于一家公司，在达到百万元以上之后首要考虑的是如何保住胜利果实，要在分散风险的前提下稳定获利；而在百万元之前应该有理智地奋进，争取更大的胜利。

7.巧打新股,广撒网未必多捕鱼

申购新股已经成为了很多中小股民最青睐的低风险操作,但是一些中小股民在"打新股"时,往往存在一些观念性错误,比如认为"广撒网多捕鱼",倾向发行价高的新股等,这些错误直接影响了自己的中签率。

2007年12月,陈先生带着手头的63万元资金加入了"打新股"的行列。对于打新股陈先生有自己的想法,他认为广撒网才能多捕鱼,要想提高中签率就得多买几只股票,这只不中还有别的会中呢,于是陈先生就利用手头的自己申购了金风科技、九鼎新材、太平洋、中国太保4只股票。这几只股票都是在12月25日到12月28日之间发行的。摇号结果出来后,陈先生的4只股票竟然一只都没中,反而是自己的朋友老张利用33万元资金申购太平洋,中签1000股。这种结果让陈先生感到十分郁闷!

一些中小股民也有陈先生这样的错误想法,认为申购新股时,应该多选几只股票,这样才能提高中签概率。其实这种想法是错误的,参与新股申购时,资金会被锁定一段时间,因此,如果多只新股上市,最好选准一只全仓申购,这样才能提高中签率。

除此之外,中小股民在申购新股时往往在申购时间以及选股方面存在一些疑问,下面将对此一一说明。

第一,凑足资金能提高中签率。对不同新股而言,当申购资金达到一定数目时,中签率就会有保障,在事先约定好如何分割收益的情况下,中小股民也可齐集亲朋好友的资金一起打新股,以获取平均的收益率。

上交所发行的新股要求最低申购1000股,超过1000股的必须是1000股的整数倍,深交所发行的新股每申购500股就能获取一个号码,相比之下,如果其他条件相同,申购深交所新股更容易中签。

第二,不要迷信发行价高的新股。发行价越高的新股,收益率越高,这种说法是不可靠的。在申购资金一定的情况下,发行价越高的新股,能够申购的数量越少,可获得的配号就越少,如果该新股的中签率和上市后的涨幅并没有因发行价格高而提升的话,那么最终的收益率并不会高。

第三,选择申购时间相对较晚的品种。比如今天、明天、后天各有一只新股发行,此时,则应该申购最后一只新股,因为大家一般都会把钱用在申购第一天和第二天的新股，而第三天时，很多资金已经用完，此时申购第三天的新股，中签率更高。

第四，选择下单时间很重要。由于电脑抽号具有随机性，中签号码在整体上是均匀分布的，不过从概率上来说，当数字处于中间区域时，中签的概率最大。要使申购号码处于中间区域，需捕捉大多数投资者，尤其是大的机构投资者下单的动向。根据历史经验，刚开盘或收盘时下单申购中签的概率小，最好选择中间时间段申购，如选择10：30～11：30和13：00～14：00之间的时间段下单。

第五，选择大盘或冷门股。盘子大的股票，发行量大，客观上中签的机会就越大。另外，由于大家都盯着好的公司申购，而一些基本面相对较差的股票，则可能被冷落，此时，中小资金主动申购这类较不受欢迎的、预计上市后涨幅较低的品种，中签率则会更高。

8.把握风险，保本才是第一位的

炒股就是为了从中获利，可以说炒股是用钱赚钱的，如果本金没有了，那么你拥有再多的炒股技巧也就没有意义了。因此中小股民一定要努力控制风险，尽量保住你的本金。而做到保本的办法只有两个：一，快速止损；二，别一次下注太多。

炒股的第一原则就是保本。如果只想着赚钱，那就失去了判断股市风险的基本底线。如果你不懂这个道理，就不应当来炒股票。

34岁的穆先生是某物流集团的高级经理，月入过万，此外年终还有数万分红，几年前已贷款买了一套房，目前还有9年的还款期，有私家车一辆。因为供房养车开销大，穆先生存款却不是很多。

2007年穆先生认为自己应当做一点投资，他把目光转向了沸腾的股市，于是在2007年十一前后，他冒险把自己唯一的一套住房抵押，套现50万元，全部投入股市，但是由于时机不对，穆先生买的几只股票都在下跌，没出半个月账户亏损近5万元。周围很多人劝穆先生先撤出来，最起码要保住本金，别亏太多。但穆先生却很不甘心，他决定一定要翻本再说。于是穆先生又从父母手中借了20万元，企图把亏掉的钱再赚回来，但再次遭遇股市调整，又亏掉了近14万元。

股市中像穆先生这样的投资者有很多，他们在进入股市时一心想着赚大钱，但却没有很好的保本意识，于是当股票上涨，他们就情绪高涨，忘乎所以，继续追涨，不知道适可而止；当股票下跌，本金尽失，就情绪低落，怨天尤人，或勿忙杀跌，或不知所措。这样一来，他们就把炒股变成了一种很危险的投资行为。

中小股民在炒股时一定要有保本意识。有保本意识就是在危及自己入市本钱的时候一定要决心出局。比如你投入了10万元，在市值亏损到还有9万元时一定要出局，不管出局后市值会上涨到20万元或30万元。因为出局时你不会知道它会上涨到20万元或30万元，因为它有可能是下跌到3万元或2万元。

很多中小股民都有这样的感受：亏小钱时割点肉容易，亏大钱时割肉就十分困难。这是人性的自然反应。在一项投资上亏太多钱的话，对你的自信心会有极大的打击。你如果有一定的炒股经历，必然同时拥有赚钱和亏钱的经验。赚钱时你有什么感觉？通常你会在内心指责自己为什么开始的时候不多买一些，下次碰到"应该会赚大钱"的机会，你自然就会下大注。这是极期其危险的。在炒股这一行，没有什么是百分之百的。如果第一手进货太多，一旦股票下跌，噩梦就开始了。每天下跌，你希望这是最后一天；有时小小的反弹，你就把它看成大起的前兆；很快这只股票可能跌得更低，你的心又往下沉。你失去理性判断的能力。

那么怎么做才能保护好本金呢？

具体的做法就是分层下注。比如说你如果预备买1000股某只股票，第一手别买1000股，先买200股试试，看看股票的运动是否符合你的预想，然后再决定下一步怎么做。如果不对，尽快止损。如果一切正常，再进400股，结果又理想的话，买足1000股。

此外，保本的标准也要根据你自己的风险承受力来制定。索罗斯在他的自传中提到他对承担多大风险最感头痛。解决这个问题并无任何捷径，只有靠你自己在实践中摸索对风险的承受力，并且不要超出这个界限。然而怎样知道什么是你对风险的承受力呢？最简单的方法就是问自己睡得好吗？如果你对某只股票担忧到睡不着，表示你承担了太大的风险。卖掉一部分股票，直到你觉得自己睡得好为止。把"保本"这个概念牢牢地记在心里，你在炒股时每犯一次错，你的体会就会深一层，时间一久，你就知道该怎样做了。

9.不要贪婪，最高点卖出不现实

追求收益最大化无可非议，但如果把这种想法放到股市中，可能就会十分危险。股市投资最完美的情况是：在最低点买入，在最高点卖出。在你的操盘记录里，你也许可以做到这样几次完美的操作，但大部分时候，你肯定做不到。很多股民做不到，但依然不自觉地追求这种极少概率的完美。

老马是个老股民了，他经历过牛市、熊市、曾经赔得倾家荡产，也曾赚得盆满钵满，但是让他印象最深刻的却是1996年的一次炒股经历。

1996年11月18日，老马拿着跟亲友们借贷筹集来的两万多元按12.3元的价格买了2000股万科A（000002）。

之后万科的走势相当不错，一度涨到16元多，短短的时间就赚了8000多元，这在当时是一笔非常大的数字，亲友们欢欣鼓舞，大家都劝老马赶快卖了股票，让钱入袋。但是老马却不愿意，当时股市也是非常疯狂，经常是几乎所有股票全面飘红，有的股票甚至创下日涨幅100%的纪录。老马认为这只股票走势这么好，怎么能抛出去呢，应该守到最高点再卖嘛，于是老马不顾亲友的规劝持股不放，没想到之后利空消息不断，万科持续下跌，之前赚的钱都亏掉了，最后还亏损了4000多元，这几乎是老马半年的工资了。

老马的错误就是在赚了钱之后还要妄想利益最大化，中小股民由于信息匮乏等原因，往往很难准确把握行情的始终，在这样的情况下总想着在最低点买入、最高点卖出就十分危险了。因此我们不能盲目最求以最高价卖出，在相对高点卖出就已经很赚钱了。

下面列出一些中小股民常见的问题，投资者不妨自检一下：

①要求苛刻，希望每买一只票就立即飙升，稍微套一下都无法容忍；

②要求卖在最高点，如果自己卖出后继续上涨，内心就很不平衡；

③要求任何时候都领跑。任何时间段，自己的股票不仅要涨，而且要领涨，否则就认为必须赶紧换马。

④要求零风险，风险意识太过强烈。买进的股票，成天提心吊胆，还没有开涨，就慌忙扔掉了。

⑤要求短线急涨，对持有的股票缺少耐心，即使幸运地骑上一匹黑马，也只是赚了点零花钱，就匆忙换股操作了。

如果你有其中3条或3条以上问题，就应该及时调整一下了。

首先，不要轻易换股。一些中小股民本来通过基本面、技术面已经选了一只好股票，走势也可以，只是涨得慢些，便耐不住性子，通过打听消息想抓只热门股先做一下短差，再拣回原来的股票，将收益最大化，结果往往是左右挨耳光。这种慢车换快车的操作难度很大，且必然要冒两种风险：热门股被你发现时必定已有一定的涨幅，随时会回落；基本面、技术面较好的股票在经过小幅上涨或强势整理后随时会拉长阳，抛出容易踏空。一旦短线失败，又不及时止损，后面的机会必然会错过。

其次，很多人都认识到高抛低吸、滚动操作可获得较大的利润，也决心这么做，可一年下来，却没滚动起来，原因就是抛出后没有耐心等其回落，经不住诱惑又想先去抓一下热点，做短差，结果适得其反。

再次，不要离股市太近，不要天天盯着电脑，盯着行情，被股市种种随机的变化所干扰，变得六神无主；遇到股票行情不好，也要暂时离开股市，否则越看行情或者K线图，就会越受刺激，甚至会做出不理智的事情。

最后，不能一年到头总是满仓。股市呈现明显的波动周期，在下跌周期中，90％以上的股票没有获利的机会。可不少股民就是不信这个邪，看着盘面上飘红的股票就手痒，总抱着侥幸心理，以为自己也可以买到逆势走强的股票，天天满仓。本想提高资金利用率，可往往一买就套。毕竟能逆势走强的股票是少数，而且在下跌周期中经常是今天强明天弱，很难操作。另外，常满仓会使人身心疲惫，失去敏锐的市场感觉，错过真正的良机。

其实每年只要抓住几次机会，一个时期下来收益就相当可观，如果一心想追求收益最大化，就会难以把握机会，最终往往反而是利润最小化。

10.不要迷信，高送转可能变陷阱

很多中小股民都青睐高送转股票，所谓"高送转"一般是指大比例送红股或大比例以资本公积金转增股本，比如每10股送6股，或每10股转增8股，或每10股送5股转增5股。"高送转"后，公司股本总数虽然扩大了，但公司的股东权益并不会因此而增加。而且，在净利润不变的情况下，由于股本扩大，资本公积金转增股本与送红股将摊薄每股收益。

在公司"高送转"方案的实施日，公司股价将做除权处理，也就是说，尽管"高送转"方案使得投资者手中的股票数量增加了，但股价也将进行相应的调整，投资者持股比例不变，持有股票的总价值也未发生变化。高送转实际上就是一种数字游戏，上市公司为追求股本扩张，频频使用高送转方式分配。高比例送股不仅会使原有股东的股权稀释，而且会给企业未来业绩增长造成巨大压力。因为在净利润不变的情况下，高送转增加股本摊薄了每股收益。既然送红股与资本公积转增股本方式对公司的股东权益和盈利能力并没有实质影响，也不能直接给投资者带来现金回报，但为什么"高送转"总能吸引众多投资者的目光？

高送转通常被认为是向市场传递了公司未来业绩将保持高增长的利好消息，而之所以市场资金钟爱炒作高送转个股，主要还是对于消息披露后引发资金追捧，以及未来抢权行情和填权行情的期待。因此"高送转"也成为半年度报告和年度报告出台前的炒作题材。在董事会公告"高送转"预案前后，几乎每家公司的股价都出现了大幅上扬甚至翻好几倍，部分公司凭借"高送转"题材站稳百元台阶。

但是随着2008年新一轮IPO开闸后出现了大量新的上市公司，其中中小板、创业板的上市公司往往热衷于慷慨送股，它们也成为了高送转大军的主力。面对漫天飞舞的高送转预案，不少热衷于炒作这一概念的投资者，也都因为标的太多而感到有些无从下手。高送转概念稀缺性的逐渐丧失等因素，使其对于资金的吸引力较过去已经大打折扣，炒作"高送转"的风险不可小觑。

2011年2月23日晚间，5只个股扎堆派送达红包。科伦药业（002422）、ST集成（002506）、三聚环保（300072）、南洋股份（002212）、合康变频（300048）同时推出了10转送10以上的分配预案。不过，他们后市的表现可有很大差别：一方面，22日公布年报的威尔泰（002058）已连续两个涨停，三聚环保的涨幅也超过了4%；另一方面，科伦药业、ST集成、合康变频这3只刚公布高送转方案的股票则上演了"见光死"，科伦药业跌停报收，ST集成、合康变频的跌幅则分别为7.51%和3.88%。

为什么会出现这种情况呢？一般来说，上市公司之所以能够"高送转"，往往是因为其高溢价发行积累了丰厚的资本公积金，将资本公积金转增股本，实质就是把从广大投资者手中募来的资金，用于扩张股本而已，公司的经营状况不会因此发生任何改变。因此，"高送转"本身并不会给投资者带来额外的回报。高送转股之所以会见光死，还有一个重要的原因就是不少"高送转"个股目前的股价已严重透支了合理股价，一有风吹草动，获利资金难免会有获利了结的冲动。

那么在市场盲目炒作"高送转"题材的背景下，中小股民如何才能避免跌入"高送转"陷阱中？

首先，中小股民应该培养自己的判断力。当市场上出现"高送转"传闻时，不宜盲目轻信，一切以上市公司正式公告为准，警惕不良分子利用或制造"高送转"传闻牟取利益。在上市公司正式公告"高送转"预案时，要重点关注上市公司进行"高送转"的真实目的，综合考虑公司经营业绩、成长性、股本规模、股价、每股收益等指标后分析"高送转"的合理性，警惕上市公司出于配合二级市场炒作，或者配合大股东和高管出售股票，或者配合激励对象达到行权条件，或者为了在再融资过程中吸引投资者认购公司股票等目的而推出"高送转"方案。

其次，关注上市公司的成长性。公司如计划大规模扩张股本，除具备未分配利润或资本公积金充足的条件外，还需要具备一定的高成长性，否则将面临下一年度因净利润增长与股本扩大不同步而降低每股收益的风险。对中小股民来说，只有树立价值投资理念，重点关注公司的盈利能力和成长性，才能有效避免跌入"高送转"种种陷阱中。

11.追涨有度，学会在拉升中出逃

追涨作为一种操作手法，是在第一时间抓住趋势起点进行趋势投资的方法之一。一些中小股民认为炒股就是要追涨，于是在股价不断拉升时就不加防范地采取积极追买的策略，不到行情末就不舍得放手。

我们说追涨可以，但是一定要把握好度，紧追不放很可能会跌入主力陷阱。为了在末期出逃，主力往往会积极炒作行情，蒙骗中小股民。比如有一种诱多式的快速拉升出货方式，其特点就是个股放量急速上涨，往往会涨停或者连续拉涨停，换手率异常增加，主力资金在拉升中完成派发。在行情末期但大盘还没最后发生趋势性改变的阶段，这种方法是投资者最需防范的。

这种走势很有迷惑性，因为毕竟放量拉升很强势，很多中小股民也会陶醉在股价拉升的氛围中，不断追涨这种个股。追涨的结果或许会有短线空间，但绝对是风险很大。很多投资者往往忽略一个事实：这种放量快速拉升并不是底部，而是个股不断攀升，已经大幅上涨后才出现的。放量快速拉升只有在底部时，尤其是突破性的放量大涨时，才是新资金坚定入场，是我们要跟进的信号。而在个股大涨之后，尤其是那些已经有成倍甚至已有两三倍涨幅的个股，在反弹行情里，其末期放量快速拉升，十有八九是为了吸引眼球让你接货的。而面对这些，最聪明的做法是要利用这个拉高跟着主力一样趁机卖出而不是追涨。

2010年4月，已经空仓一段时间的股民小王经同事推荐，开始关注通化金马（000766），这只股票从3月末开始上涨，涨势十足。4月12日，小王以9.10元的价格重仓该股。4月16日，通化金马短暂回档，同事有点担心，小王认为这只是一个小幅震仓，后市还有涨情。事实果然如小王所料，20日开始股票继续上涨。在9.35元时，小王的同事清仓离场了，他劝小王，吃点"鱼肉"就行了，"鱼尾"刺多啊！但小王却认为行情还在拉升，这时离场太可惜了。没想到就在同事清仓后的第三天，通化金马突然开始大幅下跌，到了5月13日，股价已跌至6.75元，小王损失惨重。

像案例中的小王一样，很多中小股民最容易犯的错误就是在上涨末期仍然盲目乐观追涨。其实，一轮上涨末期指数最后那一二百点涨幅，是用来套人的而不是你积极参与的机会。一些不明真相的股民只要上涨趋势没变，就一味看多到底，结果会导致自己追涨被套。这种思维是最容易被主力资金利用的，尤其是在最后的诱多阶段，一两天的诱多快速拉升，或者是在调整末期一两天快速诱空下跌，这些都会起到助涨和助跌的作用。因此越是在行情末期，中小股民越是要多考虑风险，那些赚了成倍利润的人，考虑更多的是应如何兑现，而你却仍然继续盲目乐观，结果势必中计。

那么怎样追涨才能避免被套呢？

首先，追涨要果断。一般来说，大行情在启动后，都会有一波相当凌厉的涨势。所以，追涨应该及时、果断。因为在这个时候追入，不但收益非常大，而且成本也较低。

其次，尽量追在回落整理阶段。当一只股票已经发动行情，而且连涨几天了，那么就不应再追入，最好是等到该股冲高回落一段后再追入。中小股民不必担心因此错过行情，因为一般情况下一只牛股绝对不会只有几天的行情，它会不断上涨，往往是涨一波后回落一段，然后继续上攻。

最后，追涨关注量比。量比是指当天成交量与前5天的成交量的比值，如果量比越大，说明当天放量越明显，这也证明了该股的上涨得到了投资者追捧。所以，追涨量比靠前的个股比较稳健。有的个股在尾市放量拉升，这或多或少有投机取巧的成分，因为很多主力故意在尾市急速拉升，以吸引中小股民跟进，结果第二天就跳空低开，而且往往是低开低走。所以，关注量比是追高时必须注意的一个问题。

总之，中小股民一定要学会在拉升中出逃，宁可错过最后耀眼的拉升，也不要做因贪婪而被套的那个人。

当一只股票持续上涨或者下跌了一段时间后就进入了横盘状态，此时不必在高位全仓卖出，也不必在低位全仓买进，因为盘整之后就会变盘，故盘整时期不可主观决定建仓或清仓。这种情况一般出现在底部或者是庄家在洗盘吸货，投资者这时不应参与操作，应注意观察，等形态走好，再行介入。

12.盘整慎入，形势不明易出差错

横盘又被称为盘整，是指股价在一段时间内波动幅度小，无明显的上涨或下降趋势，股价呈牛皮整理，该阶段的行情震幅小，方向不易把握，是投资者最迷惑的时候。

2010年3月到4月上旬智慧农业（000816）一直在进行盘整，江苏股民刘女士认为该股前期已经有了相当的跌幅，盘整后一定会有较大上涨空间，为了不错过行情，3月22日，刘女士以7.05元重仓该股。从4月21日开始，股价终于有了突破，不过不是向上而是向下突破，不甘心认输的刘女士还想再等等看，结果该股一路走跌，到了7月份，股价已跌至4元左右。

在横盘时应尽量减少或避免交易，原因有二：一是前景不明朗，你很难预测横盘结束后是上涨还是下跌，容易进行反向操作造成损失；二是横盘时差价不大，投资者往往没有耐心，多次交易，势必会造成手续费亏损。所以，此时投资者一定要有点耐心，待走势明朗时再介入：如果是高位向下变，则及时清仓，不会有损失；如果是低位向高变，及时追进，也不会踏空。

股市里的横盘整理，无论是在上升趋势还是在下降趋势中，大体上有以下特征：

横盘整理从本质上来说是由市场多空双方的力量均衡所形成的。反映出机构或投资者对大盘运行趋势和方向出现了分歧，更多的还是市场心理的一种反映。因此，股指对外部因素的影响非常敏感，如政策因素、周边市场的影响、长假效应等等，并由此形成股指短期的上下小幅波动。

在横盘整理阶段，市场的短线行为往往较为活跃，并受外部因素的影响较大，因此，市场资金在个股与板块之间出入频繁，市场热点难以集中，但如果出现少有的持续热点，必定是政策性引导或国际因素所致，而这往往预示着这一热点在市场结束横盘整理之后，将会成为市场的主升潮流，然而，即便是这样的热点，在大盘进行横盘整理之际，也只是以成交活跃或震荡蓄势为其主要特征，其总体涨幅有限。

在横盘整理中，市场中的板块结构常常也会形成相互制约，即某些个股或板块的上涨，必是以其他个股或板块的下跌为代价的，并通过个股行情，热点转换与板块轮动的方式表现出来，但个股行情与板块轮动均难以出现持续性的上涨。

原则上，横盘区不应该买卖股票，因为不知道何时能脱离横盘区，而且也不知道突破方向。而之所以不应轻易卖出股票，是因为暂时不能判断该回落是庄家有意震仓还是下跌开始，如果是前者，上涨行情很快就会启动，少许的耐心是合算的，若是后者，当然应毫不犹豫卖出，下面给出横盘的几种不同情况，供投资者参考操作：

上涨中的盘整：此种盘整是股价经过一段时间急速的上涨后，稍作歇息，然后再次上行。其所对应的前一段涨势往往是弱势后的急速上升，从成交量上看，价升量增，到了盘整阶段，成交量并不萎缩，虽有获利回吐盘抛出，但买气旺盛，不足以击退多方。该盘整一般以楔形、旗形整理形态出现。

下跌中的盘整：此种盘整是股价经过一段下跌后，稍有企稳，略有反弹，然后再次调头下行。其所对应的前一段下跌受利空打击，盘整只是空方略作休息，股价略有回升，但经不起空方再次进攻，股价再度下跌，从成交量看，价跌量增。

高位横盘：此种横盘是股价经过一段时间的上涨后，涨势停滞，股价盘旋波动，多方已耗尽能量，股价很高，上涨空间有限，庄家在头部逐步出货，一旦主力撤退，由多转空，股价便会一举向下突破。此种盘整一般以矩形、圆弧顶形态出现。

低位横盘：此种横盘是股价经过一段时间的下跌后，股价在底部盘旋，加之利多的出现，人气逐渐聚拢，市场资金并未撤离，只要股价不再下跌，就会纷纷进场，由空转多，主力庄家在盘局中不断吸纳廉价筹码，浮动筹码日益减少，上档压力减轻，多方在此区域蓄势待发。当以上几种情况出现时，盘局就会向上突破了。此种盘整一般会以矩形、圆弧底形态出现。

在横盘整理阶段，投资者应密切注视板块、个股的成交量的变化与板块之间的联动关系。因为无论是个股行情，还是板块轮动，抑或是热点的出现，都是以成交量的增加变化来体现的，尤其是对板块中个股出现价升量增的联动性上涨要重点看待，一般出现这种情况，其上涨的确定性较高，投资者就应及早介入。

13. 不做赌徒，炒股不是一场豪赌

股市盈亏交错在所难免，但是一些股民却往往以一种赌徒心态去炒股：输了还想再把输掉得赢回来，赢了还想继续赢下去，使自己的占有欲得到进一步的满足。赌徒心理是炒股的大忌，稳健投资方是正道。

股民老张是一个非常有魄力的人，在生活中如此，在炒股时还是如此。老张30多岁就从工厂下岗了，之后他做过小商品零售，开过饭店，做过外贸……现在家资已近千万，算得上是一个成功人士了。这段生活给老张一个经验，那就是"富贵险中求"。老张认为就要敢冒险、敢下注才能赢，做股票也是这样。2010年8月5日乘着大龙地产（600159）短暂回档的机会，老张以11.32元的价位重仓该股，朋友劝他说这只股票已经涨了不少，在这么高的价位重仓有点太冒险，还是少买一点。老张却笑朋友保守：那些技术分析乱七八糟的，公说公有理婆说婆有理，谁知道哪个管用？炒股就是一场豪赌，下对注了就大赚一笔，错了就赔点，就看个人运气吧！结果2010年11月开始，大龙地产经历以一场从50.5亿元惊天一拍到被收回"地王"并罚没2亿元保证金的戏剧性变化，让该公司股价也随之坐了一把"过山车"。股价暴跌，短短几日，股价跌至5元左右，老张被深度套牢。

一些投资者认为炒股与赌博很相似，两者都是以小博大，都要冒一定风险。只要你把大量的金钱投入到股票之中，心情就自然会随着股市的上升或下跌而澎湃不安。但这只是一种片面的看法，赌博靠概率取胜，而炒股更多的是要靠基本面分析、技术分析，以赌博的心态来炒股注定一败涂地。比如股市中我们就经常听说某些中小股民将自己的全部资金投入到股市中。我们要记住，在股市里风险永远大于收益。正确的方法是，分批建仓，严格控制仓位，牛市里仓位可以达80%以上，但熊市里仓位应控制在30%以下，甚至空仓，以等待机会。只要把自己以前所犯的错误纠正，制定好盈利目标和止损原则，认真分析个股，分批建仓，等行情上涨时，前期的亏损都会弥补，甚至还可以赚到一部分的利润。

一般来说，股民炒股的动机有以下三种：

①明确地以赚钱为目的。这类投资者渴望以小博大，希望以较小的投资，赚上一笔钱，让自己的资产迅速升值。这种动机是目前最常见的，但容易引发各种心理问

题,比如赌徒心理。

②实现自我价值的一种手段。很大一部分投资者并不是以炒股为本业,他们有正常的工作,只把炒股作为工作外的休闲方式,投入不大,盈亏都在能承受范围内。这类人把炒股当做锻炼自己的方式,听听相关讲座,看看电视评论、书籍等,想通过在股海里的搏击,衡量自己的能力,实现自我价值。这类投资的投资心态一般会比较好。

③炒股作为偶尔一试的娱乐。这类投资者在股民中所占比例不小,他们的大多数之前没有接触过股票,看着大家都在炒,于是盲目追随。他们抱的希望往往不大,只抱着试试看、玩玩的心态,投入不会太大,对输赢无所谓。

目前市场上就有很多以第一种以赌博心态来炒股的投资者,他们盲目地作出投资决策,但并没有完全可靠的依据来支撑这个决策的正确性,一旦赌对了,获得高利润,一旦赌错了,损失惨重。

那么怎么判定一个投资者是否是赌徒型投资者呢?

赌博的特点是在开牌之前并不知道自己点数的大小,赌的就是这个不确定的结果。也就是说,如果投资者对一个股票没有充分的了解,对自己买的股没有把握盈利,仅凭一时冲动就买入该股,那么就是赌徒型投资者。这类投资者思维易受外界影响,分不清用钱的轻重缓急,容易把所有鸡蛋放在一个篮子里。他们希望发财、渴望一夜暴富,因此有人不惜借钱、贷款、抵押房产来投资股市。但他们这种投机,容易患得患失,这种不健康的心态导致他们对股市的评判不客观,反而不容易赚到钱,离他们所期望的越来越远。

更为糟糕的是,赌徒型股民由于搬出老本甚至借资炒股,往往背负的心理压力较大,害怕万一赔了会对不起家人朋友,他们比普通人的反应会更加极端、焦虑、自责、内疚,极端的情况还会导致精神崩溃。

一般来说,赌徒型投资有如下心理表现:

①无知者无畏。进市场时,对股票甚至缺少基本的了解,仅凭小道消息就不断投入,最后有些输红眼了,砸锅卖铁进来了。

②总想回本。炒股亏钱了,不去反省自己的错误或及时止损,而是想等反弹到多少多少一定出来,以后不再炒股了。

③莽撞投资。听到一个消息,甚至没有去验证一下该消息的准确性就莽撞介入,生怕失去赚大钱的机会。

④不敢操作。看机会到来,就是怕输,等股价真正涨起来了,又后悔,然后就去追涨。很多时候8元不敢买的,最后28元都敢买,结果又赔个精光。

投资者一定要调整好自己的心态。对中小股民而言,由于信息的相对不对称,从长远来看,赚钱的只有少数。只要还在股市,赚的钱最终总是要还的。炒股,炒的就是一个心态,如果以赌博心态去炒股,那么结果就只能像俗话说的那样——十赌九输。

炒股风险巨大,投入之前一定要慎重,你的投入一定是在你能够承受的范围内。如果亏了,也只当交了学费,当然如果"学费"交得太多,建议还是及早抽身,不要因小失大。毕竟,除炒股外,还可以培养其他的兴趣爱好。

14.不要刻板,资金投入手法多变

投资股票手法应是多变的,要能够根据市场形势变化、个人投资资金多寡来制订相应的投资计划,盲目投资或者应用不适合个人的投资计划只会增加投资的风险。

2007年南京张先生单位改革,单位一次性买断岗位付给张先生28万元。离开单位后,张先生就琢磨用这笔钱做点什么。那年正好赶上股市热火朝天,张先生也就一同加入了炒股大军。因为对股市不是很熟悉,张先生先在账户中存入8万元,这样万一亏本损失也不是很大,可是这8万元资金该怎么用呢?张先生犯了愁,有朋友告诉他"买股票就是要重仓,不下本钱赚不到钱,干脆一次性投入",还有朋友提醒他"买股票要分段买入,这样股价涨跌都能给自己留点余地"……那么张先生到底应该如何使用手中的资金呢?

案例中张先生朋友的意见都正确也都不正确。资金投入有如下方法:

固定投入法。又称金额平均法、平均资金投资计划和均价成本投资法,是一种摊低股票购买成本的投资方法,也就是说,投资者可以在一定时期对自己选择的股票投入固定量的资金,同时对股价的短期波动置之不理,这样投资者所持有的高价股与低价股就可以互相搭配,使股票的购买成本维持在市场的平均水平上。

这种做法的关键在于选择不同价位的企业,找准其投资价值所在,而不是一味讲究分期。

采用这种方法应注意三点:

①选择经营稳定、利润稳定上升的公司的优良股票;

②有一个较长的投资期间。如果期限较短,则效果将不很明显;

③价格波动幅度较大,且股价呈上升趋势的股票,如股价一直处于跌势,则会发

生投资亏损。

固定投入法的优点是：

①方法简便，投资者只定期定额投资，不必考虑投资的时间确定问题。既可避免在高价时买进过多股票的风险，又可在股票跌价时，有机会购进更多的股票。②少量资金便可进行连续投入，并可享受股票长期增值的利益。

一般来说，固定投入法是一种比较稳健的投资方法，它对一些不愿冒太大风险，尤其是一些初次涉入股票市场、不具备股票买卖经验的股民很适用。采用"固定投入法"，能使之较有效地避免由于股市行情不稳可能给他带来的较大风险，不至于损失过大；但如果有所收获的话，其收益也不会太高，一般只是平均水平。

固定比例法。"固定比例法"是指投资者采用固定比例的投资组中，以减少股票投资风险的一种投资策略。这里的投资组合一般分为两个部分，一部分是保护性的，主要由价格不易波动、收益较为稳定的债券和存款等构成；另一部分是风险性的，主要由价格变动频繁、收益变动较大的股票构成。两部分的比例是事先确定的，并且一经确定，就不再变动。但在确定比例之前，可以根据投资者的目标，变动每一部分在投资总额中的比例。如果投资者的目标偏重于价值增长，那么投资组合中风险性部分的比例就可大些。如果投资者的目标偏重于价值保值，那么投资组合中保护性部分的比例可大些。

假设某投资者有现款10000元，按照"固定比例法"进行投资。首先他要根据自己的投资目标，为投资组合确定一个比例。假如该比例为保护性部分和风险性部分各占50%。于是，他就得把其中的5000元投资股票，另外5000元投资于债券，各占50%。其后，根据股票价值的变化，对投资组合进行修正，使两者之间始终保持既定的比例。假如股票价格上涨，使他购买的股票价值从5000元上升到6000，那么，在投资组合中风险性部分就要大于保护性部分，破坏了原先各占50%的比例规定。这时要进行修正，将升值的10000元按50%的比例进行分配，即卖出500元股票，再投资于债券，促使两部分的比例重新恢复到各占50%水平。

固定比例法是建立在投资者既定目标的基础上的。如果投资者的目标发生变化，那么投资组合的比例也要相应变化。比如其价值增长的欲望加大，投资组合中的风险性部分的比例就要加大；反之，风险性部分的比例就要缩小。

可变比例法。可变比例法是指投资者采用的投资组合的比例随股票价格涨跌而变化的一种投资策略。它的基础是一条股票的预期价格走势线。投资者可根据股票价格在预期价格走势上的变化，确定股票的买卖，从而使投资组合的比例发生变化。当股票价格高于预期价格，就卖出股票买进债券；反之，则买入股票并相应卖出债券。一般来讲，股票预期价格走势看涨时，投资组合中的风险性部分比例增大；股票预期价格走势看跌时，投资组合中的保护性部分比例增大。但无论哪一种情况，两部分的比例都是不断变化着的。

分段买高法。分段买高法是指投资者随着某种股票价格的上涨，分段逐步买进该种股票的投资策略。股票价格的波动很快，并且幅度较大，其预测是非常困难的。如果股民用全部资金一次买进某种股票，当股票价格确实上涨时，他能赚取较大的价差；但若预测失误，股票价格不涨反跌，他就要蒙受较大的损失。由于股票市场风险较大，股民不能将所有的资金一次投入，而要根据股票的实际上涨情况，将资金分段逐步投入市场。这样一旦预测失误，股票价格出现下跌，他可以立即停止投入，以减少风险。

分段买低法。分段买低法是指股民随着某种股票价格的下跌，分段逐步买进该种股票的投资策略。按照一般人的心理习惯，股票价格下跌就应该赶快买进股票，待价格回升时，再抛出赚取价差。其实问题并没有这么简单，股票价格下跌是相对的，因为一般所讲的股票价格下跌是以现有价格为基数的，如果某种股票的现有价格已经太高，即使开始下跌，不下跌到一定程度，其价格仍然是偏高的。这时有人贸然大量买入，很可能会遭受重大的损失。因此，在股票价格下跌时购买股票，投资者也要承担相当风险。一是股票价格可能继续下跌，二是股票价格即使回升，其回升幅度也难以预料。

股民为了减少这种风险，就不在股票价格下跌时将全部资金一次投入，而是根据股票价格下跌的情况分段逐步买入。

举例来说，某只每股50元的股票，其价格逐步上涨，当上升到每股60元时，开始回跌，假如跌到每股55元，这时可能继续下跌，也可能重新回升。由于原先上涨幅度较大，使得继续下跌可能性要大于重新回升的可能性。如果某投资者在下跌时将所有的资金10000元一次投入该股票，那么他很可能会因股票价格继续下跌而遭受较大的损失。他只有在股票价格重新回升，并超过每股55元时，才有获利的可能。如果他采用"分段买低法"逐步买入该种股票，就能通过出售股票来补偿，或部分补偿遭受的损失，以减少风险。当股票价格跌到每股55元时，他先买进第一批100股该种股票，待股价跌到每股50元时，买进第二批，再跌到每股45元时，买进第三批。这时，如果股票价格重新回升，当上升到每股50元时，投资者就可以用第三批股票来抵销买进第一批股票的损失。如股票价格继续下跌，那么也能减少投资者的损失。如股票价格重新回升到最初的每股60元时，那么股民就能获得巨大收益。

分段买低法比较适用于那些市场价格高于其内在价值的股票。如果股票的市场价格低于其内在价值,对于长线股民来说,可以一次完成投资,不必分段逐步投入。因为股票价格一般不可能低于其内在价值,其回升的可能性很大,如不及时买进,很可能会失去获利的机会。

相对投资法。相对投资法是指在股市投资中,只要股民的收益达到预期的获利目标时,就立即出手的投资策略。股票价格的高低是相对的,不存在绝对的高价与绝对的低价。此时是高价,彼时却可能是低价;此时是低价,而彼时则有可能是高价。所以,在股票投资过程中务必要坚持自己的预期目标。因为在股票投资活动中,一般投资者很难达到最低价买进、最高价卖出的要求,只要达到了预期获利目标,就应该立即出手,不要过于贪心。至于预期的获利目标则可根据各种因素,由投资者预先确定。

需要注意的是,相对投资法虽然比较稳健,可以防止因股价下跌而带来的损失,但也有两个不足之处,一是股票出手后,如股票价格继续上涨,那么股民就失去了获取更大收益的机会;二是如果股票价格变化较平稳,长期达不到预期获利目标,那么投资者的资金会被长期搁置而得不到收益。投资者除了事先确定预期获利目标外,还可相应确定预期损失目标,这就是止损线,只要股票价格变化一达到预期损失目标,股民就立即将股票出手,防止损失进一步扩大。

其实股市永远存在机会和风险的循环转化,无数的例子证明成功的投资依赖于良好的投资计划,投资者应该结合自身情况制定适合自己的风险较低的投资方法,盲目投入资金会给你带来难以承受的风险。

本辑强化习题

1.投资者以18元每股的价格买进某股票1000股,假设在目前股价已涨至20.9元,这名投资者应怎样设定止损位?

解答:

股价从18元升到20.9元,在纸面上,你已有2900元的利润。这时要定好止损价,价格应在18元之上,比如说18.5元或19元,不要再让股票跌回18元才止损。你如果炒过股,就会明白当股票从18元升到20.9元,却让它跌回18元,最后割肉止损,其感觉是多么令人懊恼。把止损点定在19元,卖掉时算算还赚到钱,这和在18元以下不得不割肉的感觉肯定是不一样的。那么,当前股价是20.9元,把止损点定在20.5元,这样不就能保证赚得更多,这种想法是错误的。我们知道股票波动几毛钱的时间有时不用两分钟,一旦你出场了,股票可能一路冲到25元,你就失去赚大钱的机会了。把止损点定在18.5元或19元,你给股票10%左右的喘息空间,一只正常上升的股票,不会轻易跌10%的。

2.很多中小股民在炒股过程中,总是提心吊胆,总怕亏了钱,于是奉行"沾利就走,略亏就割"的策略。那么这种导致这种情况的内在心理因素是什么呢?怎样才能避免这种错误操作行为?

解答:

在历经市场的几轮调整后,不少股民"亏怕了",因此胆子变得越来越小,买了股票只要出现上涨就恨不得立即抛出,于是错过了强势股的飙涨,只赚得区区几十元或几百元的蝇头小利,难以弥补曾经亏损的硕大窟窿。

为了避免这种错误操作行为,就要在具体实施操作前,要制定周密的股票操作计划;操作方案中要有完善的止盈计划和止损标准,做到心中有数。这样才不会在突如其来的打击中束手无策,也不会在涨情刚开始就慌忙离场。

3.止盈位和止损位的设置对中小股民来说尤为重要,不少股民会设立止损位,但是不会设立止盈位,这是一个很大的误区,请举例说明应该怎样设止盈位。

解答:

止损位的设立大家都知道,设定一个固定的亏损率,到达位置严格执行。但是怎样设立止盈位呢?举个简单的例子,如果你在10元买入一只股票,涨到11元,你设立止盈10.4元，一般庄家短暂的洗盘不会把你洗出去，如果11元跌回10.4元，你立刻止盈，虽然挣得很少，但减少了盲动。股价到12元后，你的止盈位提高到11元，股价到了14元，止盈位设置到12.8元……这样即使庄家洗盘和出货，你都能从容获利出局。

4.投资者应该怎样做来克服患得患失的心理呢？

解答：

抛弃买低卖高的理想。这个理想很美好，但在实战中要实现很难，不要抱有买到最低价、卖出最高价的想法，那是痴心妄想，即使是"股神"巴菲特也无法做到这一点。

不要为打翻的牛奶哭泣。已经发生的就是已经发生了，没有"假如当初……，就好了！"这种事。但要在每次操作前制订周密计划，在操作中严格执行，在操作后总结经验教训。

不要嫉妒别人获利。股市里有人成功、有人失败，不要嫉妒别人赚了多少钱，而要思索自己如何才能赚到钱。要分析赚钱的原因，总结赚钱的方法。

预先制订适合自己的操作策略。操作策略有很多种，有短线的、中线的、长线的，有追击强势股的、抢超跌反弹的、买向上突破的、逢低吸纳的，关键是要找到一种适合自己、又能成功的操作策略，而不是东施效颦、胡学乱用。

5.2009年10月14日，双钱股份（600623）开始了放量快速上涨，从10月19日开始该股在高位横盘震荡。过程中，股价屡次被拉升，从11月19日开始，股价在震荡中出现了一个不断上涨的趋势。请回答，对于这只股票，投资者是否应当继续追涨？

解答：

对这只股票来说，继续追涨意味着极大的风险。我们知道主力操作一只股票，在拉高后肯定要出货，而出货较好的方法就是保持股票高位横盘。但是如果横盘中没有大的波动，就很难吸引中小股民去接货，因此主力就会不断地将股价拉高，有一些股票主力甚至会连拉一两个涨停。这样一来，很多中小股民就会认为股票仍在拉升行情中，因而被诱惑继而跟进。案例中的股票就是如此。

6.如何正确看待高送配方案？

解答：

比起派红利，市场更偏好送股，且数量越大越好。这主要是由于国内的利率水平较高，加之一些股票价格过高，含有较大的投机成分，使上市公司纵然以很高的送现金来回报股东，仍然无法与银行利率相比。因此，目前股市上的投资者只好立足于市场上的炒作来作出取舍的判断。

公司以送红股为主，市场总认为上市公司将利润转化为资本金后，投入扩大再生产，会使利润最大化，似乎预示着企业正加速发展。因此，虽然除权之后股价会下跌，但过一段时间后，投资者会预期新一年度的盈利会提高，因而股价将被再度炒高。这正是投资者的希望。此外，上市公司还围绕除权、填权做出许多炒作题材，诸如送后配股、转配等等，竭力吸引投资者注意。并且，市场又将这种效应放大。因此，送股被市场普遍作为利好看待。

7.2010年11月24日推出每10股派4转增10股方案的超日太阳，股价下跌7.51%，成为高送转概念"见光死"的又一案例。试分析为什么超日太阳高送转后股价不涨反跌？

解答：

"高送转"不过是一场数字游戏，股价的高低还是取决于上市公司的盈利水平。2010年11月在中小板上市的超日太阳首发超募9.93亿元，每股资本公积8.58元，高送转预期强烈。在高送转预案出台前，超日太阳股价从39.03元一度攀升至51.55元的历史高点，涨幅达32.08%。但是披露高送转方案后，盘中跌幅也一度超过7%；可以说预期兑现、资金套现是导致超日太阳"见光死"的重要原因之一。此外，市场的"恐高症"也是造成这种情况的原因之一，超日太阳属于高价股，即使高送配之后，其高高在上的股价也不利于行情的良好发展。总之，股民需要特别防范中小板和创业板的股票，不要因为有"高送转"就盲目介入。

8.对于中小股民来说，保住本金有何重要意义？保住本金的关键要点是什么呢？

解答：

首先要明确保住本金的重要性。10000元变成20000元需要我们盈利100%，但是再从20000元变成10000元，只需要亏损50%就可以了。也就是说你现在有10000块，如果亏损了50%，要赚回来的话就需要再赚100%。可见保住本金的重要性，本金都没有了，要翻身就太难了。

仓位管理也是保住本金的重要手段。当我们看好某一个品种或者是某一只股票，但又发现它带来的风险超出自己的承受范围时，我们可以通过降低仓位减少投资来降低总资产面临的风险。比如：某只股票涨势很好，但风险也很大，通过评估发现可能会承担10%的下跌风险，而我们的承受能力（或者是出于保住本金的考虑）只有2%，那我们这是可以先建20%的仓位。这样即使真的有10%的亏损，我们的总资金亏损也只有2%。

9. 周一、周三、周五分别有三只新股连续认购时，中小股民为了提高中签率应该如何申购？

解答：

一般认为因为周一申购的资金，在周五又可解冻再打，所以周一和周五是申购高峰，周三就避开了高峰，中签率就会高，其实未必。假设某甲周三申购避开了高峰，中签率为5%，用同样的资金，某乙可在周一、周五两次申购，假定每次中签率各为3%，则本周某乙的总中签率为（3%+3%）=6%，要比某甲要高。

10. 申购新股时，小盘股与大盘股哪一个中签概率更高？

解答：

从申购策略考虑，高价小盘股上市后往往收益最高，比如，2009年8月上市的久其软件（002279）上市开盘价63元，比27元发行价高了36元，在这种情况下，投资者中签500股可以获益18000元，收益巨大。而且，高价小盘股中签率还不低，如网上发行1600万股的保龄宝（002286）中签率高达0.392%，是中小板中签率最高的新股。但是，申购小盘股的缺点是上限较低，能拿到的号码较少，如久其软件只能申购5000股，只有10个申购号码，号码少也就减少了中签机会。

申购大盘股也是个不错的选择，因为大盘股可以拿到更多的申购号码，比如星期六，总共发行5500万股，网上发行4400万股，假设申购上限是4万股，那么，可以拿到80个申购号码，中签的机会要增加一些。因此申购小盘股还是大盘股要依情况具体分析。

11. 炒股可以适当分散投资，但不要过于分散投资，两者是如何界定的呢？

解答：

在炒股时投资过于分散，这是中小股民易犯的错误。在他们看来，持有个股数量越多就越有可能盈利，毕竟今天这只涨，明天那只涨，总比持有一两只股票的涨升概率大。殊不知，当个股数持有较多时，不仅让资金过度分散，同时也增加了操作负担。一旦大盘遭遇调整，个股将无一幸免。

适当的分散投资不是分时间买入股票，不是八月份买点，十月份买点，十二月份再买点。适当的分散投资也不是分价位买入股票，不是10元以下买一点，20元钱以上

再买一点，40元钱再买一点。分价位买股票与大盘下跌时分时间段买股票用意和效果都是一样的，可以摊低成本，但是不该买入时就不应买入任何股票，不管多少，少也是错误的，所以，分价位买入股票本质上也不是正确的做法。

适当的分散投资是要根据手中的资金量，建立一个合理的投资组合，不能将所选的股票都集中在一个板块中。因为股市的涨跌要受政治、宏观经济、国际形势等多方面的因素影响，它是难以确定和把握的，如果在某一板块上将全部资金倾囊而出，就有可能招致全部资金被套牢而难以自拔的危险局面。

第二辑　基本面分析

宏观为天做长线，不把握变化难赚钱

　　炒股特别是做长线一定要关注基本面，中小股民要注重分析影响股市运行的经济、政治因素，并且要认真把握其变化，判断个股的中长期趋势。需要注意的是中国的股市是资金推动型的，这样一来国家货币政策和宏观经济政策就是我们关注的重点，此外还要关注上市公司自身的成长性、周期性，只有依靠可靠的基本面分析选准一只长线股，才不必天天提心吊胆看盘。

15. 关注发展，炒股不能只看年报业绩

现在的股民炒股知识更加完备，"买股要看基本面"也成了股民的共识，可惜的是，对于非专业的个人投资者们来说，了解基本面并不如想象中那样简单，不是只要看看公司业绩就可以了，这是一个很大的误区。

随着股权分置改革的推进，中小股民在炒股时，除了重视业绩外，还要将公司持续盈利和治理的完善视为投资的关键因素。

也就是说，投资者需要避开那些虚假和无法持续成长的公司，寻找治理完善且具有长期核心竞争力的股票。

上海股民卢先生认为自己是一个理智型的股民，尽管入市时间并不长，但他对炒股却有一套自己的看法，并不像很多股民那样追逐小道消息炒股，卢先生充满自信地说："我更推崇巴菲特的价值投资，这样的投资方法才是理性成熟的，我选股票一定是先看业绩，业绩不好的一律淘汰。"但让卢先生没有想到的是，自己正是被"业绩好"的表象所蒙蔽，吃足了"业绩好"的苦头。

2009年4月24日，长城电脑（000066）披露了2009年的年报。这份让人振奋的年报显示，长城电脑2009年每股收益达到0.8050元，较2008年每股收益0.021元有了显著的增长。不仅如此，长城电脑还给出了非常具有吸引力的分配方案——每10股送5股转增5股派0.85元。

在重视公司业绩的卢先生看来，这是一个非常好的投资机会。尽管长城电脑在年报公布之前就已经经历了一次快速拉升，从2010年3月24日至2010年4月23日，股价就已经从17元上涨到21元的位置，但是卢先生认为这并没有什么好担心的，好的股票总是一涨再涨。2010年4月26日，长城电脑年报披露后的第一个工作日，卢先生就以21元左右的价位重仓了长城电脑。

让卢先生失望的是从4月27日开始，长城电脑的股价就一路下跌，截至8月20日这只股票的收盘价为7.85元，复权后的价格为16元多，亏损已经超过了20%。

卢先生一定在为自己的投资失利感到困惑，为什么一只业绩优秀的股票股价不涨反而不断下探呢？我们不妨再看一下这份年报。年报显示，2009年长城电脑净利润达到了6.4亿元，摊薄后每股收益为0.81元，同比增长了2978.76%。需要注意的是，带来业绩增长的并非是盈利能力的提高，而是由于长城电脑并购冠捷科技后两家公司并表带来的数字增长。也就是说，公司非经常性损益的大量增加才是是公司净利润大幅提高的真正原因。如果扣除非经常性损益，长城电脑2009年的基本每股收益仅为0.02元。尽管长城电脑的并购为公司的进一步发展带来了机会，但是从2009年的年报来看，还尚未带来实质性的盈利能力增长。只看业绩，不看公司的盈利性才是导致卢先生亏损的主要原因。

由于受到专业能力的限制，中小股民即便是来自于上市公司正式渠道的基本面信息，也无法依靠自身对信息所涵盖的真实内涵进行有效的分析。有时候，看上去是不错的利多信息，却难以掌握其本质，最终的结果反倒是选股不当。

还有很重要的一点，盈利成长，或是漂亮的盈利数据，都只是一个表象，对于投资者们来说，由表及里，了解盈利大幅增长背后的故事、分析其中的原因才是最重要的。尤其是当一些公司数据出现巨大变化时，投资者们更应当花费时间和精力做一番研究。

业绩并不能决定一切，近年来有色金属有些个股的涨幅甚至已经达到数倍，但是其业绩却依然是微利或亏损。支持它们走高的理由也许就是经济复苏之后，市场对未来有色、钢铁等行业繁荣的预期

除了业绩外，中小股民还要对所选目标的产业前景、客户结构和财务状况进行充分了解。只有全面地了解一只股票的基本面，投资者在选股时才能少犯错误。

16.不要轻视，政治因素对股价影响巨大

一些中小股民在炒股时，往往只顾低头炒股，却不懂得抬头看"天"，这是一个严重的错误。不要觉得时政变化与自己无关，其实国际政治活动、重大经济政策以及政府的法令、政治措施、政治形势的变化，都会对股票价格产生影响。

股民老王在炒股之初是个完全的技术炒股派，他只相信K线图是真的，其他的种种老王从不关心，他也因此吃了不少亏。2007年8月20日《新闻联播》报道了一则题目为《自主创新，打造国际造船一流企业》的新闻，新闻中除了强调企业自主创新取得成绩，更是直接指出其产品订单都已经排到2010年之后。对于普通投资者而言，这样的信息无疑是报了一个持续利好的"大料"，虽然当时中国船舶股价已经在200元下方徘

徊多日，但在该消息刺激下迅速有了一个拉升，到10月12日直接冲过了300元。老王的几位股友都因此大赚了一笔，老王却一无所获。

炒股尤其是炒长线，不看新闻、不关注时政是一件让人很难想象的事情，对于时政新闻，股民不仅要看，还要会分析。比如2010年央企领导说年底央企数量一定降到100家以内，这时候要想到的是"央企在接下来的4个月里会有加速重组的投资机会"，对于股市来说，重组就会带来一些投资机会。

那么，中小股民应该关注的可能会引起股价波动的政治因素有哪些呢？

①国际形势的变化。如外交关系的改善会使有关跨国公司的股价上升。投资者应在外交关系改善时，不失时机地购进相关跨国公司的股票

②战争的影响。战争使各国政治经济不稳定，人心动荡，股价下跌，这是战争造成的广泛影响。但是战争对不同行业的股票价格影响又不同。比如，战争使军需工业兴盛，那么凡是与军需工业有关的公司的股票价格必然上涨。因此，投资者应适时购进军需及其相关工业的股票，售出容易在战争中受损的行业的股票。

③国内重大政治事件。如政治风波等也会对股票产生影响。先对股票投资者的心理产生影响，从而间接地影响股价。

④国家的重大经济政策。如产业政策、税收政策、货币政策对股票价格有重大影响。国家重点扶持、发展的产业，其股票价格会被推高；而国家限制发展的产业，股票价格会受到不利影响。例如，国家对社会公用事业的产品和劳务实行限价，包括交通运输、煤气、水电等，这样就会直接影响公用事业的盈利水准，导致公用事业公司股价下跌；货币政策的改变，会引起市场利率发生变化，从而引起股价变化；在税收政策方面，能够享受国家减税、免税优惠的股份公司，其股票价格会出现上升趋势，而调高个人所得税，则会使社会消费水准下跌，引起商品的滞销，从而对公司生产规模造成影响，导致盈利下降，股价下跌。这些政策因素对股票市场本身产生的影响，即通过公司盈利和市场利率产生一定的影响，进而引起股票价格的变动。

17.关注金融，货币供应量不能忽视

你是否意识到，货币供应量其实是影响股票市场价格的一个重要宏观经济因素。对很多股民来说，M1、M2只是纯粹的金融学名词，很少有人关心这两个名词与自己手中的股票涨跌有什么具体关系。

我们先来了解一下市场的货币供应量M1与M2，其中M1是狭义货币，M2是广义货币。货币供应量一般与经济增长和物价走势有关，可通过货币政策进行调控，如可通过利率、存款准备金率、贴现率、货币发行等进行操控。但这一因素对股票市场趋势的影响比较复杂，它既有刺激股票市场的作用，又有压抑股票市场的作用。通货膨胀主要是由于过多地增加货币供应量造成的。货币供应量与股票价格一般呈正比关系，即货币供应量增大使股票价格上升；反之，货币供应量缩小则使股票价格下降。但在特殊情况下又有相反的趋势。

从M1与M2的关系看，当M1的增长率大于M2时，表示货币供给在由流动性较低的定期存款、金融债券等转向流动性较高的现金、活期存款等。一般来讲，此时的交叉被称为"黄金交叉"，意味着投资者在自由运用存款进行投资，投资标的，如房地产、黄金、股票、债券等，将因资金充裕而趋于上涨。相反，当M1的增长率低于M2时，表示货币供给从流动性较高的资产转向流动性较低的资产，即投资者倾向于定期存款，此时出现的现象为"死亡交叉"，投资标的将可能因为流动性趋紧而下跌。

回顾一下我国的股市发展史，你会发现股市曾经多次出现过M1增长率上超越M2的"黄金交叉"现象，从1999年10月份到2001年6月份，M1的增长率始终高于M2的增长率，在此期间，我国股市经历了强劲的上涨，在黄金交叉的最后时期，2001年6月份上证指数创下2245点的高位。随后，M1的增长率开始低于M2，形成"死亡交叉"，股市出现趋势性下跌，形成连续4年多的熊市。在此期间，M1的增长率一度与M2形成胶着，但都没有形成趋势性突破，因此，期间股市都是反弹性行情，而没有形成趋势性转折，如2003年下半年与2004年上半年，M1与M2的增长率十分接近，但最终M1都没有形成与M2的黄金交叉。直到2007年年初，M1出现强劲增长，增长率高于M2，再次出现"黄金交叉"，推动了中国股市一轮波澜壮阔的大牛市。之后在2008年年初时，M1的增长率开始低于M2，形成"死亡交叉"，股市处于持续性下跌过程。

通过M1、M2的增长率交叉情况，我们可以及时地把握到股市趋势的变化，具体来说货币供应量与股票价格呈正比关系，这有三种表现：

①货币供应量增加，一方面可以支持生产，扶持物价，阻止利润下降；另一方面对股票的需求增加，又成为股价止跌回升的重要因素。

②货币供应量增加引起社会商品的价格上涨，股份公司的销售相应增加，从而使得以货币数量表现的股利（即股票的名义收益）有一定幅度的上升，使股票需求增加，从而股票价格也相应增加。

③货币供应量的递增引起通货膨胀，通货膨胀带来的往往是虚假的市场繁荣，最终出现企业利润上升的假象，保值意识使人们倾向于将货币投向贵重金属、不动产和短期证券，股票需求量也会增加，从而使股票价格相应增加。

综上所述，货币供应量的增减，是影响股价的重要原因之一，货币供应量增加，扩大的社会购买力就会投资于股票上，从而把股价抬高。反之，如果货币供应量减少，社会购买力降低，投资就会减少，失业率就会增加，因而股价也必定会受影响。

18.不要轻视，利率与股市涨跌密切相关

股价的涨跌与利率的变动也存在一定的联系，这一理论的是基于股价的理论计算公式：股价=股息÷利率×票面金额，如1元面值的股票，股息为10%，利率为2%时股价是5元，利率为5%时股价是2元等。但是由于我国未能实现完全的利率市场化，利率对股市的一些特殊影响也常常被股民忽略。

根据传统的传统经济学理论，人们一般认为利率的变动与股票价格变动呈负相关关系，即利率上升、股价下跌，利率下调、股价上涨。

①利率的上升，不仅会增加公司的借款成本，而且还会使公司难以获得必需的资金，这样，公司就不得不消减生产规模，而生产规模的缩小又势必会减少公司的未来利润。因此，股票价格就会下跌。反之，股票价格就会上涨。

②利率上升时，投资者评估股票价格所用的折现率也会上升，股票价值因此会下降，从而，也会使股票价格相应下降；反之，利率下降股票价格则会上升。

③利率上升时，一部分资金从投向股市转向银行储蓄和购买债券，从而会减少市场上的股票需求，使股票价格出现下跌。反之，利率下降时，储蓄的获利能力降低，一部分资金又可能从银行和债券市场流向股市，从而，增大了股票需求，使股票价格上升。

但是如果只是简单地遵照上述理论而行，在股票操作上就会产生失误，因为我们看到在生活中，很多时候利率和股价常会呈相关运动。投资股市只有盈利才是硬道理，实践才是检验真理的唯一标准。面对一个权威理论，如果你迷信权威，不加分析就拿来指导股市实战操作，有时会让你大败而归。

20世纪90年代到2000年美国经济曾有一段高速发展期，利率从1992年2.92%经过连续升息到2000年达到6.60%，道琼斯工业指数也由1992年的3000多点涨至2000年的12000多点，随后在多种因素的作用下美国经济步入明显的衰退期，利率也是一降再降，到

2003年6月创50年来最低,达到1%,道琼斯指数也随之大幅度下跌,最低达到7700点附近。随着经济的复苏,利率又进入新的一轮升息周期,到2005年年底为止已连续12次升息,利率达到了4.25%了。其间道琼斯指数也是逐步攀升,由2003年的8000点以下升至现在的11000点附近。

在各国股市的历史中,利率降股市不涨反跌,利率涨股市并非下跌反而也持续上涨的例子还能找到一些。当然也有很多利率降股市涨,利率升股市跌的例子。事实上,股价和长期利率的负相关性也更多地体现在实际利率上,而实际利率为负利率的环境将导致许多测算公式的无效。

研究利率与股市的关系问题,也不能只从表面上看利率的数字是升是降,关键是要找到引起利率升降的原因,再综合分析其对股市的影响,方能得出正确的答案,用于指导实际操作。

因此在分析我国利率与股价变动关系时,投资者应侧重注意如下几个因素的变化情况:

①贷款利率的变化情况。由于贷款的资金是由存款来供应的,因此,根据贷款利率的下调可以推测出存款利率必将出现下降。

②市场的景气动向。如果市场兴旺,物价上涨,国家就有可能采取措施来提高利率水准,以吸引居民存款的方式来减轻市场压力。相反的,如果市场疲软,国家就有可能用降低利率水准的方法启动市场。

③资金市场的松紧状况和国际金融市场的利率水准。国际金融市场的利率水准,往往也能影响国内利率水准的升降和股市行情的涨跌。在一个开放的市场体系中,金钱是没有国界的,如果海外利率水准低,一方面会对国内的利率水准产生影响,另一方面,也会吸引海外资金进入国内股市,拉升股票价格上扬。反之,如果海外水准上升,则会发生与上述相反的情形。

总之,利率的升降与股市涨跌的关系是比较复杂的,并不像人们所想象的那么简单明了。在利率升降的背后有着更复杂深奥的经济政治方面的因素在起作用,我们必须透过利率升降的表面现象看到问题的本质。

19.不要忽略,汇率变动可以影响股价

外汇行情与股票价格有密切的联系,但由于两者的相互影响不够直接,也常会被投资者忽略。一般来说,如果一国的货币是实行升值的基本方针,股价便会上涨,一

旦其货币贬值，股价即随之下跌。所以外汇的行情会带给股市以很大的影响。

当股市开始慢慢上涨的初期，如牛市的初始阶段，基于对市场先前的低估和宏观经济的向好，吸引投资者开始关注股市行情，在商品市场和证券市场中具备了投资机会，国外投资者希望能够将资本直接或间接地投入到本国市场中，造成了外资对本币需求放大，当本币供给并未明显增加的时候，由于供求不平衡，会导致本币升值，这样的过程会伴随着股市上涨和本币升值同时进行。当股市虚高，国家宏观政策偏紧，企业盈利下降预期明显，股票价格下降，证券市场的吸引力降低，投资者对未来预期谨慎，从股市中撤出资本，离开本国投向别的国家，此时表现出对本币需求降低，本币贬值。

东南亚金融危机之后，韩国经济迅速从危机中恢复过来，经济开始出现强劲增长。此后，韩元相对美元开始了长达数年的升值。1997年到2005年年底，韩元兑美元汇率（以下简称韩元汇率）从1695.0韩元/1美元变化为1007.4韩元/1美元，韩元平均每年升值6.7%；同期韩国首尔综合指数从376点上升到1379点，平均每年上涨17.6%。韩元相对美元每升值1个百分点，汉城综合指数上涨2.6个百分点。2002年以来，在弱势美元的国际金融背景下，由于韩国经常项目顺差等原因，韩元成为几个主要国家与地区货币中相对美元升值幅度最大的货币。

从较长期的趋势看，本币升值对股价上涨具有无可置疑的推动作用。一个比较开放的资本市场，在本币较长期升值的刺激下，国外资本会大量、持续流入，从而成为推动股价上涨的重要力量。从美国和韩国的情况来看，本币升值期间股价上涨幅度较大的行业有航空业、金融业、钢铁行业、建筑业、煤炭业、机械行业等。由于本币升值降低了进口设备或其他流入企业的资产的资金成本，而且使以本币计价的资产价值得到提升，同时降低了以外币计价的负债，因此，这些行业的估值水平得到一定程度的提升，股价升值幅度明显超过其他行业。这一点，我国的投资者也可以参考一下。

还要强调的一点是，当汇率发生变动时，最直接受影响的还是进出口贸易公司的股票。货币升值受益的多半是进口业，亦即依赖海外供给原料的企业；相反的，出口业由于竞争力降低，而导致亏损。可是当本国货币贬值时，情形恰恰相反。

①若公司的产品相当部分销售海外市场，当汇率提高时，则产品在海外市场的竞争力受到削弱，公司盈利情况下降，股票价格下跌。

②某些原料依赖进口，产品主要在国外销售，那么汇率提高，使公司进口原料成本降低，盈利上升，从而使公司的股价趋于上涨。

③某国汇率将要上涨，那么货币资金就会向上升转移，而其中部分资金将进入股市，股票行情也可能因此而上涨。

但投资者不能单凭汇率的升降而买入或卖出股票，这样做就会过于简单化。投资者可根据汇率变动对股价的上述一般影响，并参考其他因素的变化进行正确的投资选择。

20.把握特点，熊市慎选周期性行业股

牛市、熊市各有不同的投资特点，中小股民一定要把握这一点，比如说在牛市中被炒得热火朝天的周期性股票，在熊市时就要尽量避开。

据统计，从2007年10月16日的6124点跌至2008年10月23日的1875点，周期性行业中的有色金属板块跌幅接近85％，而非周期性行业中的医药板块跌幅仅为56％。例如，中国船舶所处的造船行业在2005年至2007年进入一个高速发展期，而2008年以来行业步入调整，与此同时，其股价也从300元调整至30元。因此，在全球经济陷入衰退、国内实体经济受到较大冲击的背景下，应规避周期性行业股票，关注非周期性行业股票。

目前我国典型的周期性行业包括钢铁、有色金属、化工等基础大宗原材料行业、水泥等建筑材料行业、工程机械、机床、重型卡车、装备制造等资本集约性行业。当经济高速增长时，市场对这些行业的产品需求也高涨，这些行业所在公司的业绩改善就会非常明显，其股票就会受到投资者的追捧；而当经济不景气低迷时，固定资产投资下降，对其产品的需求减弱，业绩和股价就会迅速回落。

需要特别注意的是，还有一些非必需的消费品行业也具有鲜明的周期性特征，如轿车、高档白酒、高档服装、奢侈品、航空、酒店等，因为一旦人们收入增长放缓及对预期收入的不确定性增强都会直接减少对这类非必需商品的消费需求。金融服务业（保险除外）由于与工商业和居民消费密切相关，也有显著的周期性特征。简单来说，提供生活必需品的行业就是非周期性行业，提供生活非必需品的行业就是周期性行业。

不同市场环境下应选择不同的周期性。如果市场进入牛市环境，说明实体经济也非常好，因此周期性行业业绩也会突飞猛进地提升。并且由于市场资金比较充沛，资金追求高风险、高收益的动机也比较明显，因此处于行业景气上升期的行业和公司就

进入这些资金的视野。而在熊市环境下，资金处于缺乏状态，作为经济晴雨表的股市出现下跌，说明实体经济也不乐观，因此周期性行业业绩必然受到影响，而非周期性行业由于是生活必需品，所以业绩不会受到很大冲击，成为弱市中的防御品种。

21.不要误读，把握财政政策变化

证券市场是反映一个国家经济运行状况的窗口，而开关这扇窗户的是那双看不到的手——财政政策。财政是国家为实现其职能的需要对一部分社会产品进行的分配活动，它体现着国家与其有关各方面发生的经济关系。国家财政资金的来源，主要是企业的纯收入。其大小取决于物质生产部门以及其他事业的发展状况、经济结构的优化、经济效益的高低以及财政政策的正确与否，财政支出主要用于经济建设、公共事业、教育、国防以及社会福利，国家合理的预算收支及措施会促使股价上扬，支出重点使用的方向，也会影响到股价。这一点，很多股民都应该加强学习，以免误读财政政策的变化。

我们知道财政规模和采取的财政方针对股市有着直接影响。假如财政规模扩大，只要国家采取积极的财政方针，股价就会上涨；相反，国家财政规模缩小，或者出现将要紧缩财政的预兆，则投资者会预测未来经济不好而减少投资，因而股价就会下跌。虽然股价反应的程度会依当时的股价水准而有所不同，但投资者可根据财政规模的增减，辨认股价的转变。

从2009年1月开始，增值税转型改革将全面推进，将有利于增加上市公司利润，值得市场关注。据当时测算，此改革将为企业在2009年减轻负担约1200亿元，对企业利润将产生正面的影响，有助于稳定对上市公司未来业绩的预期。而对于股民来说，这就是一个重大的利好消息。

还有一点也是一些中小股民容易忽略的，那就是财政投资的重点。一般来说，如果政府采取产业倾斜政策，重点向交通、能源、基础产业投资，则这类产业的股票价格，就会受到影响。财政支出的增减，直接受到影响的是与财政有关的企业，比如与电气通讯、房地产有关的产业。因此，每个投资者应了解财政实施的重点。股价发生变化的时点，通常在政府的预算原则和重点施政还未发表前，或者是在预算公布之后的初始阶段。

因此，投资者对国家财政政策的变化，也必须给以密切的关注，关心财政政策变动的初始阶段，适时做出买入和卖出的决策。投资者应该关注的要点有：

①关注有关的统计资料信息，认清经济形势。

②从各种媒介中了解经济界人士对当前经济的看法，以及政府有关部门主要负责人的日常讲话，分析其经济观点、主张，从而预见政府可能采取的经济措施和采取措施的时机。

③分析过去类似形势下的政府行为及其经济影响，据此预期政策倾向和相应的经济影响。

④关注年度财政预算，从而把握财政收支总量的变化趋势，更重要的是对财政收支结构及其重点作出分析，以便了解政府的财政投资重点和倾斜政策。一般而言，受倾斜的产业业绩较有保障，该行业平均股价因此存在上涨的空间。

⑤在非常时期对经济形势进行分析，预见财政政策的调整，结合行业分析作出投资选择。通常，与政府订货密切相关的企业对财政政策极为敏感。

⑥在预见和分析财政政策的基础上，进一步分析相应政策对经济形势的综合影响（比如通货膨胀、利率等），结合上市公司的内部分析，研究个股的变化趋势。

本辑强化习题

1. 投资者如何从鱼龙混杂的股票中挑选出真正具有经济价值的好股票呢？

解答：

投资者在应重点关注以下因素：公司是否具备良好的治理结构及长期的核心竞争力、公司是否有持续的经济利润的增长、公司股票的估值是否合理等等。具体而言，对公司治理结构的考核主要包括一系列定性的指标，如监督和制衡机制是否有效，激励机制是否合理，公司管理层是否具有良好的诚信度等等。

2. 中小股民所应关心的市场的大环境是指什么？

解答：

①大的政治环境和经济环境有什么变动？今天的企业越来越具全球性，其他国家发生的政治经济危机将会影响本国的市场。

②本国的经济大势怎么样？通货膨胀的情形如何？外汇兑换率有无变动的可能？中央银行会调整利率吗？

3. 怎样绕过年报中复杂的数字，分析公司的收入和真实利润？

解答：

分析公司收入和利润的真实性，尤其关注关联交易的文字。若关联交易额很大，对利润的影响较重大，则投资者需保持警惕。此外公司的长期股权投资也很重要，因为我国的拉算长期股权投资现行会计政策仍有成本法，公司有些长期投资可能已经亏损了，但账面上却看不出来。

举个例子，宝新能源（000690）2008年7月的半年报中，公司的营业利润、利润总额、净利润、基本每股收益和稀释后的每股收益均比上年同期有较大程度的增长，公司的业务似乎处于良好的发展态势。但仔细查看合并资产负债表后却发现，可供出售金融资产年初（2008年1月1日）数为114978万元，期末（2008年6月30日）数为0；在利润表中，投资收益的期末数为36651万元，其中对联营企业和合营企业的投资收益为0，另外营业收入本期比上年同期下降（本期为463558万元，上年同期为729545万元）36.5%。由此可以初步判断，对当期营业利润贡献最大的是不具有重复发生性和预测价值的可供出售金融资产的出售收益。

4.影响股价的因素主要有哪些？

解答：

宏观经济因素（利率、汇率、通货膨胀率等因素），产业行业发展状况、企业经营绩效等微观实体经济因素。一般来说，当国内生产总值快速稳定增长，行业景气，微观企业主体的盈利能力普遍较强，那么股票市场就会表现为繁荣；相反，若整体经济开始衰落，则股票市场也会显得萎靡不振。

资金与股票的供求（证券市场心理预期及行为）等直接影响股票价格变动的市场性因素。股票的价格理论上应该等于它自身的价值，然而由于股票的价值体现的是未来的盈利能力，市场上的投资者会根据自己的偏好和对宏观经济发展（包括企业的盈利）的预期给予股票自身不同的评价，这样产生不同的意见使得股票的市场价格会由于供求的力量上下波动。以上第一个因素更倾向于影响股票价格的长期走势，资产的价格会围绕着价值中枢上下波动，有时的波动幅度会很大；而第二个因素主要影响股票的短期价格波动，通过短期资金的流动对股票供求产生影响，使得股票价格水平发生变化。

5.利率、汇率与股价的关系是怎样的？

解答：

股价对汇率的传导可以借助于资产组合理论。假设仅有三种资产：本币、外汇和股票。若本国的股票市场价格上涨，即股票资产增加，会相应地减少对本币和外汇的需求，增加对股票的需求。实际上利率是本币的价格，汇率是外汇的价格，股价的上涨，使得对本币和外汇需求的下降，进而导致利率和外汇汇率的下降。然而与此同时，利率的下降可能使得资本外流，产生对外汇的需求，又会使外汇汇率上升。这样当股价上升时，利率下降，外汇汇率受影响的方向和程度须视情况而定，从而建立起有利率参与的汇率与股价之间的联系。

6.试说明国家政策是怎么影响股票的涨跌的？

解答：

①通过提高或降低人民币存贷款利率，来影响货币流动性；

②通过提高或降低银行的存款准备金率，来影响资金的流动量；

③通过国债的发行量控制，来影响资金的流动性；

④靠相关行业的管理制度的改革，来影响行业政策上的宽松或收紧；

⑤靠国家的宏观调控政策，来影响资本市场的大方向；

⑥靠在资本市场上的融资速度（就是新股发行的速度）来影响股市流动资金的大小；

⑦靠管理部门首要人物的奥论，来影响股市投资者的心理；

第三辑　理论误区

思路决定了出路，方向不对努力白费

　　对于中小股民来说，股市理论记录了股价走势和股市趋势，只有掌握了正确的投资理论，并且将理论联系实际，用理论知识指导操作实践，才有可能成为一位成功的投资者。在某种程度上，理论甚至比技术更重要，投资者要有所作为，建立正确的投资理念是基础。但是需要特别提醒投资者的是，任何一种理论都不是完美的，幸好很多时候可以股市理论可以相互补充。所以对于任何一个理论，既不要嗤之以鼻，也不要奉为神明。

22. 不要滥用，中短趋势少用道氏理论

道氏理论是技术分析的理论基础，事实上，许多现代技术分析方法的基本思想都来自于道氏理论，于是很多股民都热衷于道氏理论，但在实际应用时又偏偏忽略了道氏理论的缺点。

道氏理论在设计上是一种提升投机者或投资者知识的配备或工具，并不是可以脱离经济基本条件与市场现况的一种全方位的严格技术理论。根据定义，"道氏理论"是一种技术理论；换言之，它是根据价格模式的研究，推测未来价格行为的一种方法。

道氏理论认为：股票指数与任何市场都有三种趋势：短期趋势，持续数天至数个星期；中期趋势，持续数个星期至数个月；长期趋势，持续数个月至数年。任何市场中，这三种趋势必然同时存在，彼此的方向可能相反。

三个趋势中，长期趋势最为重要，也最容易被辨认。它是投资者主要的考量，对于投机者较为次要。中期趋势虽然对于投资者仍是较为次要的，但却是投机者的主要考虑因素。它与长期趋势的方向可能相同，也可能相反。如果中期趋势严重背离长期趋势，则被视为是次级的折返走势或修正。在这里要提醒股民朋友注意，次级折返走势必须谨慎评估，不可将其误认为是长期趋势的改变。

需要注意的是，道氏理论对于中等趋势的转变只给出很少或根本不给出任何信号。然而，如果能适当地抓住部分中等趋势，那么交易者的获利就会比仅从主要趋势中的获利更为丰厚。一些交易者在道氏理论的基础上总结出一些补充规则，并将其运用于中等趋势运动，但结果不尽如人意。

股民周先生刚接触道氏理论时，感到非常振奋，认为自己已经把握了预测股市涨跌的秘诀。但在实际应用中，周先生却非常烦恼，因为他无法应用道氏理论判断中短趋势，有时候当他觉得自己终于抓住了一轮主要趋势时，其实趋势已经到了后三分之一阶段。他曾经就这个问题向专业人员做过咨询，要求对方利用道氏理论说明目前股市处于哪个趋势中，得到的却依然是模棱两可的回答："基本仍然看涨，但已处于危

险阶段，我无法明确地建议您现在买进。"

道氏理论确实是有缺陷的，比如信号过于迟缓。不过这种情况在很大程度上是由于股票投资者对于道氏趋势的判断没有严格意义上的统一，因而许多交易者在实际操盘过程中发现，并不能完全地把握整段行情。

在实战中道氏理论的延迟判断（对于级别的出现需要事后认证），使得许多交易者往往错失最佳获利良机，而当趋势已经明显时，又面临调整趋势出现，周而复始，使得交易出现矛盾。因此，股民在应用道氏理论时，也要注意把它和一些技术分析工具结合起来，这样才能起到最大的效用。

23.不要抛弃，黄金分割也可以测市

黄金分割（0.618）是一种数学上的比例关系，具有严格的比例性、和谐性及艺术性，蕴藏着丰富的美学价值。对于黄金分割理论在炒股中的应用，很多股民都觉得玄之又玄，这其实是一种错误的看法，如果应用得宜，不仅可以判断个股的顶底，还可以合理止损。

也就是以前一波段的涨跌幅度作为计算基期，黄金分割的支撑点可分别用下述公式计算：

①某段行情回档高点支撑＝某段行情终点－（某段行情终点－某段行情最低点）×0.382

②某段行情低点支撑＝某段行情终点－（某段行情终点－某段行情最低点）×0.618

如果要计算目标位：则可用下列公式计算

③行情最高点＝（本段行情调整低点－本段行情起涨点）×1.618＋某段前段行情最低点

首先，我们利用黄金分割来测试一下顶点。浦发银行（600000）（见图1），2009年4月28日从低点20.59元开始启动，经过一段上涨后回落，在2009年5月25日从24.51元低点再次上涨，由此测算，此轮行情最高点为：（24.51－20.59）×1.618＋24.51＝30.85元。浦发银行2009年6月8日最高上摸31.16元，收盘30.59元，第二天除权后股价下跌。从这个实例中，实际位置和理论计算的结果误差不大。

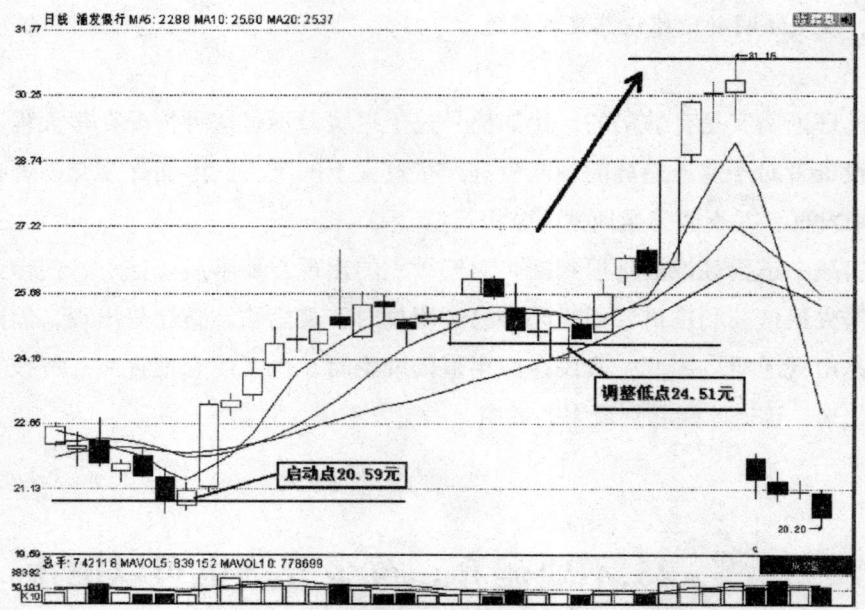

图1 浦发银行黄金分割应用图解

当然,有些股民可能会说除权的股票具有特殊性,算是个例外。那么来看一下白云机场(600004)(见图2),该股的走势颇为符合黄金分割原则,2009年9月份,该股从8.54元起步,至12月中旬,该股拉升到10.24元,完成这一波的涨升,随后我们来看该股的支撑价位:

根据公式:下跌低点支撑为:$10.24-(10.24-8.54) \times 0.618=9.19$(元),事实上该股1999年12月22日回调最低点为9.44元,误差极小,投资者只要在9.60元一线附近吸纳,就可以找到获利机会。

上升行情上涨压力为:$8.54+(10.24-8.54) \times 1.618=11.29$(元)

该股在10年1月份摸高至11.08元后回落,投资者在11元可以从容卖出获利。

此外,中小股民还可以利用黄金分割进行止损。具体地来说,就是在股票下跌过程中,也可利用0.618、0.5和0.382这几个分割位置来判断股票反弹的强弱和趋势。当然,像遇到股市单边下跌等特殊情况,这种判断会失效。股票总会有涨跌,如果股票经过下跌后反弹,反弹超过0.382位置,那就看0.5的位置;再突破,那就看0.618位置。一般来说在这几个位置会有反复,如果能够突破则认为是强势,当突破这些位置后,这些位置就会成为支撑,可以持股。

凤竹纺织(600493)(见图3),2007年5月29日从最高11.31元跌到最低6.59元开始反弹,$(11.31-6.59) \times 0.382=1.803$元,同档高点支撑位为:$1.803+6.59=8.393$元。6月13日凤竹反弹到8.54元后一路跌到5.46元。

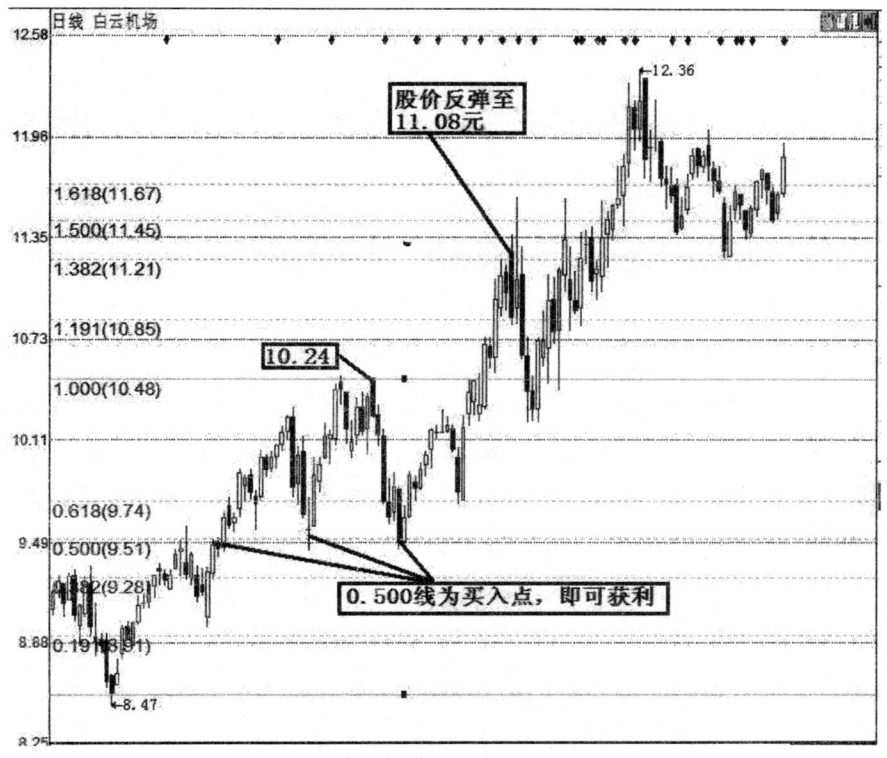

图2 白云机场黄金分割买入图解

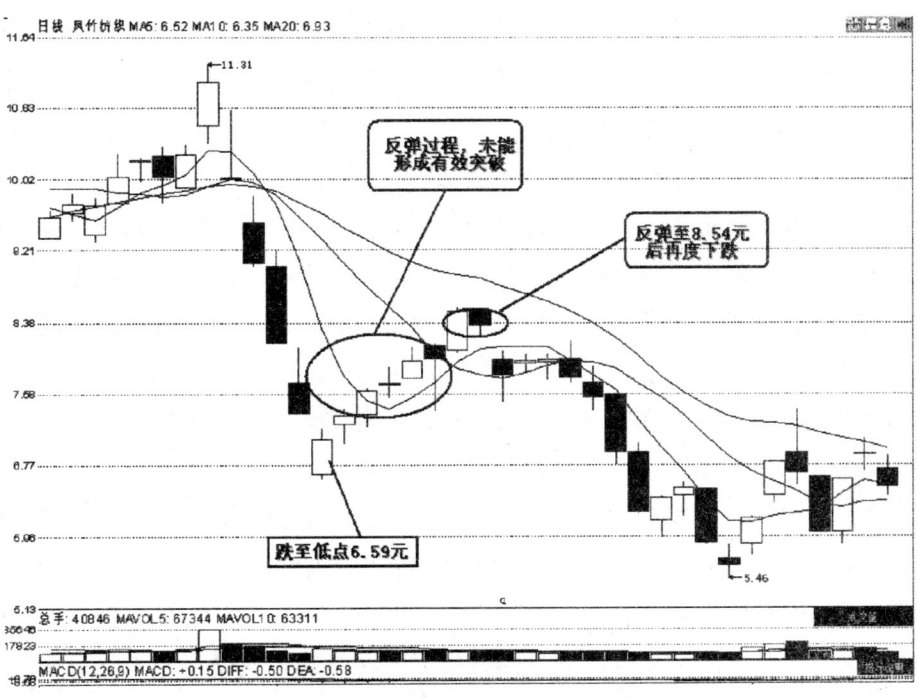

图3 凤竹纺织黄金分割止损图解

24.把握精髓,不要踏入量能分析误区

我们知道技术分析的最重要基础与前提就是研究量能变化,因而量能理论极具实战意义。但是,很多股民对成交量与股价涨跌关系的看法过于绝对化,这极大地影响了他们的实战操作。

王女士是2005年进入的股市,第一次交易就吃了大亏。2005年9月16日王女士在朋友的推荐下以8.95元买入了2万股青岛啤酒(600600),结果买入第二天股票就放量暴涨,王女士欣喜若狂,认为该股潜力无穷。第三天,该股拉出了阴线,但是股价却创了新高,而且成交量还在放大,王女士觉得不要紧,后市一定还有涨情,干脆抱着股票不放,结果该股一路走跌,到了10月20日,股价已跌至7.45元。

市场上很多股民对待成交量的看法都和案例中的王女士差不多,他们认为股票成交量越大,价格就越涨。要知道,对于任何一个买入者,必然有一个相对应的卖出者,无论在任何价格,都是如此。在一个价格区域,如果成交量出乎意料地放大,只能说明在这个区域人们有非常大的分歧,比如50个人看涨,50个人看跌;如果成交量非常清淡,则说明有分歧的人很少或者人们对该股票毫不关心,比如5个人看涨,5个人看跌,90个人无动于衷或在观望。

此外,关于成交量中小股民易犯的错误还有以下几点:

①过于夸大成交量作用。"量为价先"是我们常听到的一句话,这实际上放大了成交量在分析中的作用。应该是"先有价,后有量",趋势分析才是最重要的,成交量只是其中较为重要的因素之一。仅凭成交量的分析是无法对股价中长期趋势做出判断的。

②用成交量进行大盘分析。市场上有这样一种认识,认为个股或股指的上涨,必须要有量能的配合,如果是价升量增,则表示上涨动能充足,预示个股或股指将继续上涨;反之,如果缩量上涨,则视为无量空涨,量价配合不理想,预示个股或股指不会有较大的上升空间或难以持续上行。比如,我们就常听人在运用成交量对发盘进行分析时说:"因为成交量不足,大盘上升空间有限……"这其实是在误导投资者,把个股的成交量分析方法和大盘成交量的分析混同在一起。成交量从来都只是分析大盘趋势的次要因素。真正懂看盘、会看盘的投资者才知道,指标股、领涨或者领跌的板

块（个股）等市场热点才是大盘分析的关键！

③只是对某一个时点的成交量进行分析。要把握成交量所揭示的盘面信息，仅仅对某一个时点、某天的成交量进行分析是片面的。我们需要结合股价的运动轨迹，对成交量在股价上涨趋势、下跌趋势的表现做出一个综合的评价，才能更好地指导我们的实践操作。

那么，我们应该怎样正确判断成交量带给我们的信息呢？

可以从成交量变化分析某股票对市场的吸引程度。成交量越大，说明越有吸引力，以后的价格波动幅度可能会越大。

可以从成交量变化分析某股票的价格压力和支撑区域。在一个价格区域，如果成交量很大，说明该区域有很大的压力或支撑，趋势将在这里产生停顿或反转。

可以观察价格走出成交密集区域的方向。当价格走出成交密集区，说明多空分歧得到了暂时的统一，如果是向上走，那价格倾向于上升；若向下走，则价格倾向于下跌。

可以观察成交量在不同价格区域的相对值大小，来判断趋势的健康性或持续性。随着某股票价格的上升，成交量应呈现阶梯性减弱，一般来说，股票相应的价格越高，感兴趣或敢于参与的人就相应越少。不过这一点，从成交额的角度来看，会更加简单扼要。

总之，量的变化可谓无穷尽，股价的上涨有时明显得到量的支持，有时看似毫不相干，有时显得非常混沌，但只要我们向前追溯，还是能找到最原始的关联。在量的分析里，有几条基本上是可以确定的：长时间无量之后放量的可信度更大，可视作资金重新介入的信号；价格的走势很多时候比量更重要，价格的不断走高方能显示资金推高股价的决心，即趋势是最为重要的。

25.把握实战，不要忽略中长期均线

在应用均线系统时，很多中小股民都更看重短期均线，3日均线战法、5日均线战法、7日10日均线战法之类的炒股技巧也层出不穷。而对于中长期均线，大家虽然也认识到了其价值，但在实战中却很少应用。这是一种错误的做法，合理应用中长期均线不但能带来丰厚的利润，同时还可以起到预警的作用。

江苏的李先生入市时间比较早，但是一直是用一些闲钱在小打小闹。到了2000年正碰上网络科技股行情，李先生自己总结出了一套3日均线与7日均线组合战法，就此

做起了短线，凭着一点小聪明，再加一些运气，李先生在那波行情中获利颇丰。可惜好景不长，2001年行情见顶，李先生的资产开始急剧萎缩，那段时间他手中的股票很多是以跌停开始展开调整，想要割肉都来不及。最后，在反弹无望时，李先生只有在低位割肉，最后账户缩水只剩下了不到十分之一。李先生悔恨不已："半年线下穿，千万不要沾！我要是多看看年线什么的，也就不会输得这么惨了！"

中长期均线不容易产生骗线，从稳妥的角度看，当然越长的均线越可靠，如120天平均移动线，一般每年只会形成1～2次拐点，趋势一旦形成就很难改变，因此我们要重视中长期均线的作用。此外，对于中线投资者来说，合理应用中长期均线可以更好地获利。

要利用中长期均线获利就要要有宽阔的底部，30日及其增加线回归黏合，股价站稳于线上，并于这一阶段中，股价经历漫长的下跌后最好经一次放量反弹后再次缩量二次探底创新低后止跌，其后不断有温和的成交量放大现象，并于几次主动放量上攻触及120日均线，主动修复乖离过大的均线系统，使30、60、120日线走平黏合后即可考虑进入。

在满足前面条件的券种中，寻找当前价位距离其前期密集成交区，高点与平台较远与已经向上突破，突破之前长短均线收拢黏合时间较长，股价在线上下微幅震荡并于某一结点处放大量拉长阳（或向上跳空形成突破缺口）并经有效回抽确认（缩量，回抽较浅，30日线支撑有力且仍保持上升趋势）时勇敢介入。

一旦一只股票进入拉升期，20、30日均线应始终保持上升，这一阶段，止损点应定于这两条线处，该两线不应走平，更不应该出现拐点，一旦出现，立即离场。同时计算每日涨幅与大盘涨幅的比，若主动强于大盘，则继续持有，并应注意短中长期均线之间的乖离率，乖离率过大意味着短线利润丰厚，随时可能转势或至少会出现回档调整。健康良好的均线系统不应"过分"向上发散（尽管这意味强势，单只能是短线强势），而良好的均线形态应是短中长期均线均保持同步平行匀速向上的，这样的涨势长久而稳健。

当市场由不屑到关注，再到一致看好时应留心其可能出现的震荡，随时警惕。20、30日线一旦走平，应立即考虑离场；中期均线之间的反压是大幅调整的。

例如：中粮地产（000031）（见图4），该股2009年前期股价一直受250日均线压制，5月12日股价终于站到了250日均线上方。但投资者此时还不宜贸然建仓，应等待更明确的买入信号。7个交易日后，从K线图上可以看到原本运行在250日均线下方的几条中长期均线开始向上突破250日均线，并且呈多头排列，这是非常强烈的买入信号，投资者可逢低重仓。

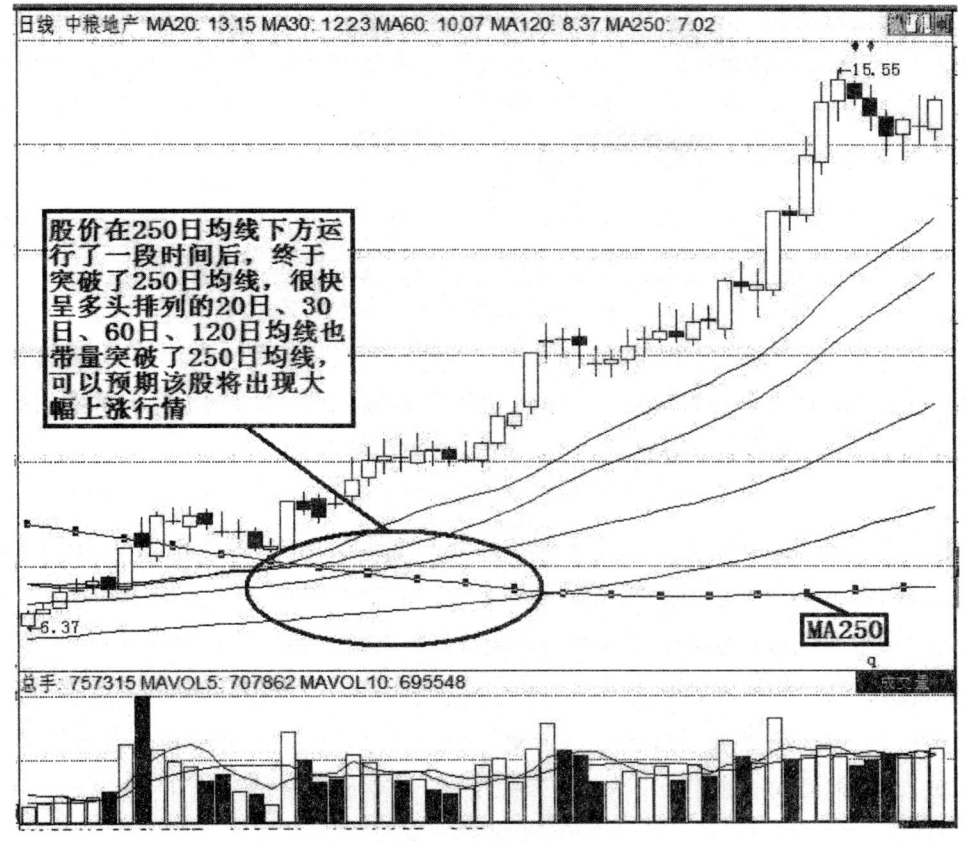

图4　中粮地产中长线买入图解

此外，在对于长期均线120、250的研判中有一些小的经验，那就是这些均线一定要在特定的时间区间内才起作用，要注意经验公式可能成立的条件，如股价行至120、250日均线之间，两条均线成剪刀之态势，是比较艰难的情势。

因为一般下行的是250日均线，上行的120日均线，根据均线原理，说明120日周期的持有者的成本在上升，250日在下降，这时庄家倘若向上动作，一方面面临长线买家套现的压力，且这类投资者并不会为短期的技术走势所影响，逢高抛出不可避免；另一方面，对于那些长庄慢牛的券种120日线一般是主力的平均成本区，同时对大多数低位建仓的股票120日线都是他们的成本，当这条均线在股价上方时，走平是最好的情况，向下一则同于250日均线向下，二则说明主力至少未曾全身投入甚至根本未进场！要知道均线向上推进时主力成本同市场成本同步递增，这样会把他活活累死！而且一旦市场风吹草动或行至前期阻力面临短线客离场便会高位套牢。何况一只股票里庄家有可能不是一个，而成本却是向上推进者支付的。真正的突破，比较稳健的是使120日线从走平到微微上翘。反过来说，股价跌到这个区间也不会是一个小跌，时间也相对较长，价位比较实在，向下打压一般是要靠市场的利空传闻，否则反而损失筹码，那时庄家可能丢掉明天的饭碗。同样，这两条均线单独出现上述情形时也会起到相同作用，只是力度相对较弱而已。

26.灵活分析，不要太迷信数浪

波浪理论是一个极其庞大和复杂的技术分析体系，它在道氏理论的基础上进一步揭示了价格涨跌循环的内在规律，即关于波浪级别的划分，而波浪级别的划分又是波浪理论中最抽象、最不容易把握的部分。它究竟难在哪里呢？

南京的孙先生退休前是一位高中数学老师，退休后孙先生开始炒股，账户中小有盈余。一次偶然的机会，孙先生听了一节关于波浪理论的培训课，从此就迷上了波浪理论，一发不可收拾。每天嘴里念叨的就是数浪规则，每炒一只股票都要打开K线图研究波浪趋势，还时不时在本子上写写画画……

一年过去了，孙先生的账户亏损严重。孙先生很沮丧：是自己对数浪规则研究得不透彻？怎么总是犯错呢？

孙先生的困惑也是很多热衷于波浪理论的股民的困惑，要知道波浪理论是一种主观分析工具，每一个波浪理论家，都很难说清一个浪的起始与终点。有时，甲认为是第一浪，乙认为是第二浪。差之毫厘，失之千里。波浪理论最好不要应用于个股，这是因为波浪的应用本来就灵活多变，面对个股，更是变化多端。而分析是以不变的理念应万变的外形，故如果分析面对的变化越来越多，多得令自己不知所措时，那分析的结论肯定大打折扣。

波浪理论对交易的价值，不是确定底和顶，而是把握市场节奏，确定当前的价格运动性质，是回调还是在上升浪，这才是最重要的。因此，中小股民还是应该掌握数浪规则，但是不能滥用。

那么，如何来划分上升五浪和下跌三浪呢？一般说来，八个浪各有不同的表现和特性：

第1浪（见图5）：①几乎半数以上的第1浪，是属于营造底部型态的第一部分，第1浪是循环的开始，由于这段行情的上升出现在空头市场跌势后的反弹和反转，买方力量并不强大，加上空头继续存在卖压，因此，在此类第1浪上升之后出现第2浪调整回落时，其回档的幅度往往很深；②另外半数的第1浪，出现在长期盘整完成之后，在这类第1浪中，其行情上升幅度较大，从经验看来，第1浪的涨幅通常是5浪中最短的行情。

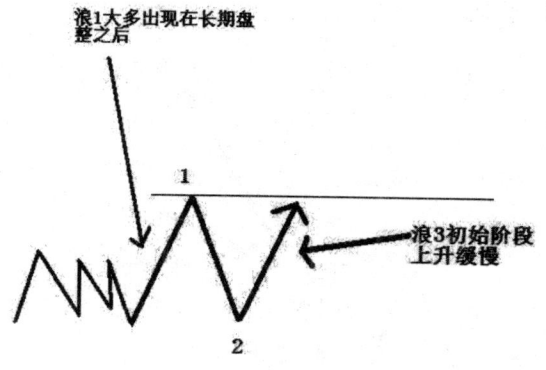

图5　第1浪图解

第2浪（见图6）：这一浪是下跌浪，市场上大众投资者此时误以为熊市尚未结束，其调整下跌的幅度相当大，几乎吃掉第1浪的升幅，当行情在此浪中跌至接近底部（第1浪起点）时，市场出现惜售心理，抛售压力逐渐衰竭，成交量也逐渐缩小时，第2浪调整才会宣告结束，在此浪中经常出现图表中的转向型态，如头底、双底等。

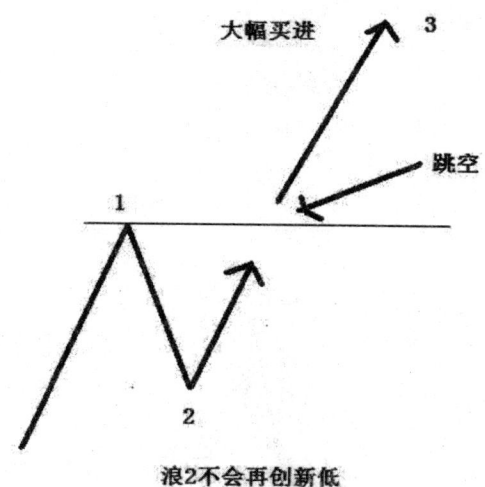

图6　第2浪图解

第3浪（见图7）：第3浪的涨势往往最大，是最有爆发力的上升浪，这段行情持续的时间与幅度，经常是最长的，市场投资者信心恢复，成交量大幅上升，常出现传统图表中的突破讯号，如裂口跳升等，这段行情走势非常激烈，一些图形上的关卡，非常轻易地被穿破，尤其在突破第1浪的高点时，是最强烈的买进讯号，由于第3浪涨势激烈，经常出现"延长波浪"的现象。

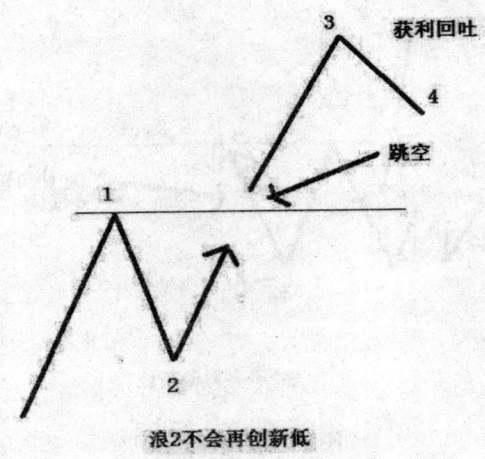

图7　第3浪图解

第4浪（见图7）：第4浪是行情大幅劲升后调整浪，通常以较复杂的型态出现，但第4浪的底点不会低于第1浪的顶点。

第5浪（见图8）：在股市中第5浪的涨势通常小于第3浪，经常出现"倾斜三角形"的走势，且经常出现失败的情况。

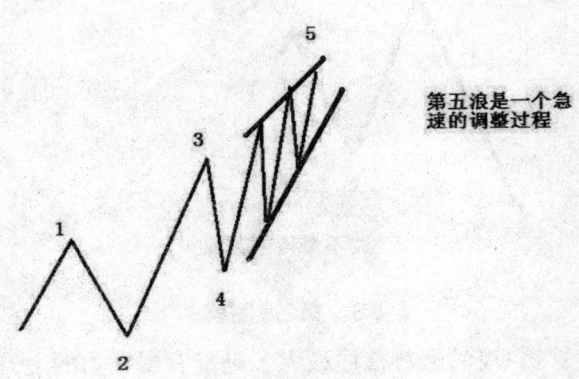

图8　第5浪图解

第A浪（见图9）：在A浪中，市场投资人士大多数认为上升行情尚未逆转，此时仅为一个暂时的回档现象，实际上，A浪的下跌，在第5浪中通常已有警告讯号，如成交量与价格走势背离或技术指标上的背离等，但由于此时市场仍较为乐观，A浪有时出现平势调整或者"之"字型态运行。

第B浪（见图9）：B浪的表现经常是成交量不大，一般而言是多头的逃命线，然而由于是一段上升行情，很容易让投资者误以为是另一波段的涨势，形成"多头陷井"，许多人士在此期惨遭套牢。

第C浪（见图9）：是一段破坏力较强的下跌浪，跌势较为强劲，跌幅大，持续的时间较长久，而且出现全面性下跌。

单从规则看来，波浪理论似乎颇为简单和容易运用，实际上，由于其每一个上升/下跌的完整过程中均包含有一个八浪循环，大循环中有小循环，小循环中有更小的循环，即大浪中有小浪，小浪中有细浪，因此，使数浪变得相当繁杂和难于把握，再加上其推动浪和调整浪，经常出现延伸浪、之字形调整浪（见图9）等变化型态和复杂型态，使得对浪的准确划分更加难以界定，这两点构成了波浪理论实际运用的最大难点。投资者在应用时一定要灵活应对。

之字形调整浪

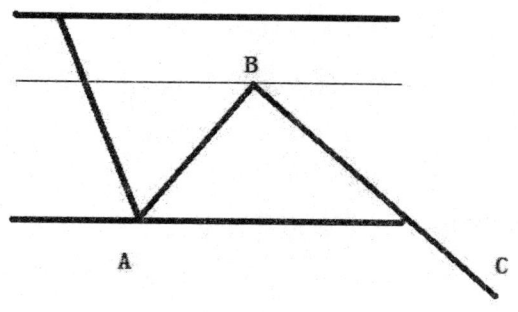

图9　之字形调整浪图解

27.把握趋势,不要误解形态理论

形态分析占据着传统技术分析的重要一席,但是,很多中小股民在利用形态理论时易进入分析误区,尤其对于缺乏丰富实战经验的新股民,因此,有必要对形态技术分析的本身做一下反思,这样才会清晰正确地认识形态分析。

形态分析是通过将几天的K线组合,扩大到几十天甚至一段的时期,这些众多的K线就组成的若干不同的轨迹形态,通过研究股价走过的这些轨迹,来分析多空双方力量的对比变化,并做出相应的判断指导实际的操盘。具体的图形可分为下列图形:头肩形:以形似人的头和肩的形态命名,可细分为头肩顶、复合头肩顶、头肩底、复合头肩底;多重顶或多重底型:有类似W形的双重底、有类似M形的双重顶、还有三重顶与三重底等;三角型:可再分为对称三角形、上升直角三角形、下跌直角三角形;矩型:又称为箱型;旗型:有上升旗与下降旗型两种。圆形:分为圆顶与圆底形;其他类型:有菱型、楔型、发散型等等。加之以上各种图形的不同组合,产生了变化多端的股市景观,也使得形态技术分析本身,外表看起来显得高深莫测。

然而,在实战中我们常常会遇到种种尴尬的结果,当K线组合出现上涨形态之时买进股票,但股价却迟迟不涨甚至出现了下跌;当K线形态出现下跌形态之时,抛出手中的股票,这时股价却出现大涨,这是什么原因呢?

河北股民老庄最近开始研究利用形态理论炒股,但是经过一段时间后,他却得出了一个"形态理论不实用"的结论。随着股价变化形态的不断变化,振幅逐渐加大为喇叭形,振幅逐渐缩小为三角形,振幅长期一致为箱形,先放大后缩小的为菱形,向上或向下倾斜往复运动叫旗形,股价上去了叫W底,下来了M头,再上去叫三重底,再下来叫三重顶,这种不断的变化怎么用来买卖股票呢?另外,教科书上给出的形态都很完美,说明也很详尽,但是在实战中,根本就没有找到那么准确的形态,很多形态都很牵强!还有不同的时间周期显示的是不同的形态。比如说30,60,120,240,1000天;甚至30分钟,60分钟等等会显示得出不同的形态,该以哪一个形态为买卖依据呢?

老庄恐怕代表了相当一部分股民的看法,可是上述看法是存在错误的。首先我们要确定一点,就是先有价格的实际运动,才会有趋势和形态的产生。如果反过来,通

过某某图形导致预测后市会涨跌到多少的判断,甚至作为买卖操作的依旧犯了低级的明显的逻辑错误。其次,实际的股价趋势运动形成的图形,绝大多数都是不完美、不规则的,而我们一开始学习图形分析理论都是找的所谓的完美图形,实战中生搬硬套无异于削足适履。最后,也是最重要的,如果真正理解掌握趋势理论你就会明白,形态理论的糟粕是有关"预测"的教条,形态理论精髓是"颈线"系统,"颈线"的实质是股价原始趋势改变后,二次突破的支撑与阻力线,这也是实战买卖操作的依据!

在接触形态分析过程中必然要接触到颈线(见图10),无论任何形态,不论是反转形态,还是整理形态,都以颈线的有效突破作为研判后市走向的依据。

何谓颈线?就人类而言,每个正常人都有颈,它是头部与身体的分水岭。一般而言,颈属于头的一部分,而头部与身体真正的分界线即是由左肩贯穿左颈部、右颈部而与右肩相连之直线,这条线被称为颈线。事实上颈线的意义十分简单,就是指一个形态的支撑与阻力。

回顾所有颈线的传统画法,仔细观察可以发现,几乎所有的底部颈线画法,基本上都是将每次反弹高点加以连接得出。而顶部颈线是将每次回落的低点加以连接形成的。

颈线

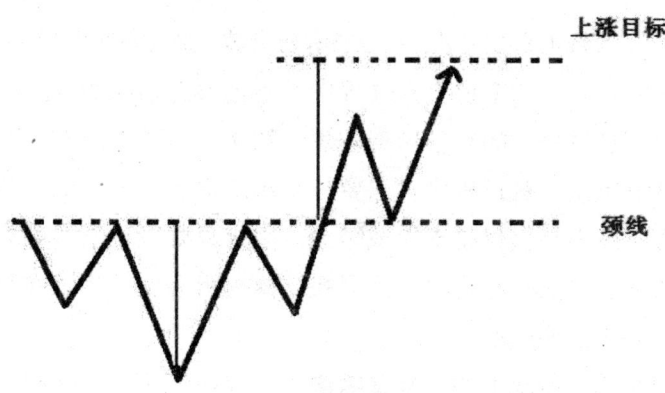

图10 颈线示意图

(1)底部颈线的意义。

心理预期。股价在连续下跌之后反弹,随后在某一价位处止涨回落,当股价再次上涨至这一价位处时,投资人就自然而然的担心这一价位是否会再次产生阻力,于是产生卖出观望的心理。同时短线客会产生高抛低吸的念头，在低点买进在反弹高点卖出，以求利润最大化，每当股价涨至高点处就开始卖出。因为这些原因，使颈线处出现很大的卖压。

平均成本。在整个底部形成过程中，很多投资人在这一价格区域买进股票，他们的平均成本都在颈线之下，一旦股价向上突破颈线，这些买进的投资人就全部获利，获利卖出的欲望，使颈线处出现强大卖压。

因为以上原因，所以颈线很难被突破。形态持续时间越长，颈线被冲击次数越多，越不易被突破，除非强大的购买力量介入，才会造成被突破的局面。既然有大量的资金介入，后市就极有可能开始大幅上涨。

（2）顶部颈线的意义。

心理预期。当股价在连续上涨过程中突然回落，在一价位处止跌继续上涨，当股价再次回落这一价位处时，很多投资人预期这一价位还会出现支撑，因而减少卖出。另一些高位卖出的短线客预计股价不会再跌，产生高抛低吸的念头在此买进，形成惜售和买进的力量。和底部颈线相同的是，这一点位被冲击的次数越多，这一价位处买进的意愿就越强。

平均成本。一个顶部形成不是一朝一夕可以完成的，很多投资人在这一价位区域买进，当股价跌至形态低位处时，这些投资人就毫无利润可言，因此产生强烈的惜售心理，造成卖压减少，因此不容易突破。而一旦股价跌破颈线，会造成大量投资人被套，股价再次回升到颈线处，投资人就会产生少亏出局的念头卖出股票，形成强大卖压，造成股价继续下跌。

因为有以上原因，颈线不易被突破，一旦被有效突破，通常意味着行情已经发生反转。

另外还有整理形态，总的来说上升过程中的整理形态颈线的意义，与底部形态的颈线意义相同。而下跌过程中的整理形态的颈线意义，与顶部形态的颈线意义较为一致。不论是上涨过程还是下跌过程中，只要一个形态形成，我们就应该迅速寻找这个形态的支撑与阻力，而不是仅仅是支撑或阻力。因为只要股价没有明显的选择波动方向，我们就不能断定它必然是涨是跌，而寻找支撑与阻力就是为了在第一时间，判断股价波动的方向，加以正确投资。

很多时候，颈线并不是水平的，常常略微向上或向下倾斜，这都不影响颈线的意义。重要的是，它必须正确地反映股价的支撑或压力。所以说颈线的意义是非常简单的，一句话就可以概括，就是代表一个形态的支撑与阻力。

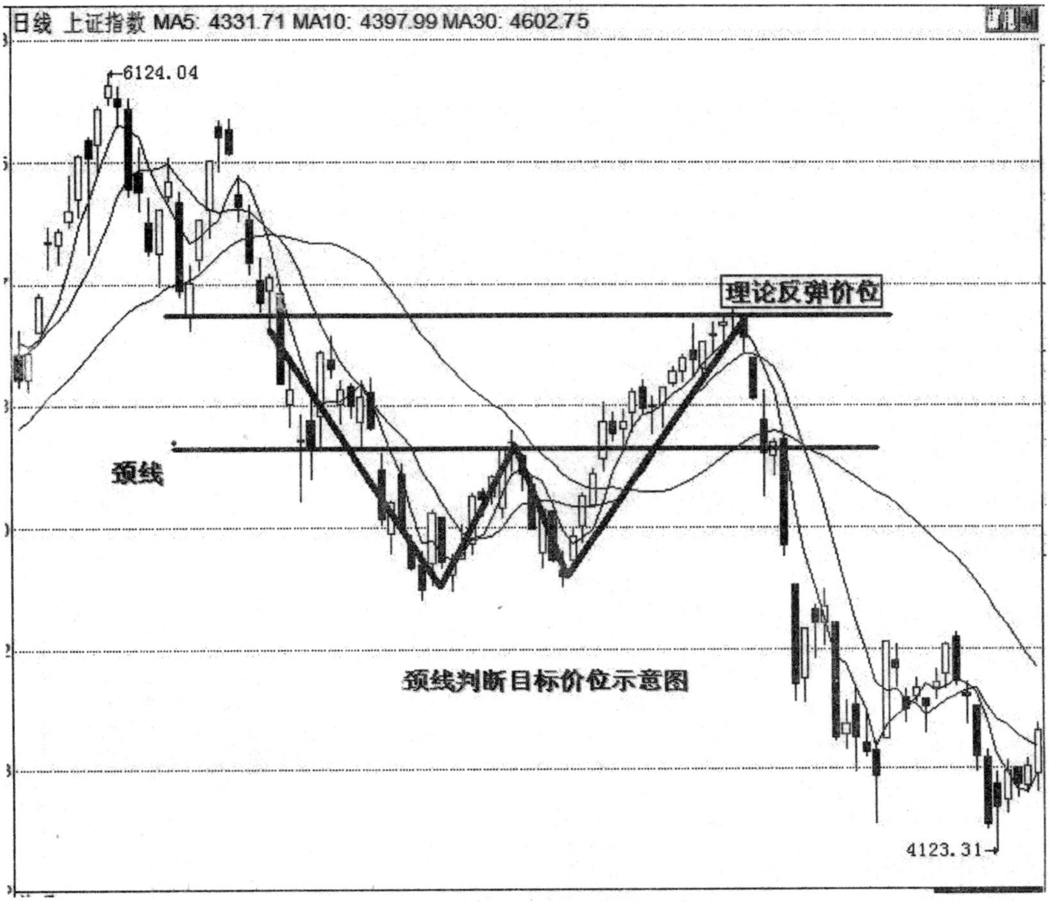

图11 颈线判断目标价位示意图

（3）确认股价向上突破颈线的有效性。

突破颈线的有效性，必须以当日收市价高于颈线的3%以上为依据，幅度越大越好。

要求必须3%以上涨幅，这是因为大多数投资人在形态形成过程中，平均成本都在颈线附近，加上交易费用，股价涨至颈线处没有什么利润可言。另外还有一些投资者在其中屡次坐车，产生固执的念头——除非在新高价卖出，否则决不卖。只有新进场的力量，有能力使股价一口气推高至颈线3%以上，释放这些急于出局的筹码，才表明行情是由大资金推动造成的，确实选择了突破的方向。如图11所示。

将收盘价作为确认突破的依据，是因为当投资人发现股价某一天大幅突破之后，他们就会赶到交易所认真注视股价的波动，经过一天充分思考，在收盘价之前已经作出了买卖的指令，所以最具参考价值。而开盘价或者最高价，往往不是在大多数的持股人的关注中出现的，因此意义较小。

（4）突破颈线当天的成交量必须放出大量。

巨大的成交量代表高额的换手,表示低位买进的投资人获利回吐遭遇大资金进场产生。

但是放大到怎样的程度才算有效放大,在所有的技术分析书籍中并没有一个明确的说法,根据以往经验,一般来讲向上突破之日的成交量,最少是在整个形态日均换手率2倍以上,才可以称为有效成交量,在这一基础上换手率越高越好。

对于确认股价向下突破的有效性,以突破当日收市价低于颈线的3%以上为依据即可,而不需要有成交量的配合。因为只要实质造成投资人较大的亏损,就可以造成恐慌。每当股价靠近颈线时,就会出现卖压,而不需要实质换手。

让我们来看一个例子。2000年10月13日至2001年8月17日丰乐种业（000713）（图12）在15元之上形成一个M头,水平直线构成一个颈线位置,2001年8月17日其股价穿过颈线支撑位,此后一轮下跌行情不可收拾,一年后股价最低跌至5.80元,颈线的魔力可想而知。

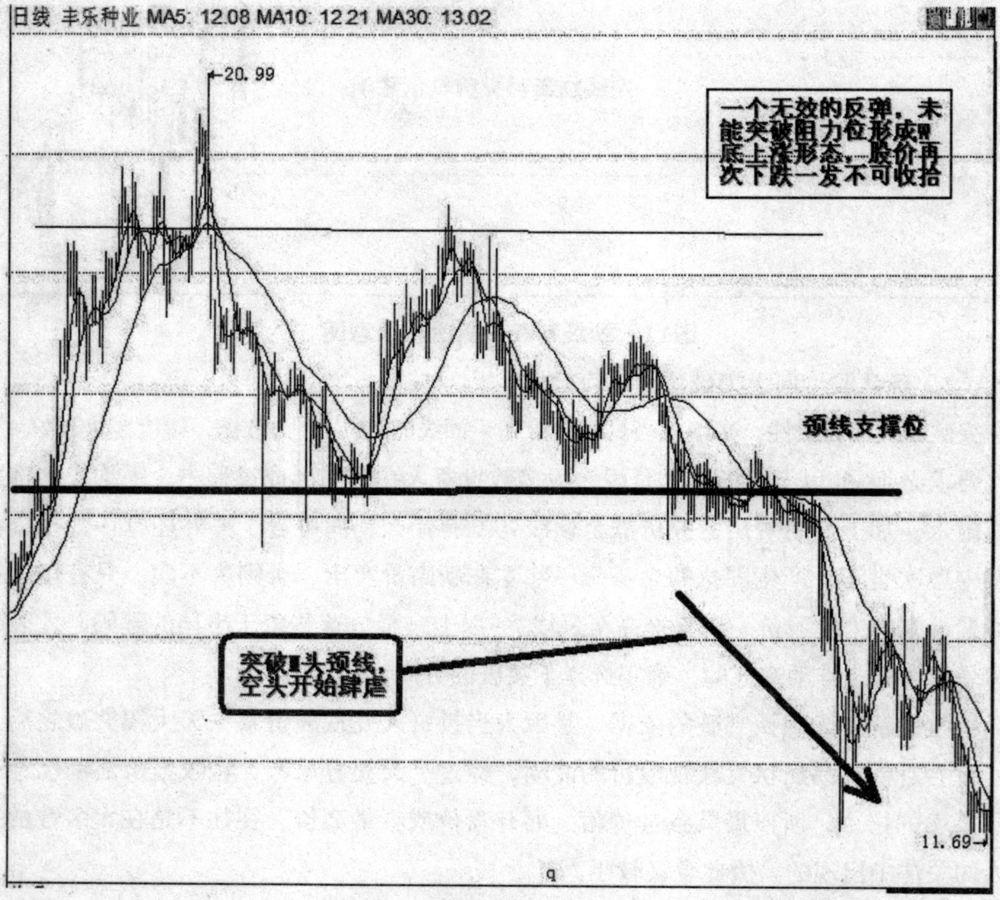

图12 丰乐种业突破颈线图解

28.分清类型,不是每个缺口都会回补

股市那句"逢缺必补"的道理可谓耳熟能详,很多股民都认为跳空缺口就必须短期内回补,尤其是在弱市情况下反弹过程中的缺口短线回补的可能性更大。这种看法是错误的,并不是每个缺口都会在短期内回补,必须分清缺口类型再下定论。

股民小赵才进入股市不到一年,在和老股民交流过程中,知道了一个窍门:K线图上出现跳空缺口必定会在短期内回补,股民可以依据这一特性获利或避险。小赵翻看历史K线图,从上面还真找到了不少这样的例子,那么这个说法完全正确吗?

这种看法是错误的,并不是每个缺口都会在短期内回补,必须分清缺口类型再下定论。

缺口是指股价在快速大幅变动中有一段价格没有任何交易,显示在股价趋势图上是一个真空区域,这个区域称之"缺口",通常又称为跳空。当股价出现缺口,经过几天,甚至更长时间的变动,然后反转过来,回到原来缺口的价位时,称为缺口的封闭。又称补空。

造成缺口的原因通常有三种:

其一是除息、除权缺口,由于除权或除息,在K线图上留下缺口,这一缺口并没有研究的必要。

其二是由于平时价位波动所造成的普通缺口,今日与昨日价位并不完全连贯,上下落差不大,通常出现在一个交易频繁的整理区域。

其三是由于股价突破而造成的爆炸性缺口,这是在操作中最有意义的缺口,这种缺口通常分为突破缺口、持续缺口、衰竭缺口。

下面我们来逐个分析不同类型的缺口。

普通缺口(见图13):在图形里普通缺口经常出现在一个交易频繁的整理与反转区域,然而它出现在整理形态的机会较反转形态大,因此若发展中的矩形与对称三角形出现缺口时,就能确定此形态为整理形态。因此,它的特征是出现跳空现象,但并未导致股价脱离形态而上升或下降,短期内走势仍是盘局,缺口也会回补。

短线操作者如果预测此发展迹象,则可在此价格区域内高出低进,赚取差价。普通缺口由于很容易被封闭,在多空争斗里亦不代表何方取得主动,其短期技术意义近

乎于零，但是对于较长期技术分析却有很大的帮助，因为一个密集形态正逐渐形成，终究多空双方要决出胜负。

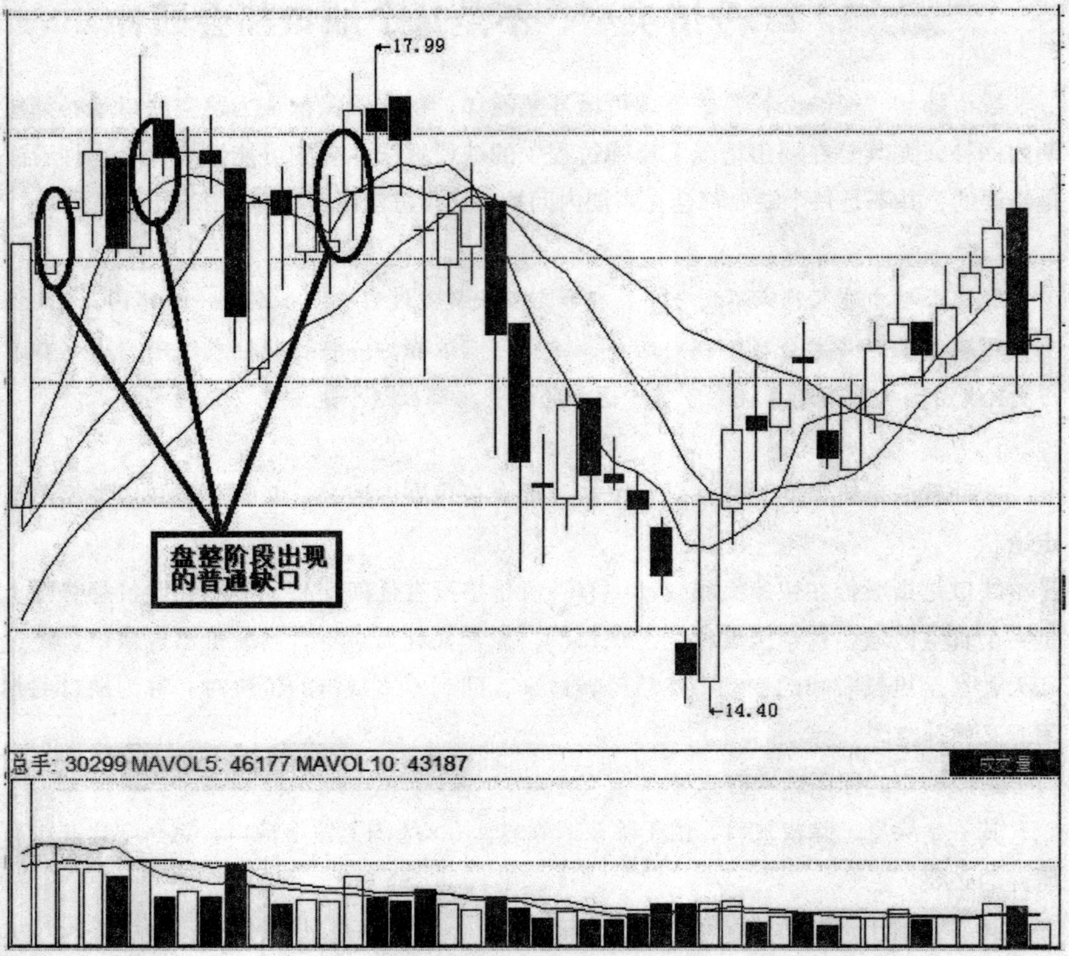

图13　普通缺口图解

突破缺口（见图14）：当形态确立后，从K线表示股价以一个大小不一的缺口跳空上升或下降远离形态，突破盘局，此缺口就是表示真正的突破已经形成，行情将顺着股价趋势行进下去。也就是说，股价向形态上端突破，整理区域便成为支撑区，将有一段上升行情出现，股价向形态下端突破，整理区域就成为阻力区，将有一段下跌行情出现。

通常导致突破缺口的K线是强而有力的长阳线或长阴线，显示一方的力量得以伸展，另一方则败退，同时缺口亦显示突破的有效性，突破缺口愈大，表示未来变动愈强烈。成交量的配合则扮演重要的角色，如果发生缺口前成交量大，突破后成交量未扩大或随价位波动而相形减少,表示突破后并没有大换手,行情变动一段后,由于获利者回吐承接力量不强时,便回头填补缺口。突破缺口发生后,成交量不但没有减少,反而扩大,则此缺口意义深远,近期内将不会回补。与突破形态一样,下跌突破缺口并不一定出现大成交量,但仍有效。

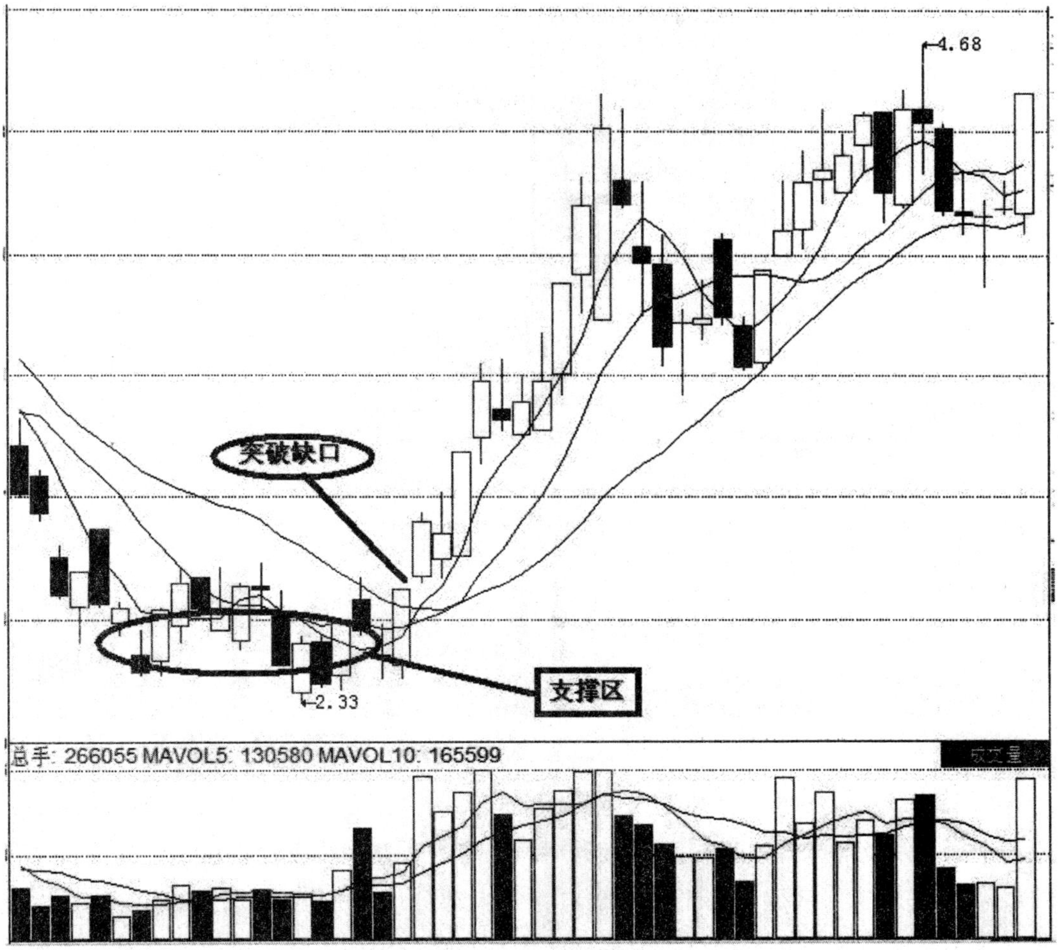

图14　突破缺口图解

持续缺口（见图15）：持续缺口出现的次数比前两种缺口要少,通常是当股价突破形态上升或下跌后远离形态而至下一个整理或反转形态的中途出现,因此继续缺口可大约地预测股价未来可能移动的距离,所以又称为测量缺口。如果行情进行中出现两个缺口,股价变动的中点就可能在两个缺口之间。所以就可以计算出此段股价波动终点的大概价位。其次若跳空现象连续出现,表示距变动终点位置愈来愈近。股市有句名谚："(股价)跳三空,气数尽"便是此意。持续缺口的一个重要特点就是短期内不会回补。

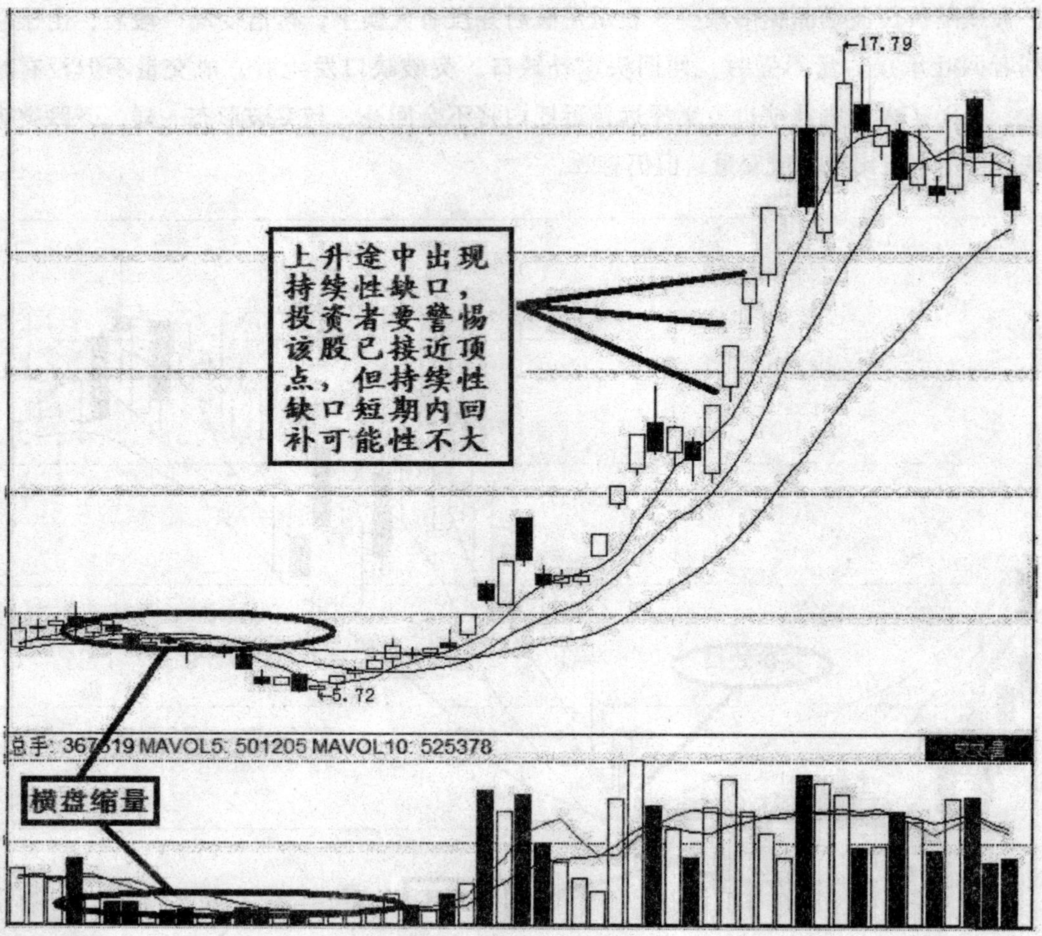

图15 持续缺口图解

衰竭缺口（见图16）：在多头市场出现此类缺口，表示长期上涨行情即将结束，空头市场出现此类缺口，暗示跌势接近尾声，将进入整理或反转阶段，任何一种热门的股票的上升或下跌行情出现衰竭缺口，绝大部分均已先出现其他类形的缺口。然而，并不是所有股票在行情结束前都会产生衰竭缺口现象。缺口发生的交易日或次日成交量若比过去交易日显得特别庞大，而预期将来一段时间内不可能出现比此更大成交量或维持此成交量水准，极可能就是衰竭缺口。如果缺口出现后的隔一天行情有当日反转情形而收盘价停在缺口边缘，就更加肯定是竭尽缺口。同理，下跌行情结束前出现向下跳空K线，成交量萎缩，此缺口亦是竭尽缺口。衰竭缺口与上述的突破缺口和持续缺口不同，一般很快会在短时间内被回补，同时也常伴随原有市场趋势的结束和一个新的整理形态的开始。

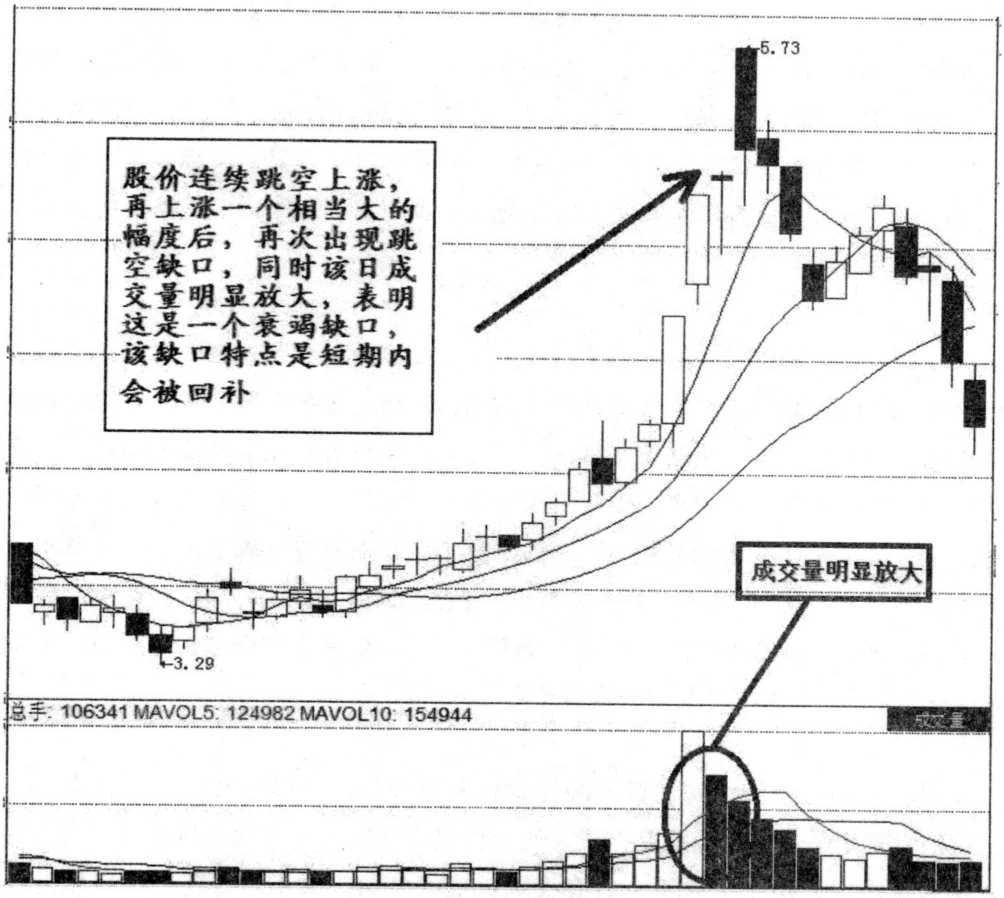

图16　衰竭缺口图解

有时会发现K线图形在同一价位区发生两个缺口，也就是上升与下跌行情里产生竭尽缺口后，股价继续朝相同方向移动，经过一星期或稍长时间的变动，开始朝反方向移动，而在先前竭尽缺口价位跳空，反转下跌或上升，形成突破口。由于两个缺口大约在同一价位发生，而整个盘档密集区在图形上看起来就像孤立的小岛形反转，但极少出现。

29.不要误读，价值投资需要真正理解

关于巴菲特的价值投资是否适合中国股市，一直有很多争论。2005年开始的大牛市把价值投资从认识推向普及，从普及推向高潮，从高潮推向疯狂，从疯狂推向深渊，其时价值投资盛况之空前，基金发行推介价值投资是其灵魂，中小投资者入市必

谈长期价值投资，人人都是巴菲特，随后而来的大熊市让人梦醒，巴菲特只有一个。价值投资在国内经历了风风雨雨后，有人开始怀疑，有人开始放弃，有人在犹豫的边缘，有人在坚持，有人在成长。到了现在，相当一部分中小股民认为，自己的投资资金比较少，不适合做价值投资，只要投机赚点钱就可以了。只能说很多人对价值投资的应用存在误解。价值投资从本质上是普通投资者的基本之路，但是需要的是一个理解和成长的过程。

老杨是一位资深股民，他最拿手的就是做短线。当一位新入市的股友向他请教关于价值投资的问题时，老杨斩钉截铁地告诉他：中国股市不成熟，不适合价值投资。为什么呢？老杨给出了他的理由：第一，中国少有值得长期投资的上市公司。或许有些老股从上市以来确实高回报，但是如果综合一下通货膨胀，再算算人民币升值，回报只能算保值，而没有增值；第二，中国市场运行机制不适合投资，而应是投机。我们还在庄股时代，只不过从"单一庄家——散户博弈"转变成"多家机构博弈"而已。第三，很多上市公司的业绩披露未必真实。有时候为了配合二级市场，上市公司压低上半年业绩，而到了年报时突放异彩。

表面看起来，案例中的老杨说的好像很有道理，但是仔细分析之下其实似是而非。价值投资不是不实用，而是投资者对价值投资理解得不够深刻或者执行得不够到位。比如说中国股市中也有不少具有投资价值的公司，只不过一些中小股民没有认真了解上市公司经营状况而已。还有一个问题就是，很多股民混淆了好公司和好价值的区别！以中石油为例，同一公司，巴菲特以3元／股买H股，当时每股的净资产2元多，是价值投资，可我们的"价值"投资者以48元／股在A股买入，还是"价值投资"吗？！

因此价值投资选股，对一些基本数据的考察和衡量不能够简单地看看数字就能够决定，投资者必须深入研究这些基础数据组成的性质，这些数据是否真实，这些数据是否会因为其他某种因素而敏感波动。在长线价值选股上，净资产、净资产收益率、毛利率水平、复合增长率等指标都是重要的依据，这些依据的判断，既要看到静止的报表上的，同时，也要看到动态上的，也就是未来一定时间里不断向前发展的。

除此之外，投资者在应用价值投资时还要注意规避以下误区：

①不要把绩优当做价值投资。绩优只代表该上市公司去年或者还包括前年业绩很好。去年、前年业绩再好，如果今年业绩差，股价一样会应声而跌。如果明年的行业前景看坏，那么业绩是更好不了，股价还会进一步走低，因此未来业绩的成长性才是

支撑股价上涨的根源。

②投资"好"的公司未必是价值投资。如果一个上市公司基本面差、业绩也差，市场价格也相对低廉。当这个价格低于这个上市公司的价值时，买进该公司的股票也同样是价值投资。

③价值投资同样需要关注技术面。从价值原理出发进行选股，还需要在技术上选择买点。大势不好时，好股票也会被连带跌下去，要学会规避这种系统风险。价值投资和基本面分析一样，只能定性不能定量，技术粗糙些没关系，完全不依照技术也是要不得的。

虽然价值投资理论在新兴而混乱的中国股市几乎成为了投机的工具，并且被扭曲与异化，但着眼于未来越来越开放的大背景，只要投资者彻悟了价值投资理论的精髓，那么就一定能利用其收获更大的利润。

本辑强化习题

1. 下跌放量真的代表行情看坏吗？你能举出一个反例吗？

解答：

放量下跌，代表行情看坏，要持续下跌。但在特定情况下，下跌放量是指股价连续下跌末期，某个交易日的成交量突然放大，在随后的两个交易日出现止跌向上的阳线，投资者可积极短线介入。例如，广东榕泰（600589）在2007年11月30日的走势。（见图17）

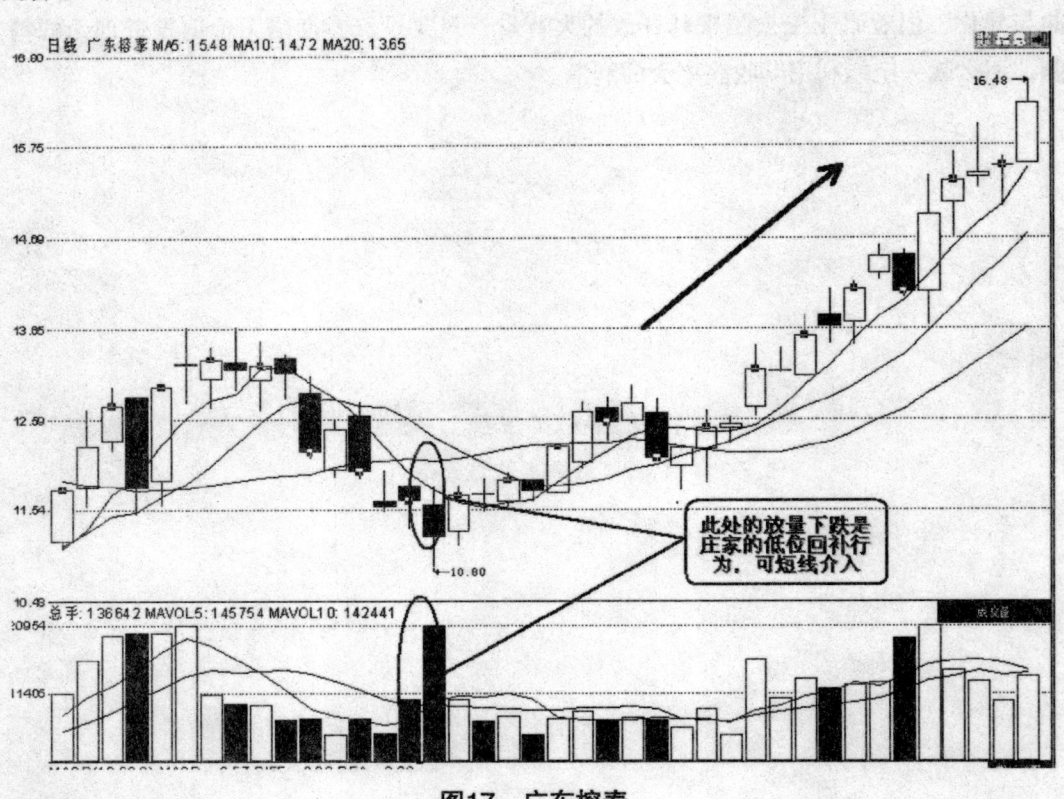

图17 广东榕泰

2. 怎样理解个股或大盘在大幅放量之后缩量阴跌？

解答：

个股或大盘在大幅放量之后缩量阴跌，显然是坏事，它预示着一轮跌势的展开。例如，2001年5月18日和5月21日，沪市成交放大至200亿和217亿，之后量能再也无法放大，开始横向整理，至6月14日大盘见顶后，大盘明显缩量，6月27日开始放量下跌，7月23日加速下跌，至10月22日，跌至1514点，始于6月27日的此轮跌势共跌去700余点，持续时间长达4个月。（见图18）

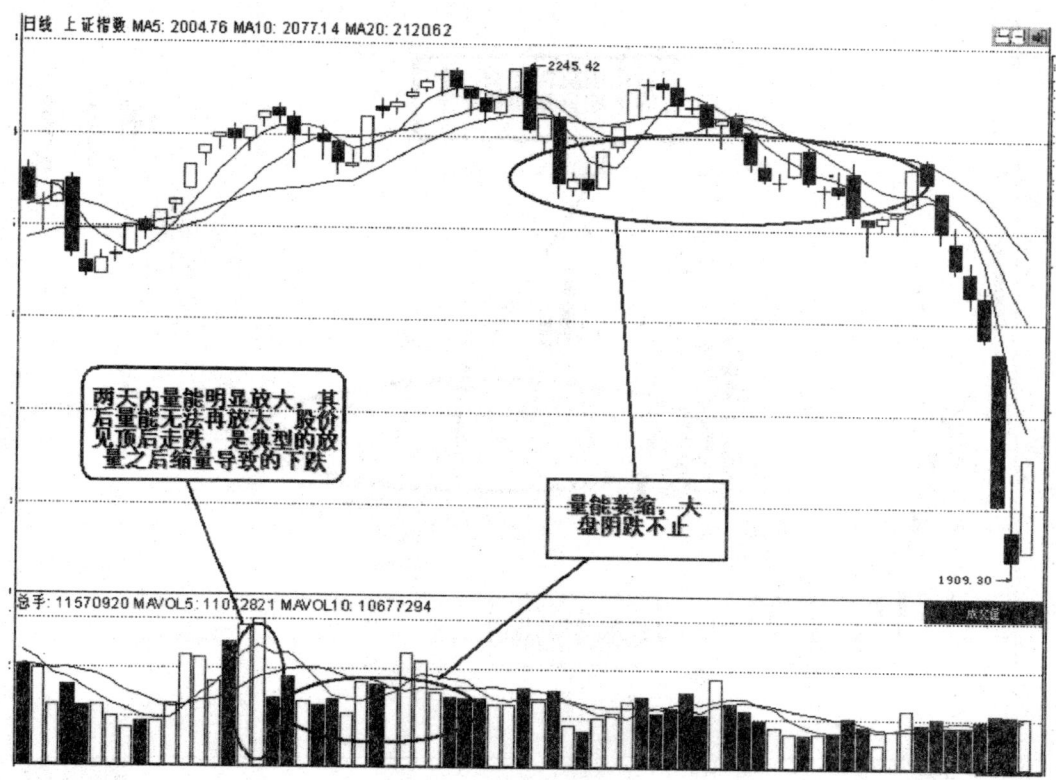

图18　上涨指数缩量下跌

3.怎样正确看待缺口不回补现象？

解答：

不可否认，回补缺口或许是确定的事情，也或许在未来的一个时间内就会完成，但是缺口短期内不回补或许会成为大盘进一步向上拓展空间的起跳点，与其费心思研究何时补缺，不如顺其自然把缺口当做信心的底线去放手操作。

举例来看，2008年11月大盘从1782点跳空上涨，该缺口可判定为突破性缺口，该缺口短期内没有回补，但却带动了2009年多半年的汹涌行情。（见图19）

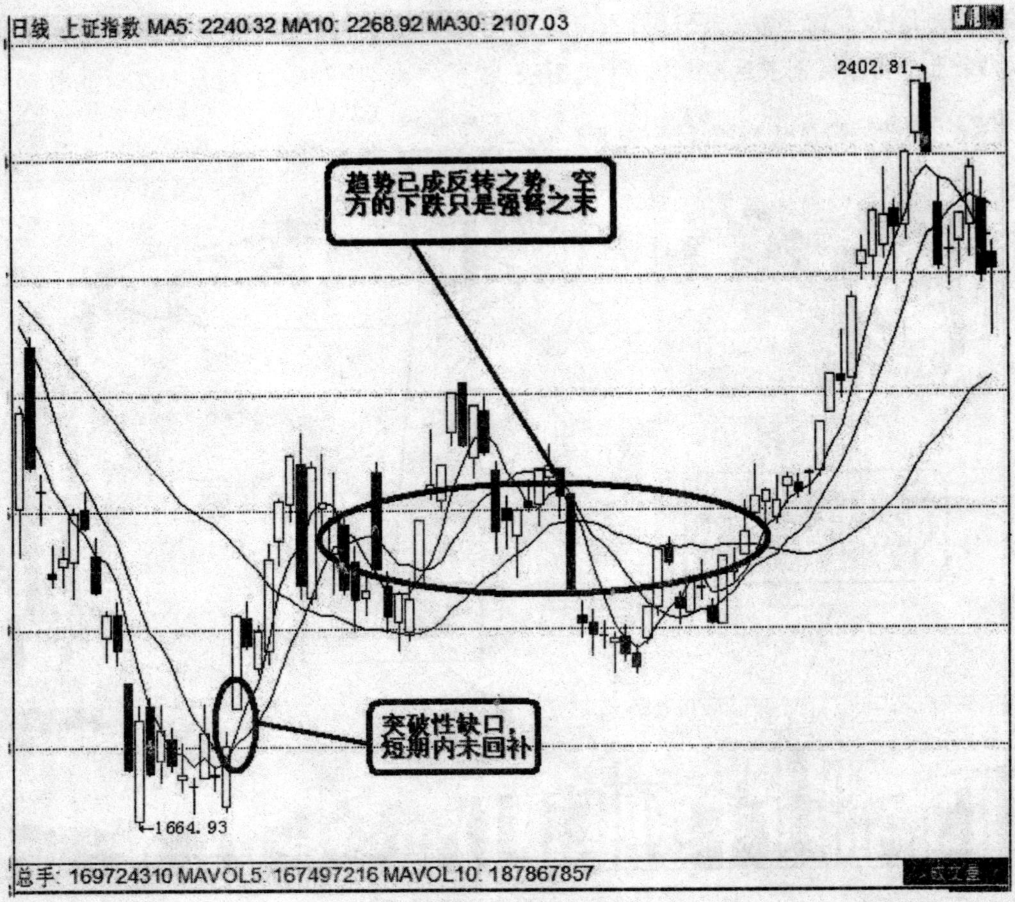

图19　未回补缺口示意图

4.如何利用道氏理论买卖股票？

解答：

　　道氏理论无法指导我们选股，但是却能够给我们发出买卖信号。按照道氏理论，只要价格没有回落到前期形成的成交密集区，趋势仍然保持完持完好；只要不断出现更低的头部和更低的底部，下降趋势将保持完好；只要不断出现更高的头和更高的底部（注意！是两个条件同时具备），上升趋势仍将保好。

　　经典的买入信号是这样形成的：熊市中主要下行趋势的低点形成之后，次级上行趋势的反弹将会发生。之后，一种指数的回调一定会超过3%，在理想情况下，也一定会在先前道琼斯工业平均指数以及交通平均指数的低点之上。最后，突破先前形成的高点构成了牛市形成的买入信号。

　　熊市的卖出信号（见图20）与买入信号的决定方法是一样的，但是卖出信号与买入信号是相反的。当牛市达到顶点，发生了倒退的次级折返走势，后续上涨回调（再次超过3%），但达不到先前的高度，然后在下一次下跌中工业指数和交通指数都穿过了最近的低点，那么，预示熊市的卖出信号产生了。

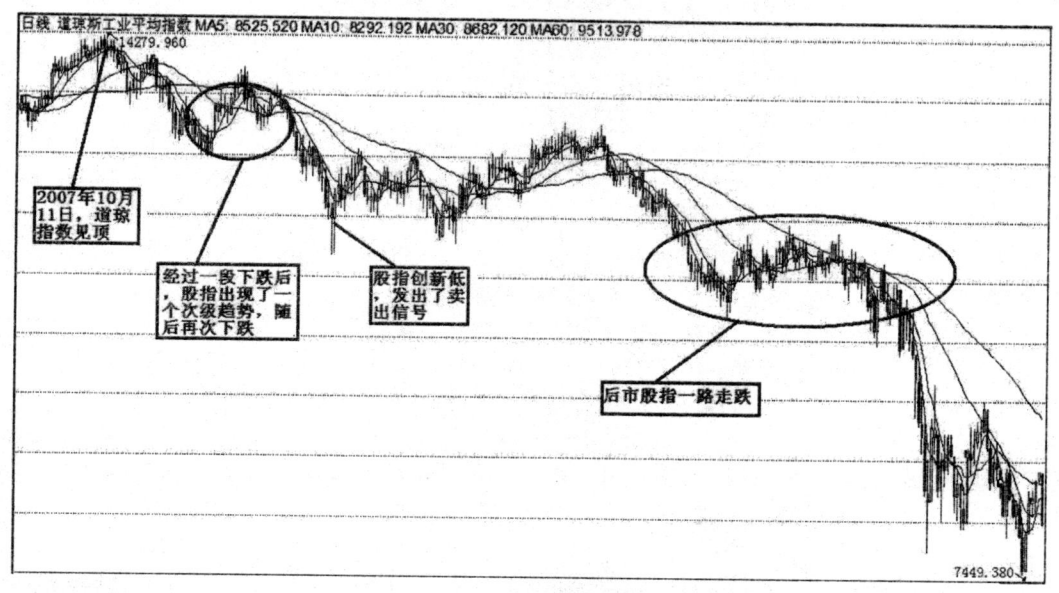

图20　道琼斯指数图解

5.深振业A（000006）在2008年7月以后经过了一段时间的低位震荡，成交缩量。假设你是持股人，那么后市该如何操作？（见图21）

解答：

该点正处在盘局的尾段，股价走势具有以下特征：①波动幅度逐渐缩小。②量缩到极点。③量缩之后是量增，突然有一天量大增，且盘出中阳线，突破股票盘局，股价站在10日均线之上。这个时候，我们应该继续持仓，等待更明确的上涨信号。后市可见成交量持续放大，且收出中阳线，同时盘整期间叠合在一起的均线也开始转为多头排列，后面肯定会有一轮行情。

该股在10月28日股价跳空高开，拉出一根中阳线，成交亦明显放量，可以判断底部启动。从这里开始后的4个交易日是最好的买入时机，股价站到了10日均线上方且不断上涨。

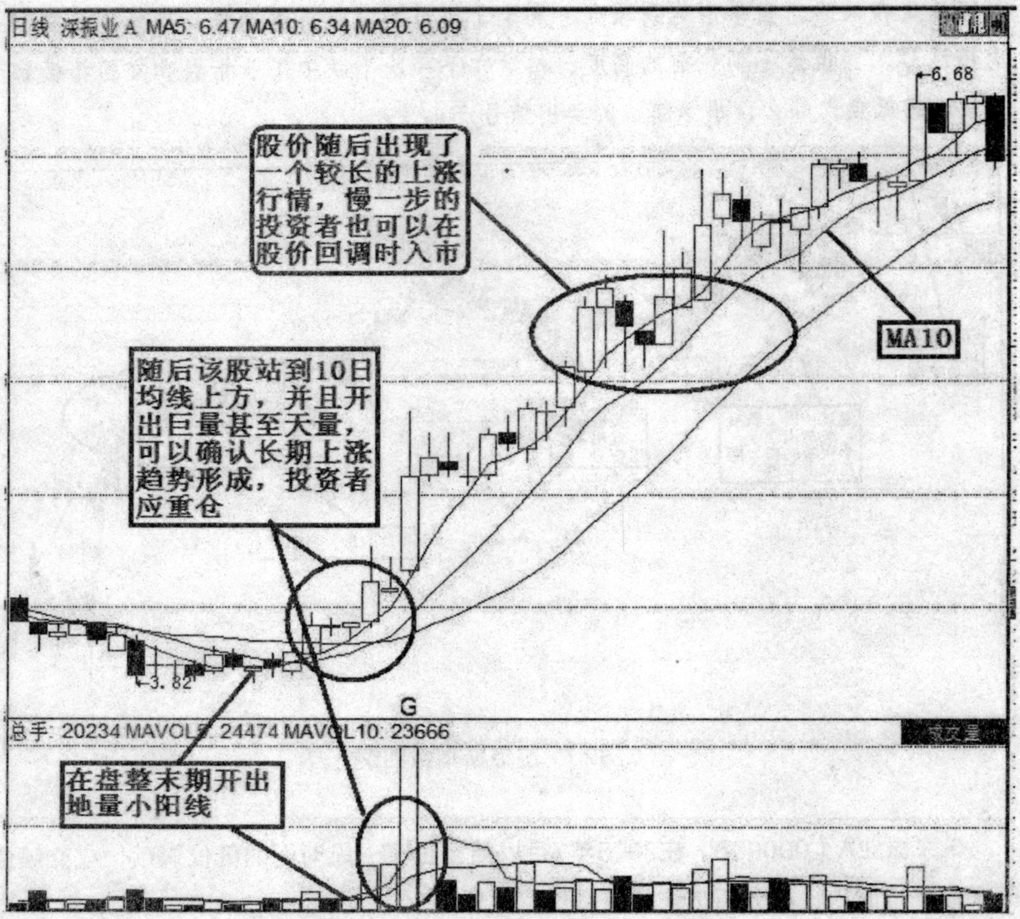

图21 深振业A底部买入图解

6.中长期均线都有哪几种实用的组合呢？

解答：

中期均线组合：最常见的有10日，30日，60日和20日，40日，60日两种组合。

中期均线组合主要用于观察大盘或个股中期运行的趋势，例如3～6个月大盘或个股走势会发生什么变化。一般来说中期均线组合呈多头排列状态，说明大盘或个股中期趋势向好，这时投资者中期应看多，做多；反之，当中期均线组合呈空头排列状态时，说明大盘或个股中期趋势向淡，这时投资者中期应该看空，做空。从实战意义上来说，用中期均线组合分析研究大盘或个股的趋势比短期均线组合来得准确可靠。例如，在大盘见底回升时，如你对反弹还是无法把握，中期均线组合就会给你很大帮助。当30日均线上穿60日均线时，会出现一次级别像样的中级行情，当中期均线组合粘合向上发散常常预示着大行情的来临。可见，了解和懂得中期均线组合的作用和使用技巧，对投资者来说是非常重要的。

长期均线组合：最常见得有30日，60日，120日和60日，120日，250日两种组合。

长期均线组合主要用于观察大盘或个股的中长期趋势。例如，半年以上的股价走势会发生什么变化。一般来说，当长期均线组合中的均线形成黄金交叉，成为多头排列时，说明市场对大盘或个股长期趋势看好，此时投资者应保持长多短空的思维，遇到盘中震荡或回调，就要敢于逢低吸纳;反之，当长期均线组合中的均线出现死亡交叉，成为空头排列时，说明市场对大盘或个股中长期趋势看淡，此时投资者应保持长空短多的思维，遇到盘中震荡或弹升，就要坚持逢高减仓。

7.怎样确定推动浪5浪完成？第5浪应该怎样操作？

解答：

当第1至第4浪已经走完，而第5浪也开始运行，于第5浪高于第3浪时就可认为上升五浪是完整的，此时，最理想的抛售是第5浪以消耗性缺口的方式走完最后一段，而缺口一旦回补就可认为第5浪已经运行完毕，此时可配合动力指数的顶背离来确认。如果市场走势与预期不符，如第5浪出现延长，回补的买盘应放在第5浪的顶部，也就是说，市场还将再创新高。

8.新入市中小股民应该怎样做价值投资？

解答：

如果是新入市中小股民，不妨尝试一下指数投资，理论上普通投资者虽然不可能在投资方法与收益上参考巴菲特的价值投资，但是在现金流的持续上与巴菲特很类似，随着收入的提高，稳定的现金流提供了很好的指数投资的条件与基础，在大熊市的背景下逐步买进是很好的长期价值投资方式。

第四辑 技术分析

虚虚实实的技术，融会贯通避免误用

一个不可忽视的事实是，股市中往往是"一赢二平七亏损"，也就是说赚钱的只是极少数，大多数都是赔钱或者平本的。其实，多数股民亏损的原因很简单，即对股市的复杂性和不可预测性认识不足，缺少股票操作知识，炒股技能不纯熟，甚至在实战中滥用炒股技术。只有掌握了与股票相关的方方面面的知识技能，将炒股技术融会贯通，才能措置裕如地操作股票，在股市中笑傲风云。

30.把握技巧,不要被KDJ钝化误导

在实战中,KDJ指标是一种非常好的指标,它反应灵敏,能够给我们发出明显的进货信号和出货信号,但是KDJ指标有一个钝化问题,如果忽略了这个问题,投资者就很容易被其误导。

江西的胡女士一直关注湖南投资(000548),2008年7月24日在观察技术指标时,发现KDJ指标形成了金叉,胡女士觉得这是一个难得的投资机遇,于是马上重仓该股,可是迈进后股票很快下跌,并且一跌不止,胡女士也被套牢了。胡女士很沮丧,不是说KDJ金叉是买入信号吗?为什么到我这里就不行了呢?

一般来说,黄金交叉意味进货,死亡交叉意味出货。但是任何指标都不是万能的,KDJ指标有一个常态使用范围,通常股价或股指在一个有一定幅度的箱型之中运动,KDJ指标将发出非常准确的进货信号和出货信号,在此情况下,按照低位黄金交叉进货,高位死亡交叉出货,准确度非常高,投资者按此方法操作,可以胜多输少,但在一个极强的市场或者一个极弱的市场,也就是有时出现的单边上升行情和单边下跌行情,KDJ必然发生高位钝化和低位钝化的情况,这时候还黄金交叉进货,死亡交叉出货,将会发生行情刚启动,KDJ指标已在高位发生卖出信号,如果按信号操作,将丢掉一个主升段行情,行情刚下跌,KDJ指标在低位发出黄金交叉,如果进货将被套牢,而且价位损失将非常大,因为KDJ指标可以在低位钝化了再钝化,股价下跌不止(见图22)。案例中的胡女士就是在大盘不断下跌的背景下买入的股票,结果遭遇KDJ指标钝化问题,导致账户损失惨重。

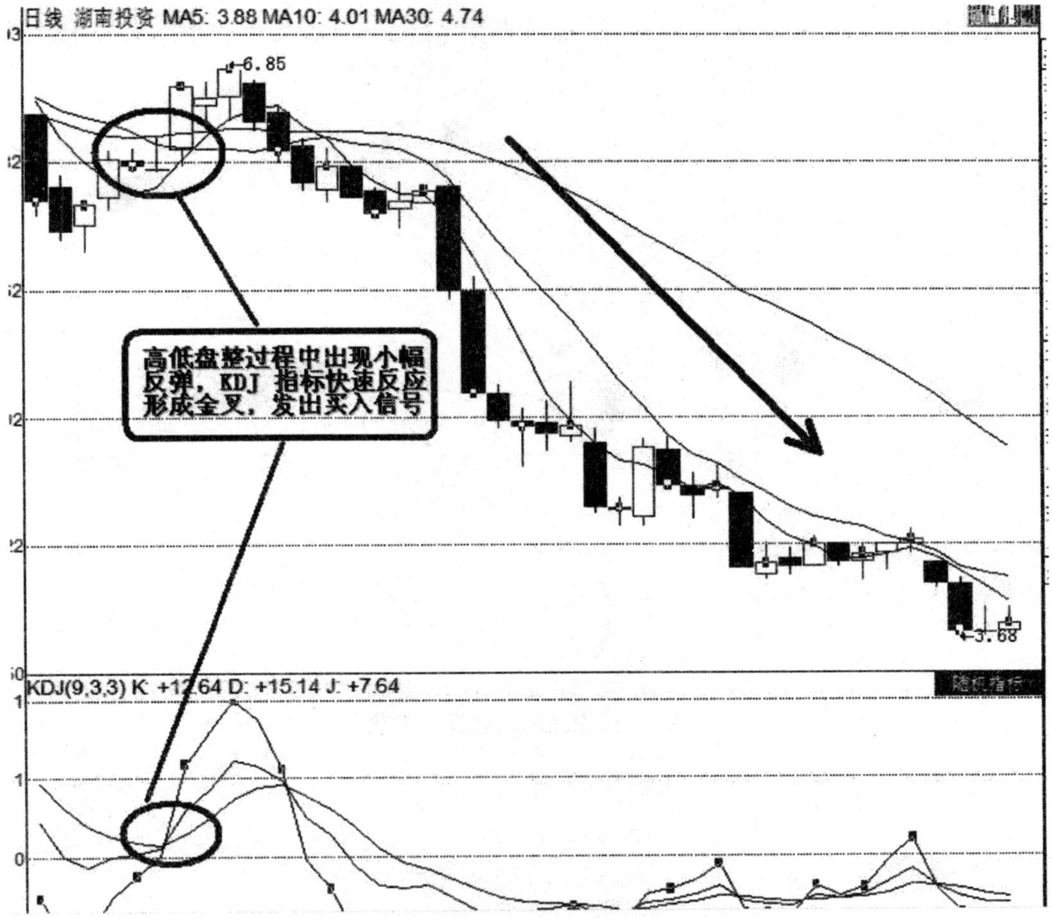

图22 湖南投资KDJ指标钝化图解

那么，中小股民在实战中应该怎样应对KDJ指标钝化的问题呢？

（1）利用较长周期观察KDJ指标。

KDJ指标敏感性是优点也是缺点，就是因为过于敏感，它才会经常给出一些杂乱信号，这些信号容易误导投资者，不是买入过早，就是卖出过早。为了规避这个问题，我们可以利用较长周期来观察KDJ指标。比如在日K线图上产生KDJ指标的低位黄金交叉（见图23），我们可以把它放大到周线图甚至是月线图上去看，如果在周线图上也是在低位产生黄金交叉（见图24），我们将认为这个信号可靠性强，可以大胆操作，如果周线图或日线图上显示的是在下跌途中，那么日线图上的黄金交叉可靠性不强，有可能是庄家的骗线手法，这时候我们可以采用观望的方法。

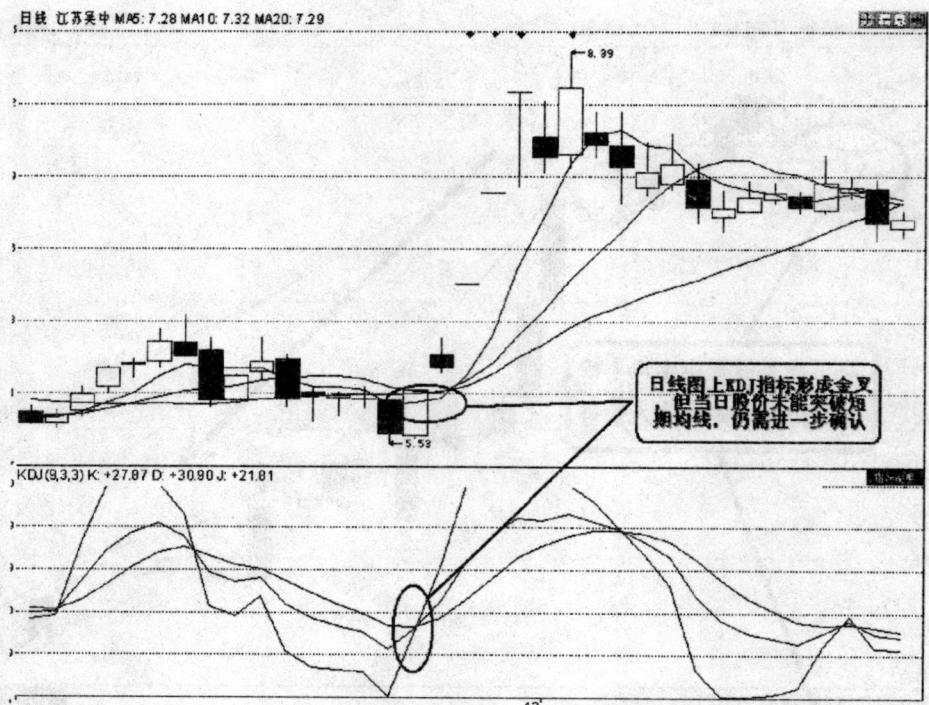

图23 日线图KDJ金叉示意图

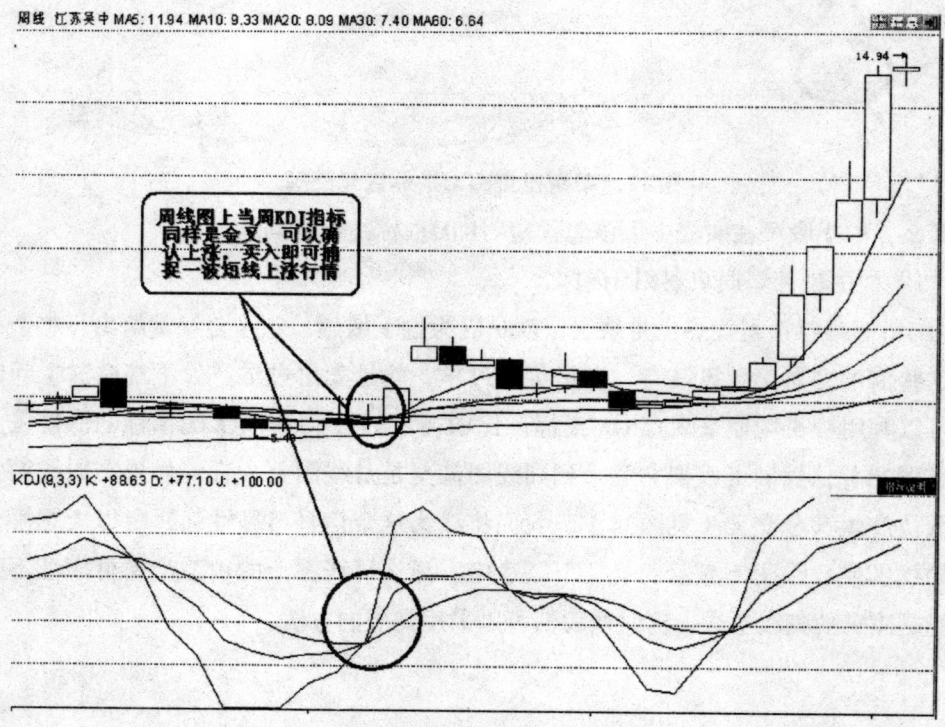

图24 周线图KDJ金叉示意图

不过，在实际操作时往往会碰到这样的问题：由于日线KDJ的变化速度比周线KDJ快，当周线KDJ金叉时，日线KDJ已提前金叉几天，股价也上升了一段，买入成本已抬高，为此，激进型的投资者可在周线K、J两线勾头、将要形成金叉时提前买入，以求降低成本。

具体操作方法如下：

①KDJ日、周、月线低位金叉，低位启动，坚决买进。如果选定的目标股日线KDJ指标的D值小于20，KDJ形成低位金叉，而此时周线KDJ的J值在20以下向上金叉KD值，或在强势区向上运动；同时月线KDJ也在低中位运行，且方向朝上，可坚决买进。如果一只股票要产生较大的行情，必须满足周、月线指标的KDJ方向朝上，绝对没有例外。

②KDJ日线金叉，周、月线高位运行，面临调整，不宜介入。如果选定的目标股日线KDJ指标金叉，而周线J值在90以上，月线J值在80以上运行，这时，该股面临着中级调整，此时短线介入风险很大，不宜介入。

③KDJ日线金叉，周线KDJ向上，月线KDJ向下，反弹行情，少量参与。如果选定的目标股日线KDJ指标金叉，周线KDJ的运行方向朝上，而月线KDJ的运行方向朝下，则可能是反弹行情，可用少量资金参与。

④KDJ日线金叉，周线KDJ向下，月线KDJ向上，主力洗盘，周线反转。如果选定的目标股日线KDJ金叉，周线KDJ的运行方向朝下，而月线KDJ的运行方向朝上，则此时股价正在进行试盘后的洗盘，或挖坑，或主力刻意打压，可等周线KDJ方向反转后介入。

⑤KDJ日、周、月线高位运行——风险在即，不宜介入。如果选定的目标股日线KDJ的J值大于100，周线KDJ的J值大于90，月线KDJ的J大于80，风险就在眼前，不宜介入。

（2）观察KDJ指标的形态。

由于KDJ指标的敏感，它给出的指标经常超前，因此，我们可以给出一定时间，通过观察KDJ指标的形态来帮助找出正确的买点和卖点，KDJ指标在低位形成W底，三重底和头肩底形态时再进货，在较强的市场里，KDJ指标在高位形成M头和头肩顶时，出货信号的可靠性将加强。

①当KDJ曲线在50上方的高位时，如果KDJ曲线的走势形成M头（见图25）或三重顶等顶部反转形态，可能预示着股价由强势转为弱势，股价即将大跌，应及时卖出股票。如果股价的曲线也出现同样形态则更可确认，其跌幅可以用M头或三重顶等形态理论来研判。

②当KDJ曲线在50下方的低位时，如果KDJ曲线的走势出现W底或三重底等底部反转形态，可能预示着股价由弱势转为强势，股价即将反弹向上，可以逢低少量吸纳股票。如果股价曲线也出现同样形态更可确认，其涨幅可以用W底或三重底形态理论来研判。

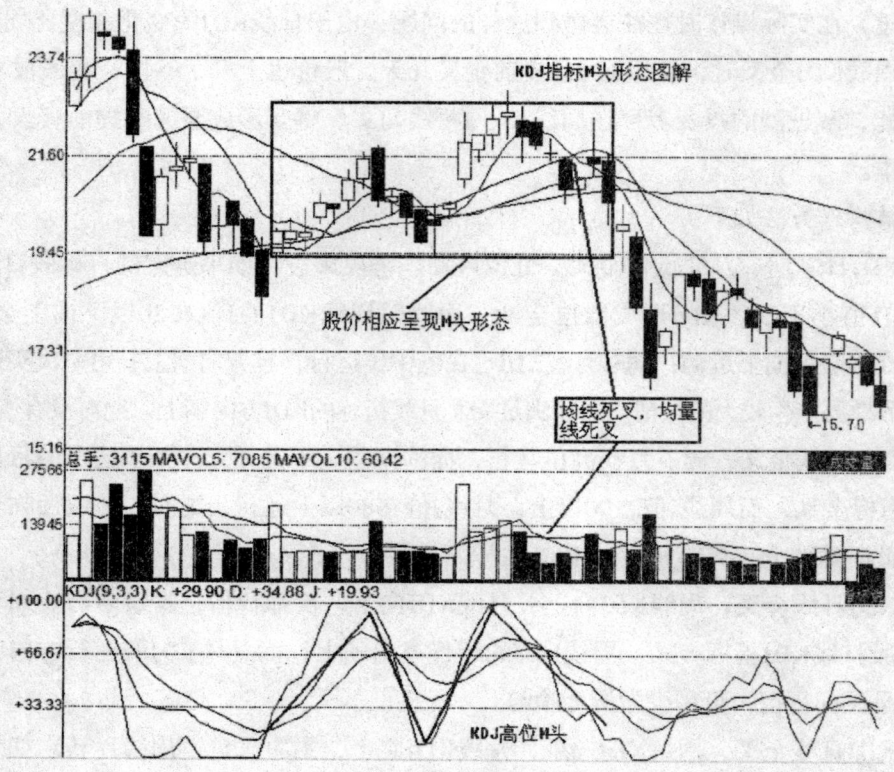

图25 KDJ指标M头形态图解

31. 分析条件，不要误用MACD金叉

MACD指标是利用长期（MACD）、短期（DIF）的两条平滑异同移动平均线，并计算两者之间的差离值（DIF-MACD）作为红绿柱长短的数据，使用中主要考虑长短期移动均线的交叉情况和红绿柱长短数值，以此作为判断行情买卖的依据。一般来说，当短期移动平均线从下向上穿过长期移动平均线时，短期移动平均线与长期移动平均线的交叉点就是黄金交叉点，出现黄金交叉点表明后市多头力量较强，股票价格还有一段上涨空间，此时正是买入股票的好时机。但是，我们这里说金叉买入会上涨，并不是说每次金叉买入都会上涨，它还需要其他条件的配合。

首先，我们来看一下MACD指标黄金交叉的几种类型：

（1）零值线以下的弱势"黄金交叉"。

当DIF线和DEA线处在远离0值线以下区域运行并且向下运行很长一段时间后，当DIF线开始进行横向运行或慢慢掉头向上靠近DEA线时，如果DIF线接着向上突破DEA

线，这是MACD指标的第一种"黄金交叉"（图26）。

它表示股价经过很长一段时间的下跌，并在低位整理后，经过一轮比较大的跌势后、股价将开始反弹，是短线买入信号。对于这一种"黄金交叉"，只是预示着反弹行情可能出现，并不表示该股的下跌趋势已经彻底结束，股价还有可能出现短暂的反弹行情之后股价重新下跌的情况，因此，应谨慎对待，在设置好止损价位的前提下，少量买入做短线反弹行情。

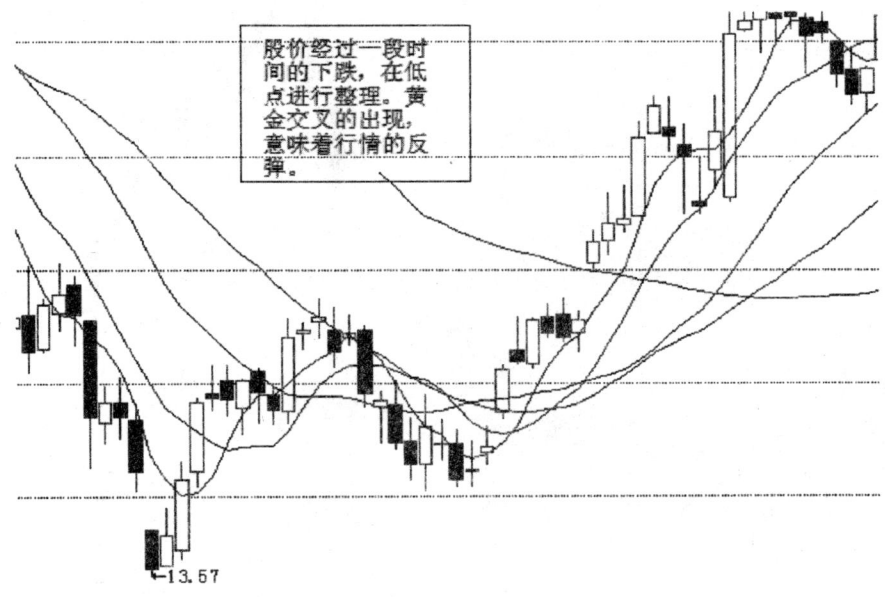

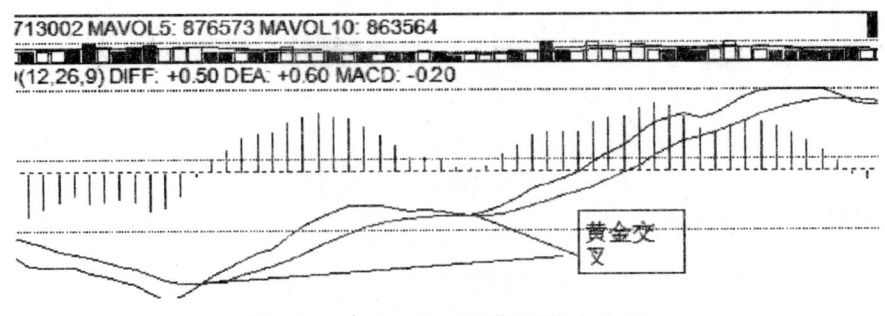

图26　MACD第一种类型黄金交叉

（2）零值线附近的强势"黄金交叉"。

当DIF线和DEA线都运行在0值线附近区域时，如果DIF线处在DEA线下方并开始由下向上突破DEA线，这是MACD指标的第二种"黄金交叉"（见图27）。它表示股价在经过一段时间的涨势、并在相对高位或低位整理后，股价将开始一轮比较大的上涨行情，是中长线买入信号。它可能就预示着股价的一轮升幅可观的上涨行情及将很快展开，这是买入股票的较好时机。

①当股价是在底部小幅上升，并经过了一段短时间的横盘整理，然后股价放量向上突破、同时MACD指标出现这种金叉时，是长线买入信号。此时可以长线逢低建仓。

②当股价是从底部启动并且已经出现一轮涨幅较大的上升行情，并经过上涨途中较长时间的中位缩量回档整理，然后股价再次放量调头向上扬升、同时MACD指标出现这种金叉时，是中线买入信号。

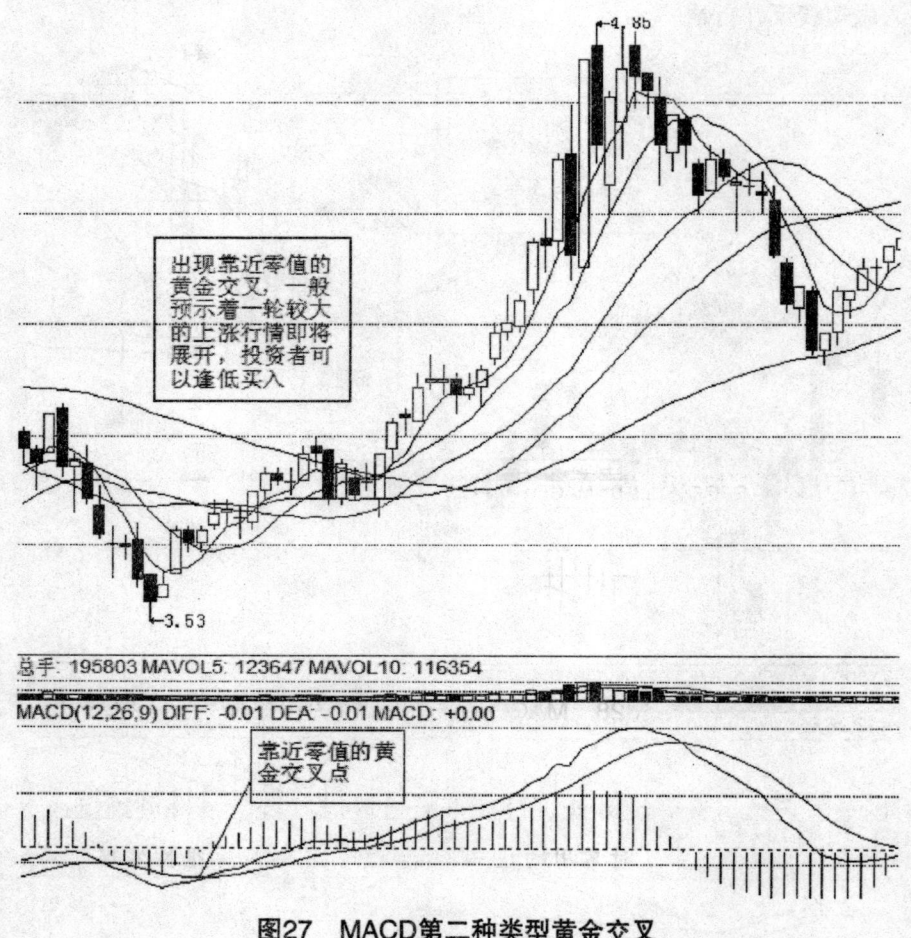

图27　MACD第二种类型黄金交叉

（3）零值线以上区域的一般"黄金交叉"。

当DIF线和DEA线都运行在零值线以上区域时，如果DIF线在DEA线下方调头由下向上穿越DEA线，这是MACD指标的第三种"黄金交叉"（见图28）。

它表示股价经过一段时间的高位回档整理后，新的一轮涨势开始，是第二个买入信号。此时，激进型的可以短线加码买入股票；稳健型的则可以继续持股待涨。

但是在实际使用投资者可能感觉到，如果完全按照金叉买进、死叉卖出，获利较难或还有可能套牢亏损。

第四辑 技术分析——虚虚实实的技术，融会贯通避免误用

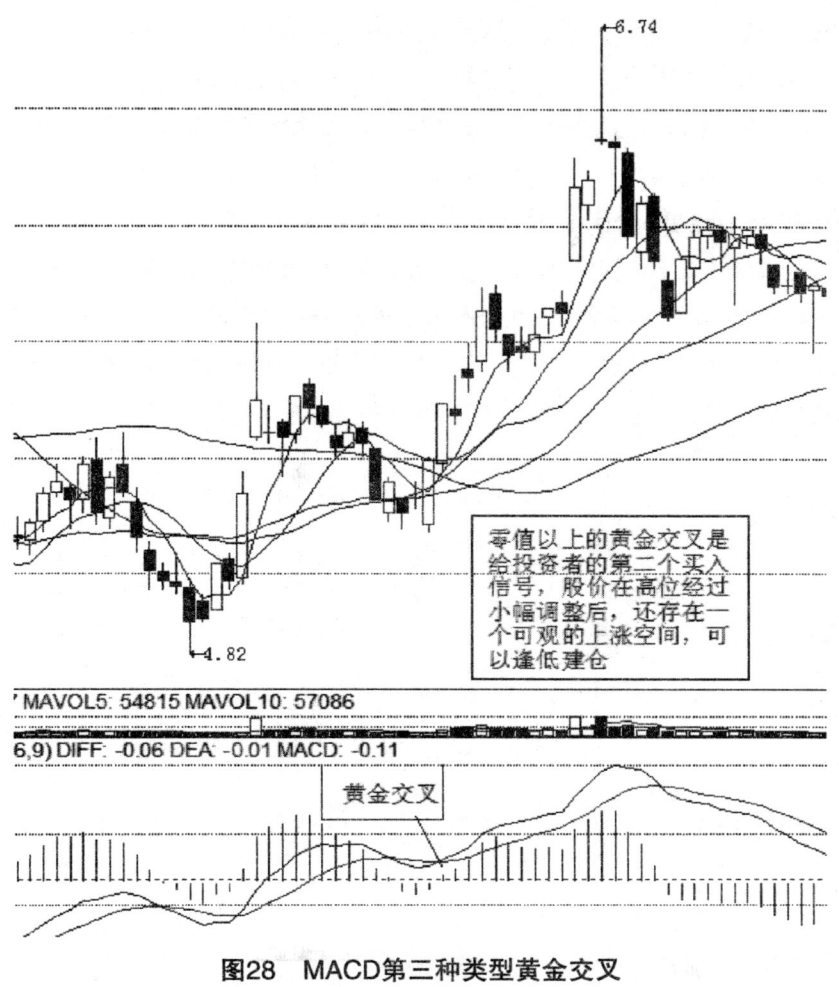

图28 MACD第三种类型黄金交叉

股民小刘是技术分析爱好者，他很喜欢应用技术指标来评判个股未来走势。MACD指标是投资者在炒股时常用的技术指标之一，但是小刘很快发现，MACD金叉买入并不准确。他曾经几次发现这种失灵现象，如果完全按照这个条件买入，那么投资者很可能会被套牢。这是怎么回事呢？

我们说任何炒股策略都有不准确的时候，要根据实际情况做些修正，来确定是买还是不买。按MACD指标金叉买入只能说成功的概率高些，并不是买入绝对就能成功。为了增强准确度，股民朋友不妨利用MACD低位两次金叉（见图29）来短线选股。

"MACD低位二次金叉"出暴涨股的概率和把握所以更高一些，是因为经过"第一次金叉"之后，空头虽然再度小幅进攻、造成又一次死叉，但是，空头的进攻在多方

的"二次金叉"面前，遭遇溃败。从而造成多头力量的喷发。

"MACD低位二次金叉"，如果结合K线形态上的攻击形态研判，则可信度将提高。也即："MACD低位二次金叉"和K线形态、量价关系可以综合起来考虑，以增加确信度。

MACD在低位发生第一次金叉时，股价在较多情况下涨幅有限，或小涨后出现较大的回调，造成买进的投资者出现套牢亏损情况。但是当MACD在低位第二次金叉出现后，股价上涨的概率和幅度会更大一些。因为在指标经过第一次金叉之后发生小幅回调，并形成一次死叉，此时空方好像又一次地占据了主动，但其实已是强弩之末，这样在指标第二次金叉时，必然造成多方力量的发力上攻。

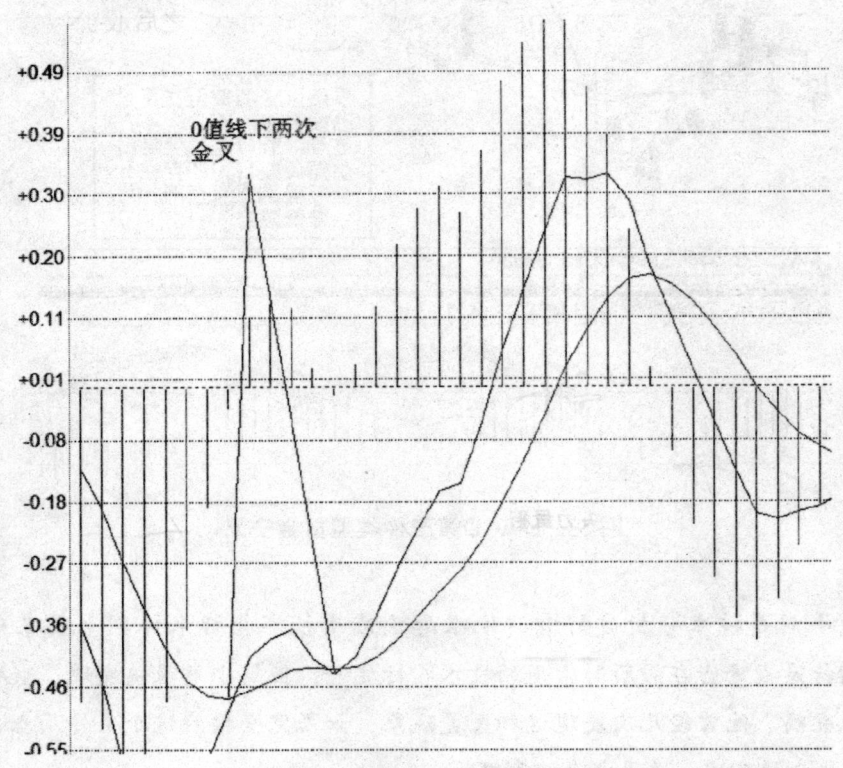

图29　MACD低位二次金叉示意图

使用方法：

随股价上升MACD翻红，即白线上穿黄线（先别买），其后随股价回落，DIF（白线）向MACD（黄线）靠拢，当白线与黄线黏合时（要翻绿未翻绿），此时只需配合日K线即可，当此时K线有止跌信号，如：收阳，十字星等。（注意，在即将白黄黏合时就要开始盯盘口，观察卖方力量），若此时能止跌称其为"底背驰"。底背驰是买入的最佳时机！

第四辑　技术分析——虚虚实实的技术，融会贯通避免误用

反之，当股价高位回落，MACD翻绿，再度反弹，此时当DIF（白线）与MACD（黄线）粘合时（要变红未变红）若有受阻，如收阴，十字星等，就有可能"顶背驰"是最后的卖出良机！此时许多人以为重拾升势，在别人最佳卖点买入往往被套其中。

但在操作时要注意：

a. 背驰时不理是否击穿或突破前期高（低）位。

b. 高位时只要有顶背驰可能一般都卖，不搏能重翻红，除非大阳或涨停。

c. 其为寻找短期买卖点的奇佳手段，短期幅度15%以上，但中线走势要结合长期形态及其他。

我们不妨选个例子来看一下。宝安地产（000040）在2008年7月2日，DIF、DEA第一次发生金叉，当日收盘，DIF、DEA都处于负0.42、负0.43，之后股价回落，两指标再度在低位死叉，但是到了8月22日，DIF、DEA再度分别达到负0.23、负0.24，也即再度发生金叉，股价随即拔地而起，达到了4.32元（见图30）。

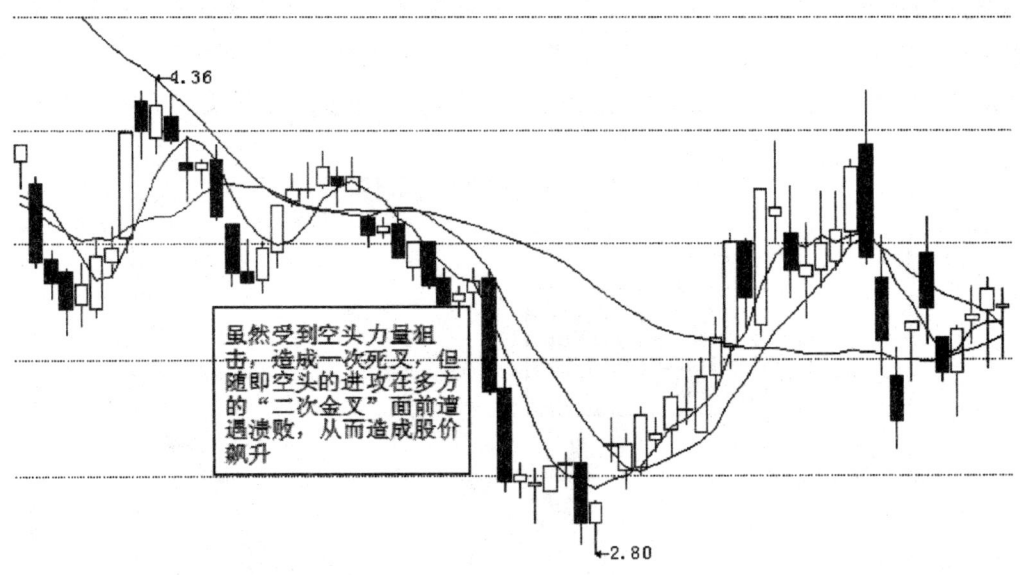
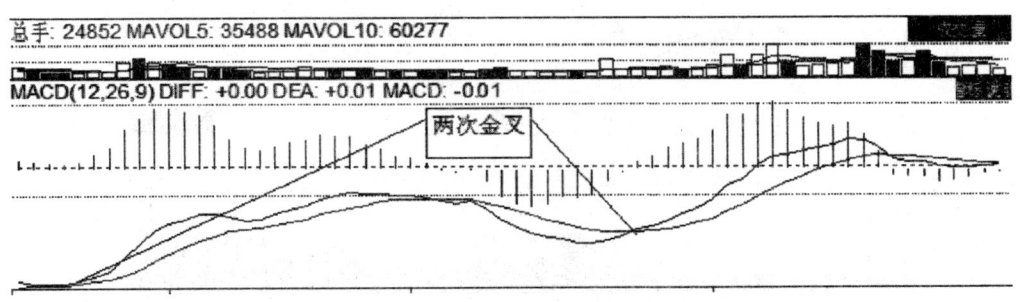

图30　宝安地产两次金叉图解

32. 成功买卖，不要忘记利用周线图

俗话说：长线看月线，中线看周线，短线看日线。一些股民过于依赖小时图和日线图，在判断股市大势时也会参考月线图和年线，对于周线却既不了解也很少使用。周线其实对于选股甚至确定买卖点都至关重要，忽视周线图是一个严重的误区。

股民小赵在炒股时很少利用周线图，他认为看日线图可以帮他把握每日涨跌，看年线图可以为他做预警，而周线实在没有什么实用价值，而且说实话他对周线图的使用方法也不太清楚，没有大用的东西不研究也罢。

案例中小赵的想法是大错特错的。日线是股价每天波动的反映，但是如果我们过分沉迷于每日的股价涨跌，会"只见树木，不见森林"，因此要从更长的周期把握股价的走势，还得应用周线图来观察（见图31）。一般来说，在周线图上，我们可通过观察周线与日线的共振、二次金叉、阻力位、背离等几个现象寻找买卖点（见图32）。

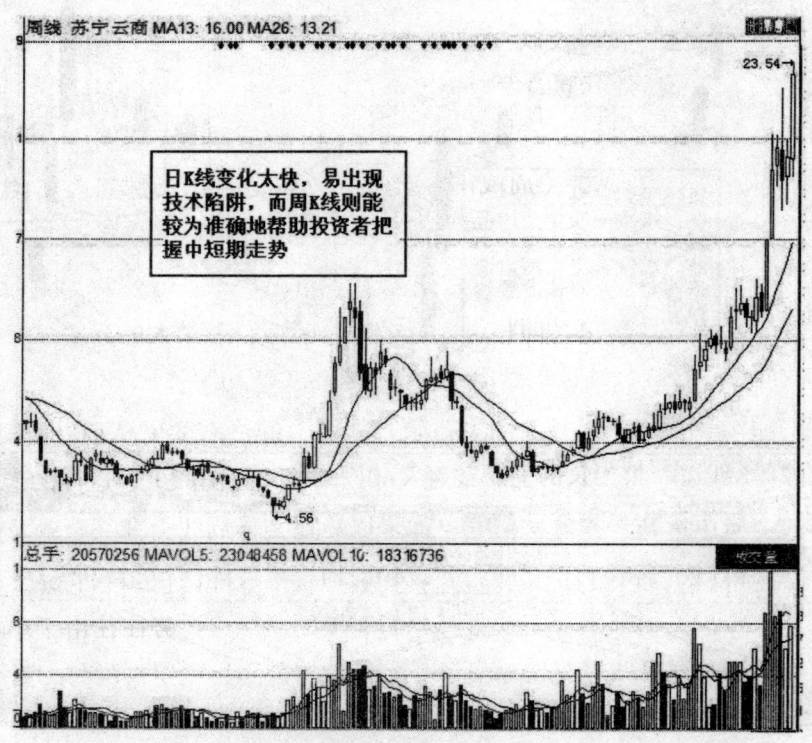

图31　宝安地产两次金叉图解

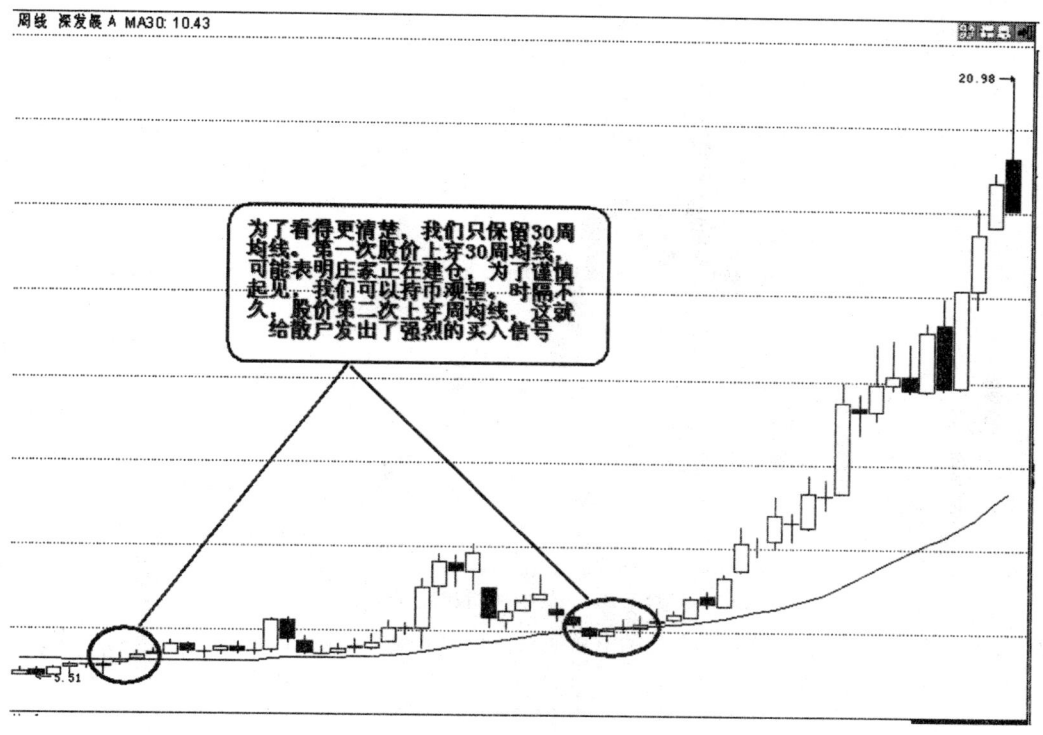

图32 周均线两次金叉买入图解

①周线与日线共振。周线反映的是股价的中期趋势，而日线反映的是股价的日常波动，若周线指标与日线指标同时发出买入信号，信号的可靠性便会大增，如周线KDJ与日线KDJ共振，常是一个较佳的买点。这一点前面已经说过，这里不再赘述。

②周线二次金叉。当股价（周线图）经历了一段下跌后反弹起来突破30周线位时，我们称为"周线一次金叉"，不过，此时往往只是庄家在建仓而已，我们不应参与，而应保持观望；当股价（周线图）再次突破30周线时，我们称为"周线二次金叉"，这意味着庄家洗盘结束，即将进入拉升期，后市将有较大的升幅。此时可密切注意该股的动向，一旦其日线系统发出买入信号，即可大胆跟进。

③周线的阻力。周线的支撑与阻力，较日线图上的可靠度更高。以周K线形态分析，如果上冲周K线以一根长长的上影线触及60周均线（见图32），这样的走势说明60周线压力较大，后市价格多半还要回调；如果以一根实体周线上穿甚至触及60周均线（见图33），那么后市继续上涨、彻底突破60周均线的可能性很大。实际上60周均线就是日线图形中的年线，但单看年线很难分清突破的意愿，走势往往由于单日波动的连续性而不好分割，而周线考察的时间较长，一旦突破之后稳定性较好，我们有足够的时间来确定投资策略。

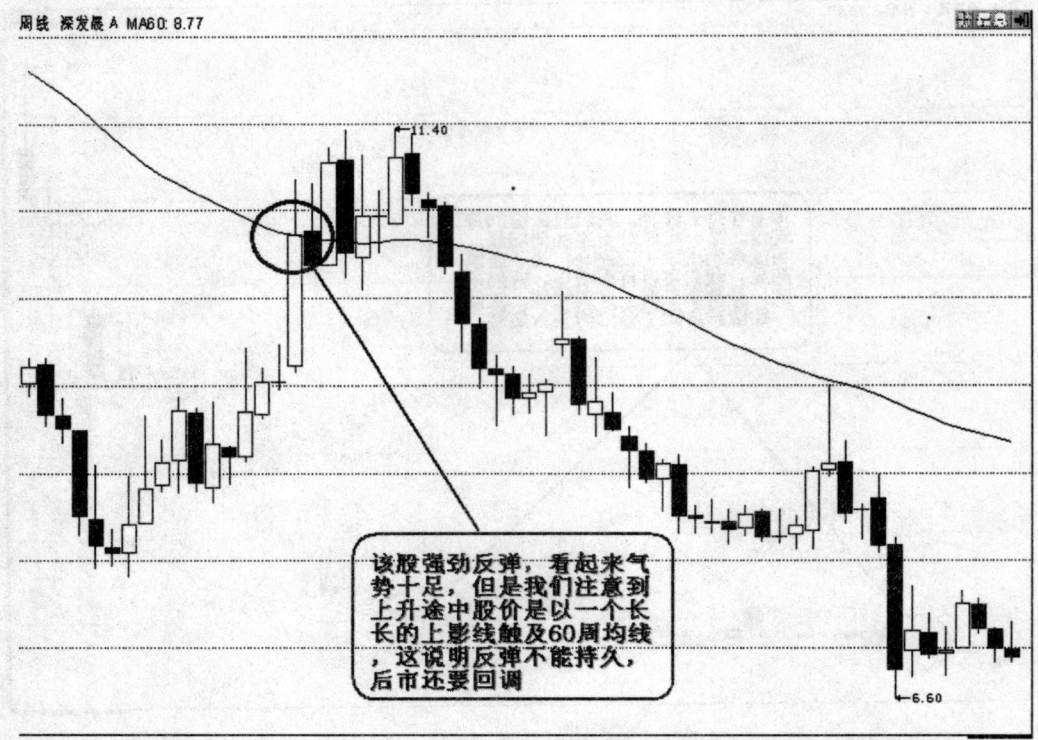

图33 上影线触及60周均线图解

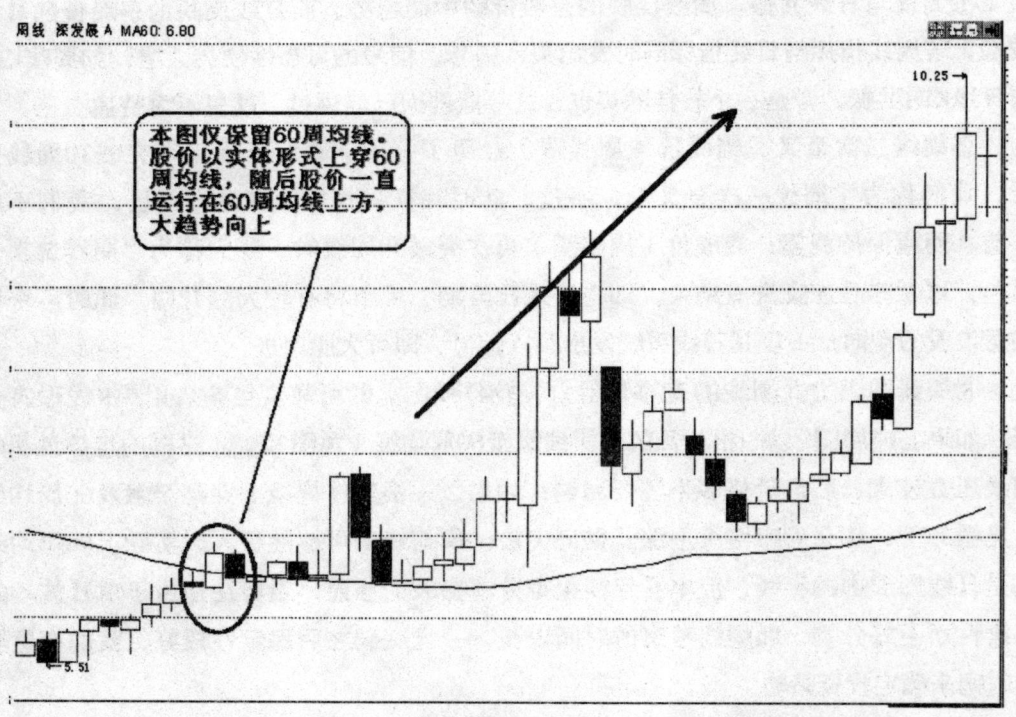

图34 实体上穿60周均线图解

33. 避开陷阱，DMI与CDP是黄金组合

DMI指标是大方向指标，它告诉我们庄家是准备做多还是准备做空。它可以指示投资人避免在盘整的市场中交易，一旦市场变得有利润时，DMI立刻引导投资人进场，并且引导他们在适当时机退场。但是任何指标都不是万能的，如果单纯地使用DMI指标，有时也会落入陷阱。

北京的赵女士在2010年12月24日，以10.10元的价格买入了沙河股份（000014）1万股，没想到买入后股价随即下跌，赵女士很诧异，根据DMI指标分析，当时+DI向上交叉-DI，做买没有问题呀。趁着2011年1月份有个小幅反弹，赵女士赶快割肉离场，账户小有损失。

DMI指标包含四条线，一条是正DI，第二条是负DI，这两条线的交叉讯号是指导投资者买卖的。第三条是ADX线，又称方向线，是为操作者设计的买卖线，该线不管市场是处于一个多头还是一个空头，均会向上运动，每当ADX线在50以上向下转折之际，也就是市场发生转变之时，即在上涨的股票此时可获利了结，而对一个连续下跌的股票已到终点，买进时机到来，而且准确性相当高。第四条线ADXR线被称为评估线，是对市场性质评估而设定的一条线，简单地说，当ADXR在25以上时，表示市场比较活跃，若ADXR逐渐下跌至25～20之间时，市场已经进入了无趋势状态。根据DMI指标的买卖原则：①+DI上交叉-DI时，做买。②+DI下交叉-DI时，做卖。③ADX于50以上向下转折时，表示市场趋势终了。④当ADX滑落至+DI之下时，不宜进场交易。赵女士的操作似乎没有差错，那么问题出在哪呢？答案是赵女士忽略了最重要的一条原则，那就是当ADXR介于20～25时，表示市场已经进入了无趋势状态，即人们称的牛皮市。此时，应立刻停止使用DMI指标（见图35），投资人应改用顺势操作法CDP来获利。

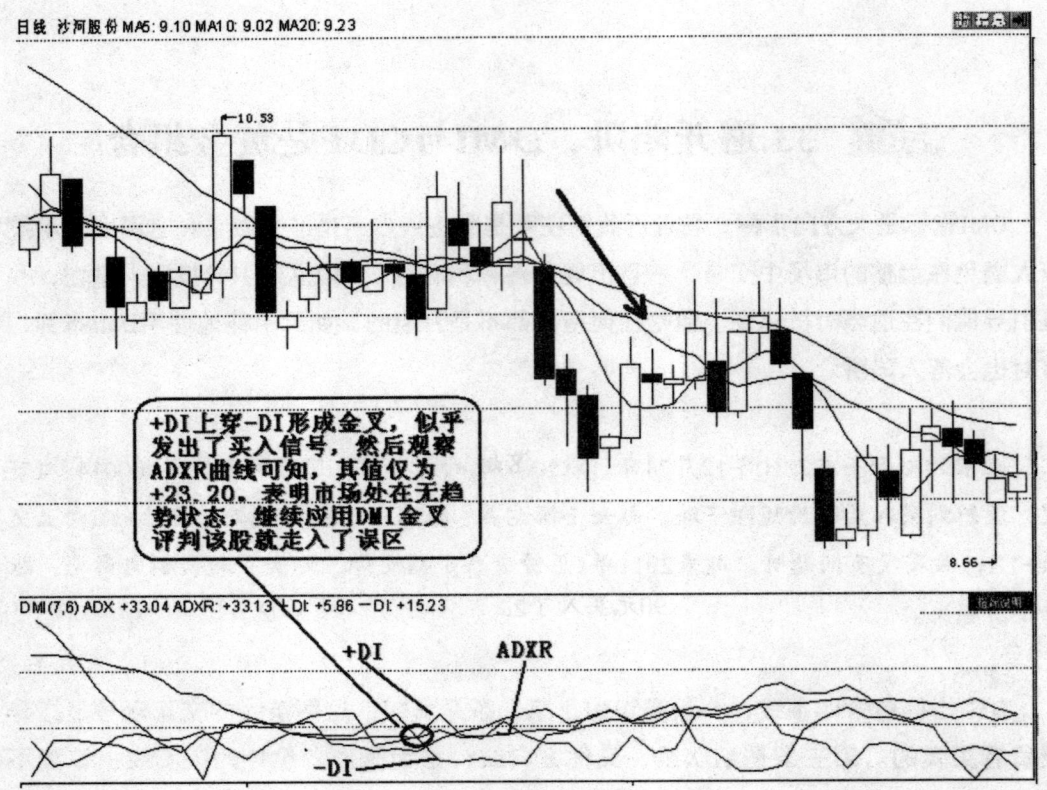

图35 沙河股份错误操作图解

　　CDP指标是一个老指标，但是对广大的投资者来说却比较陌生。实际上CDP技术指标在一个牛皮盘局中是一个较好的高抛低吸的短线操作工具。

　　CDP指标有AH、NH、CDP、NL、AL5个数据，其运用法则为：NL和NH是进行短线进出的最佳点位，也就是说投资者想当日卖出时，把价格定在该股票CDP指标中的NH值上。若投资者想低价买入该股票，一般把买入价设在NL值上均会成功。而对波段操作者而言AH值和AL值是引导进出场的条件。凡是当股价向上突破AH值时，股价次日还涨，而股价跌破AL值时，则股价次日将续跌。实践中证明每一个连续下跌中的股票，若某日该股突破AH值时，有80%的概率是反转信号，若一个连续上涨的股票，某日股价下跌破AL时，则升势宣告结束，因此，该组数据所提供的反转信号要比其他技术指标超前一些。而CDP值只说明股价现阶段的强弱情况，当股价高于该股CDP值时，现阶段市场偏强。反之，偏弱。该技术指标不仅运用简单，并且买卖点位明确，准确率也非常高。

34. 掌控节奏，别忘利用布林线中轨

在众多技术分析指标中，布林线指标属于比较特殊的一类指标。它利用"股价通道"来显示股价的各种价位，当股价波动很小，处于盘整时，股价通道就会变窄，这可能预示着股价的波动处于暂时的平静期；当股价波动超出狭窄的股价通道的上轨时，预示着股价的异常激烈的向上波动即将开始；当股价波动超出狭窄的股价通道的下轨时，同样也预示着股价的异常激烈的向下波动将开始。于是很多股民在应用这一指标时，更多地侧重于喇叭口形态判定，这是非常可惜的。如果能合理利用布林线中轨，就能更好地把握攻防节奏。

股民老王在2010年7月以11.90元买入了2万股深赤湾A（000022），买入后该股平缓上涨，到了8月上旬老王开始烦恼，他不知道是应该继续持股还是赶快卖掉。老王利用BOLL线指标观察了一下，发现布林线有缓慢收口的迹象，这表示未来可能会有一段时间的盘整，老王有点担心了，于是就在8月9日以12.81元的价格卖掉了股票。出乎老王意料的是，该股短暂下跌后竟然又一路上行，在9月份以15.67元见顶后才开始下跌。提前离场的老王白白错过了一段行情，这让老王叹息不已。

运用布林线炒股是一种国际上流行的技法，而投资者一旦真正从趋势及概率意义上理解并认知这一技术工具，就可以进一步提升实战操作的能力。对于投资者来说，利用布林线研判个股时，不能仅靠观察其开口形态来下定论，更要紧的是要利用布林线中轨与K线的互动来炒股，这样才能增强其准确性。

布林线中轨的研判法则有以下几点：

①当K线向上突破布林线中轨时，如果股价也放量突破股价中期均线，则意味着股价中短期向上扬升趋势开始形成，这是布林线指标揭示的中短期买入标志。

②当K线向上突破布林线中轨后，如果股价依托布林线中轨向上攀升，则意味着股价的中短期向上趋势已经相成，这是布林线指标揭示的逢低买入或持股标志。

③当K线向下跌破布林线中轨时，如果股价也先后跌破中短期均线，则意味着股价的中短期向下阴跌趋势开始形成，这是布林线指标揭示的中短期卖出标志。

④当K线向上突破布林线中轨后，如果股价被布林线中轨压制下行，则意味着股价的中短期下降趋势已经相成，这是布林线指标揭示的持币观望标志。

在实战中，我们不能简单地应用上述法则，还应该辅以参数为3、7、21的日均线系统，这样胜算就能大大提高。

布林线日线参数多设为20日或25日，其中20日较为敏感，实战参考价值较大。在股市波动周期加长的今天，以布林中轨所代表的20日均线可对强势股、热门股在2至4周以内的波段趋势及买卖点提供更强的实战指导。具体要点如下：

①布林中轨经长期大幅下跌后转平，出现向上的拐点，且股价在2～3日内均在中轨之上。此时，若股价回调，其回档低点往往是适量低吸的中短线切入点。（注意，此时3、7、21日均线系统形成金叉并呈多头发散状。）若有成交量的配合，投资者可积极吸纳，因为这种金叉往往能捕捉到黑马升幅的暴涨波段。

②对于在布林中轨与上轨之间运作的强势股，不妨以回抽中轨作为低吸买点，并以中轨作为其重要的止盈、止损线。若3、7、21日均线系统出现死叉并呈空头发散状，投资者要坚决出局。

③一段时间的价量配合较好，区间阳线累计换手高于阴线换手。股价相对前期温和放量，单日换手在0.8%～1.2%的区间内，而股价持续性攻击时，单日换手需保持在1.5%～2%的区间内。

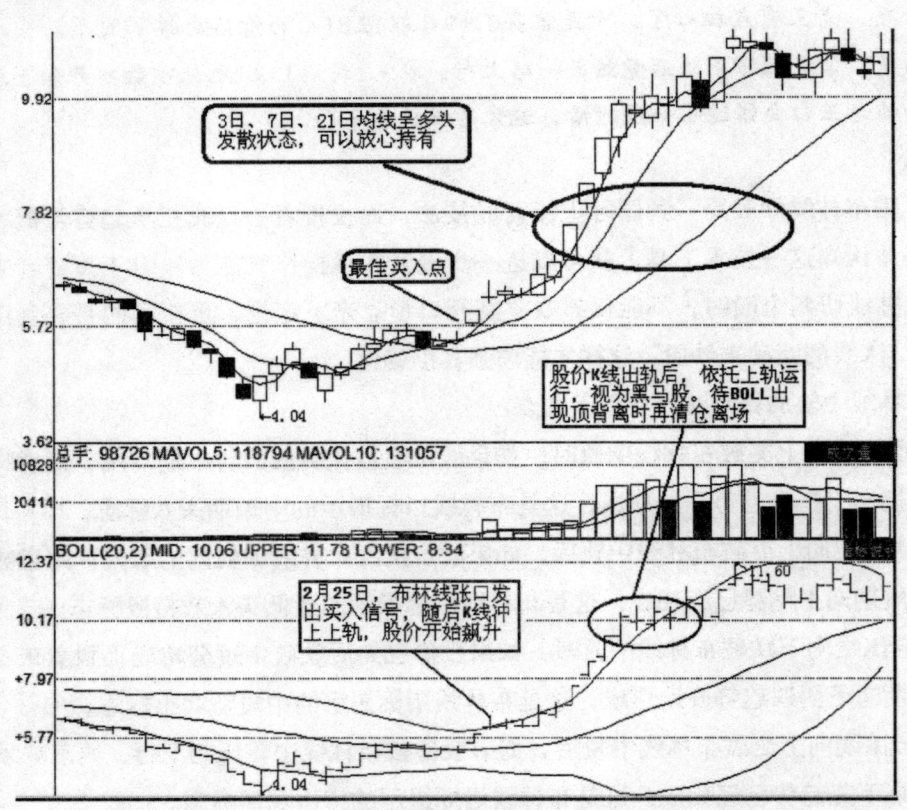

图36 深深房A BOLL捕捉黑马图解

④K线组合阳线多于阴线，阳线实体长于阴线。若股价有圆弧底、双底、头肩底、复合底形态则更佳。

⑤若股价上破布林上轨3天或冲出上轨过多，而成交量又无法连续放出，此时投资者要注意短线高抛了结。

我们来看一个例子。深深房A（000029）（见图36）2002年3月发动了一波非常黑马行情，从布林线张口发出买入讯号，一路冲出上轨连续单边走强，3月19日冲上轨后，短线获利颇丰。

35.实战应用，不要轻视简单的SAR指标

一个有趣的现象是，许多技术分析投资者都迷恋于复杂难懂的技术指标，而对于简单实用的传统指标往往不屑一顾，如SAR指标。这是一个让人惋惜的误区，运用得当的话SAR指标就是一种可防御、可攻击，既明确、又方便的实战型指标。

张小姐进入股市快两年了，她是一个个性很活跃的人，自从加入炒股大军后，她加入了好几个炒股"圈子"，听讲座、参加培训，各种复杂的技术指标、操作技术都知道个七七八八。技术指标中，她比较偏爱DMI指标、WVAD指标、PVI指标、BIAS等比较复杂的指标，用她的话来说就是"复杂的技术指标含金量高啊！"。但有一次她听了一位资深炒股者办的讲座后却感慨良多，这位炒股者在讲座一开始就在黑板上写下了"大道至简"4个大字，讲座中还特别提到了一些简单的技术指标的应用，其中就包括SAR指标等，实战中，这些传统而简单的指标并不一定比复杂的指标威力小。

一些技术指标爱好者对改编创新技术指标十分热衷，大多数股票软件也带有自编函数，在网上我们可以找到上千种技术指标。这些五花八门的改编使得本来单纯的技术指标越来越复杂，不仅让新股民无所适从，也让一些老股民懵懂惶惑。其实技术指标无非是价量均线不同组合表达方式的变异，真正有价值和创意的可谓凤毛麟角，反而不如传统的常用指标实用。只要投资者能够掌握这些常用指标的精髓并在投资中灵活运用，那么就能够更多地从股市中获利。SAR是为了避免过分贪心而设置的一种技术指标，它的基本的思想就是到了某种情况，就必须买入或卖出了，不能再等下去，期待更低或更高的价位。只要运用得当，SAR指标一定会给你更多惊喜。

那么在应用SAR指标时应注意哪些问题呢？

①上攻价量配合流畅且有硬朗盘口中线题材配合,可在SAR指标翻红的盘中第一时间追入,往往有较好的冲高惯性。

②SAR翻红后回抽企稳,下档SAR指标值附近亦是重要的低吸买点,而攻击性K线组合及补量放量上攻也是辅助介入技巧。

③对过热的个股以SAR指标翻绿,对重仓股按纪律及时止损减仓,远比犹豫不决错失卖点,把热门股做成冷门股为好。

④对SAR翻绿时乖离率过大且中短线跌幅已大的个股,借股价相对接近空头SAR指标值时减磅止损。

我们来看一个例子。内蒙华电(600863)(见图37)自2003年1月3日7.36元展开上攻以来,SAR伴随着股价曲线持续上扬,股价经历了长达两个月的上涨,一直到3月3日SAR翻绿才发出卖出讯号,至此把握住SAR信号的投资者获利丰厚。

最后再强调一下,在实际应用时,应该注意以下几点:

①不一定非要到了股价突破了SAR才采取行动,可以提前。

②应用SAR最为重要的是明确当前是处于什么大环境,是上升还是下降,在股价为盘整局面时,SAR是不能使用的。

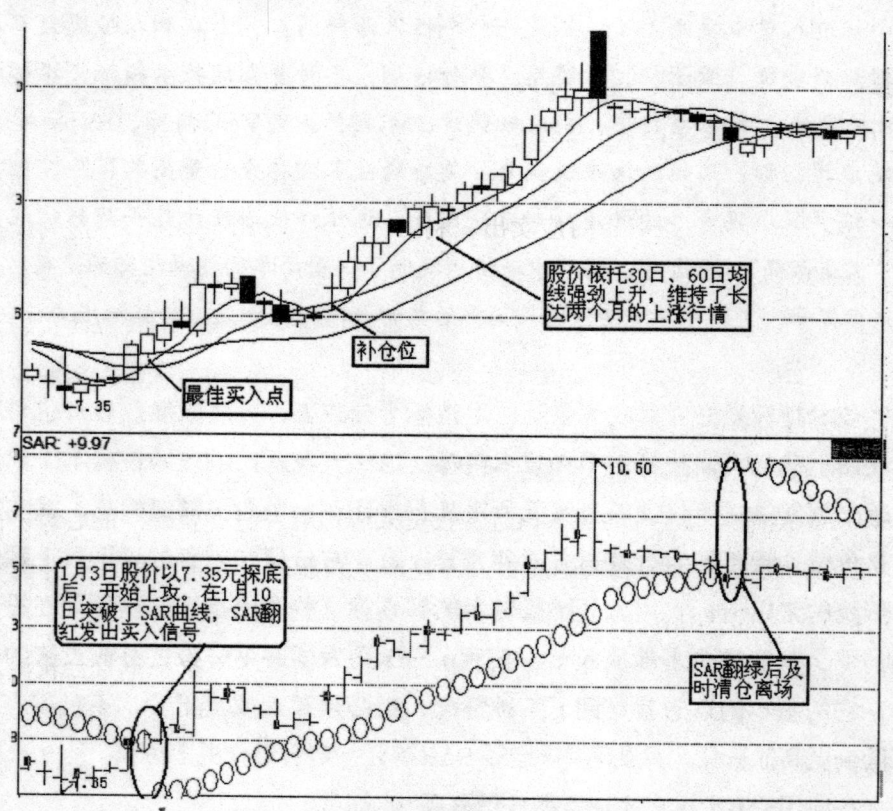

图37　内蒙华电SAR指标应用图解

36. 实战之法，不要应用ASI指标做长线

ASI具备领先股价的功能，它大部分时间都是和股价走势同步的，但我们也能在众多股票中，寻找少数产生领先突破的，一旦发现这样技术走势的股票，应大胆的买入，容易短线获利！

提起ASI指标，天津的王女士有点郁闷。因为盲目应用这个指标，她在2008年曾吃过大亏。2008年5月份，王女士一直在关注一致药业（000028）（现名国药一致）的走向，5月12日那天，王女士欣喜地发现该股ASI指标发出了买入信号——当日高点超过了前一波峰高点，这意味着该股会继续上涨。王女士立刻以18.90元的价格重仓该股，买入后该股继续上涨，王女士放心了，开始认真地等待一波上涨行情。谁知，5月15日股票突然开始下跌，虽然有个小小反弹但也于事无补，最终该股一路跌至14.51元。

案例中的王女士在应用ASI指标买卖股票时存在一个重大失误，那就是忽略了只可利用该指标做短线的特性，结果导致自己被深套。在这里提醒投资者一定要注意ASI指标的两个缺陷：①ASI虽然具备领先股价的功能。但是，投资人根据突破讯号早一步买进或卖出后，ASI却无法提供何时应卖出获利以及何时应重新买回的讯号。有时ASI向上或向下突破压力和支撑后，仅一天时间立刻回跌或回升，投资人如果反应不及时，不但无法获得利润，反而将遭受损失。②ASI大部分时间都是和股价走势同步的，投资人仅能从众多股票中，寻找少数产生领先突破的个案，因此，ASI似乎无法经常运用，缺乏实用的功能。

不过对于这两个缺陷，我们也有破解之法：
①ASI主要是做为狙击性的买入讯号，投资人应抱着"打了就跑"的心理。由于早一步买入股票，随后股价顺利突破压力，一旦产生利润时，不可想象往后还有多少涨幅，应立即脱手卖出获利。
②虽然ASI之领先讯号不常出现，但是由于上市公司有数百家，讯号会轮流发生在不同的个股上，投资者只要把握"打完一只，再换另一只"的技巧，随时都会有新产生讯号的个股让你大显身手。

下面，我们就来总结一下正确的ASI指标使用原则：

①ASI走势几乎和股价是同步发展的,当股价由下往上,欲穿过前一波的高点套牢区时,于接近高点处,尚未确定能否顺利穿越之际。如果ASI领先股价,提早一步,通过相对股价的前一波ASI高点(见图38),则次一日之后,可以确定股价必然能顺利突破高点套牢区。股民可以把握ASI的领先作用,提前买入股票,轻松地坐上上涨的轿子。

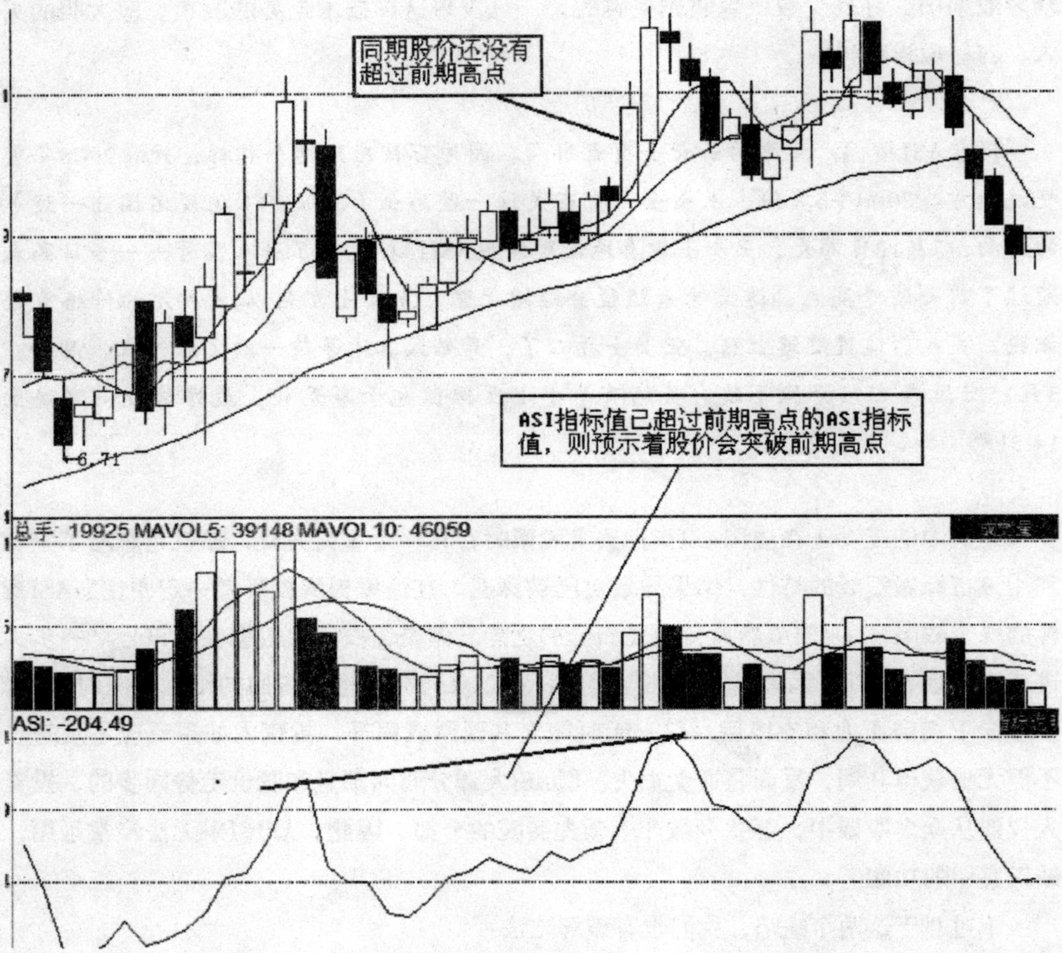

图38 ASI指标领先股价上涨图解

②当股价由上往下,欲穿越前一波低点的密集支撑区时,于接近低点处,尚未确定是否将因失去信心而跌破支撑之际,如果ASI领先股价,提早一步,跌破相对股价的前一波ASI低点,则次一日之后,可以确定股价将随后跌破低点支撑区(见图39)。投资人可以早一步卖出股票,减少不必要的损失。

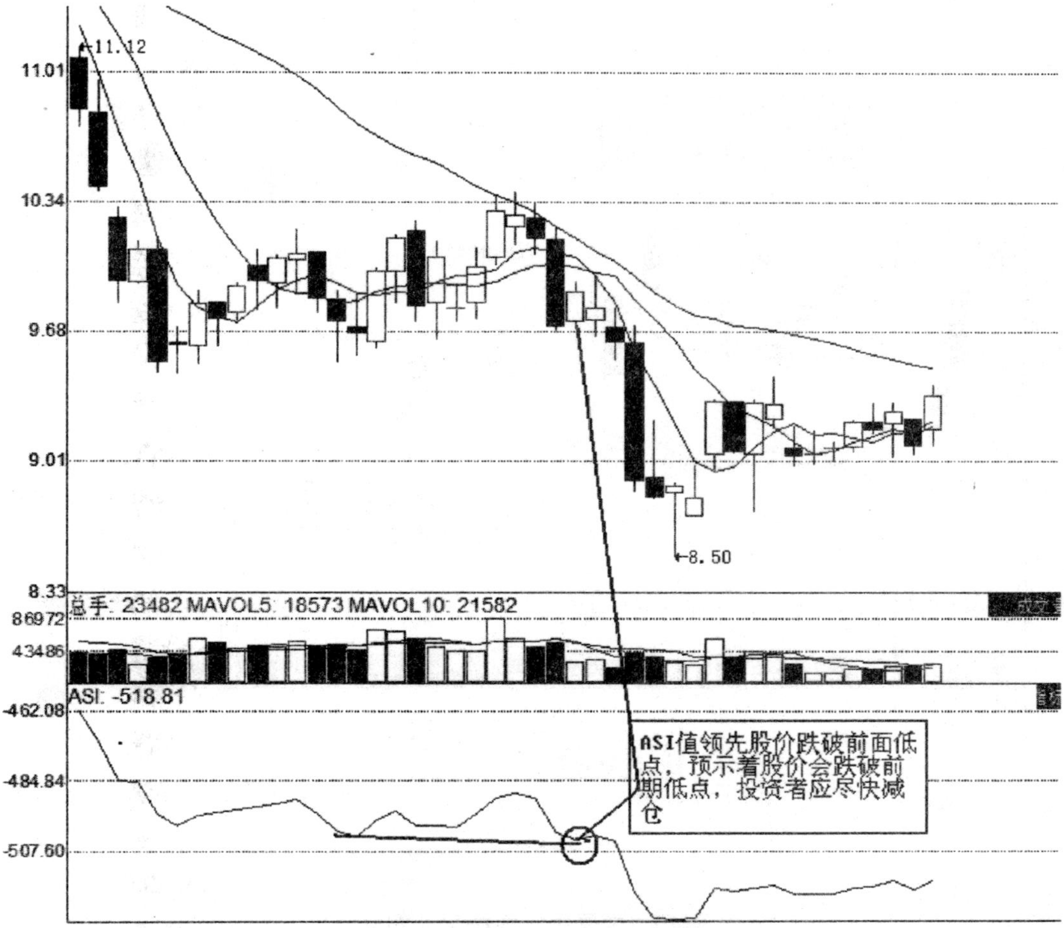

第四辑　技术分析——虚虚实实的技术，融会贯通避免误用

图中标注：ASI值领先股价跌破前面低点，预示着股价会跌破前期低点，投资者应尽快减仓

图39　ASI指标领先股价下跌图解

③向上爬升的ASI，一旦向下跌破其前一次显著的N型转折点，一律可视为停损卖出的讯号。

④股价走势一波比一波高，而ASI却未相对创新高点形成"牛背离"时，应卖出。

⑤股价走势一波比一波低，而ASI却未相对创新低点形成"熊背离"时，应买进。

我们来看一个应用实例。中国银行（601988）（见图40），2007年9月14日，ASI指标发出了买入信号，等待主力拉升。以当日均价5.88元买入，10月11日以均价7.10元卖出，每股赚1.20元。

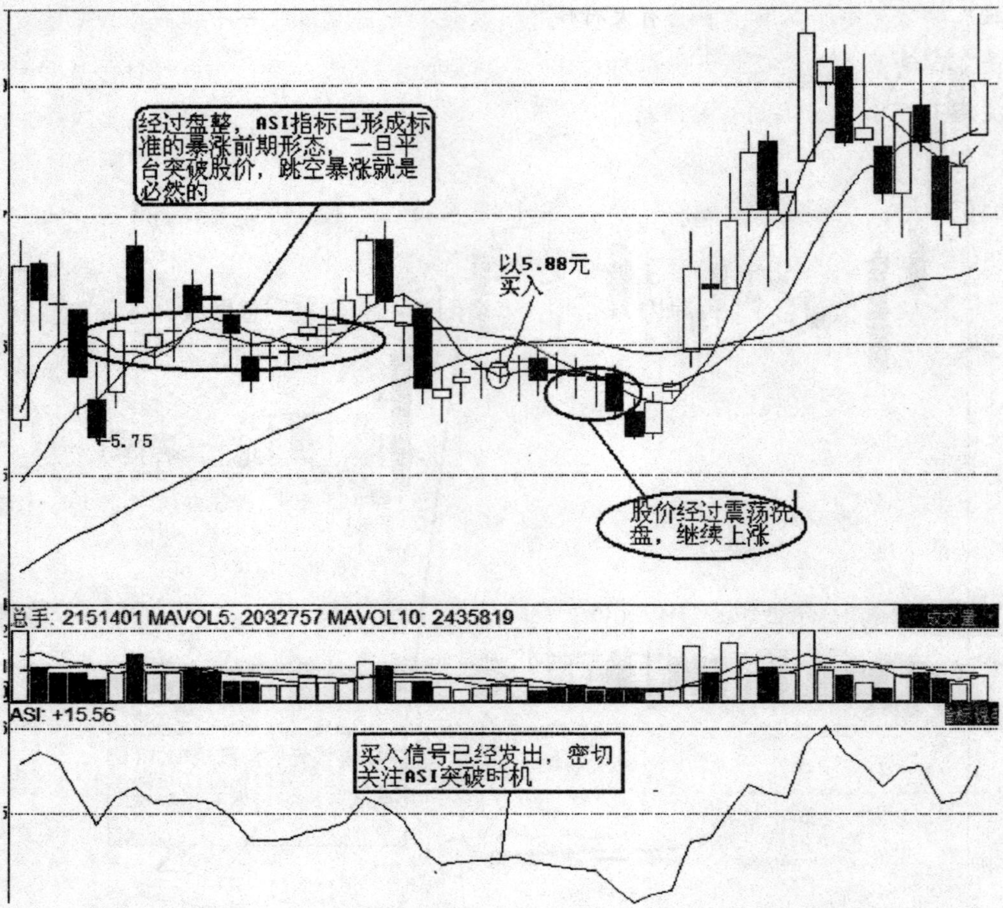

图40 中国银行短线买入图解

37.分清形态，不要被假包覆线误导

包线又被称为穿头破脚、吞并线或者包覆线，它与孕线的形态相反，包线右方的K线包覆了左方的K线，不论右方K线是否只包覆左方一根K线或者包覆左方好几根K线，都一律视为包线。包线是一种极为强烈的反转信号，不仅信号明显，而且暗示其力道非常强劲。如果在包线之后，更紧接着连连击出数根大阴线或大阳线，那么，这种情形都表示后市是一个大跌势或大涨势。当然，第一根大阴或大阳线是最重要的，其长度的大小，及吃掉左方K线的多寡，都可以用来衡量其力度的大小。

2004年9月23日，上证大盘上画出了一个完美的阳包阴包线，第二日股价拉高，部

分股民非常兴奋，认为后市将有大行情，其实他们已经掉入了一个骗线陷阱。主力不过是靠拉动蓝筹大盘股画出阳包阴的骗线，大阳线出现的并不自然，包线形成后就已经决定了9月24日拉高出货的结局。

包线是一种强烈的反转信号，很多中小股民往往一看到包线就兴奋不已，却忘了包线经常会在股价趋势进行的中途出现"骗线"，也就是俗称的"假阴线"或"假阳线"。出现"假包覆线"的原因，不外乎以下两种：①庄家刻意做线，意在摆脱跟风的中小股民。②纯属技术巧合，例如：股价在行进途中，恰巧遭遇平均线压力、大自然数字的压力区、前波密集套牢区等等状况。

这些情况，都是因为股民心中对后市的看法仍有疑虑，因此，一有风吹草动，立刻引发庞大的卖压，形成一条超长的大阴线。注意！假阴线是出现在多头趋势，而假阳线则是出现在空头趋势（见图41）。

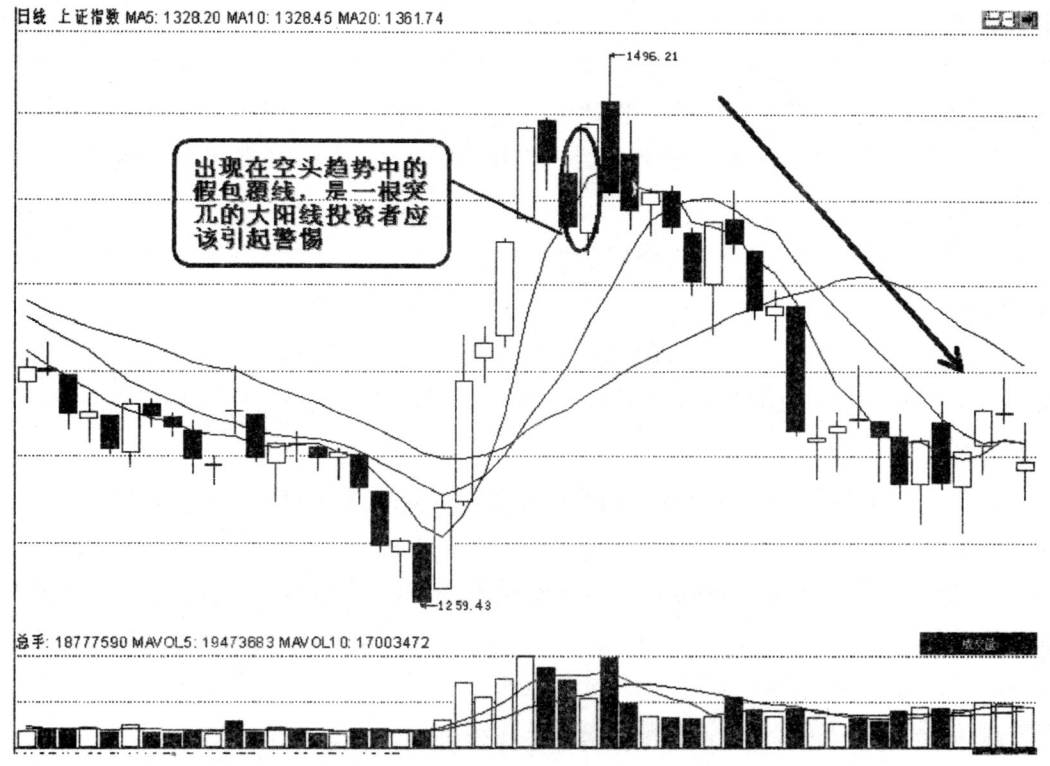

图41　空头趋势中的假包覆线图解

因此中小股民要准确把握包线的形态特点，避免落入骗线陷阱。那么，包线是怎样形成的呢？包线出现后又该怎样进行后市操作呢？

包线一般是这样形成的，大盘经过长时间的下跌之后，突然有一天，股价跳空低开，空方的力量非常凶猛，但是股价在低开后并没有继续下探而是出现了快速的上涨，并一举吞没了前面的K线，形态上好像这根阳线完全包住了前面的K线一样。形同一个人抱着一个孩子，是一种典型的见底信号。它经常出现在下跌末端，但有时也出现在整理形态快结束的时候。出现在下跌末端往往预示着空方力量的衰竭，如果出现在整理形态的末端，往往意味着最后一次洗盘。

包线必须发生在波段循环的高点或低点才有意义，它是一个反转信号。股价经过一段时期的上涨，突然间成交量大增，并且以一根大阴线，包覆了左方的K线，这种现象被视为上升波段结束的信号。相反地，股价经过一段时期的下跌，突然间以一根大阳线，包覆了左方的K线，这种现象被视为下跌波段结束的信号，而此时的成交量不需要大幅增加。

下面我们以阳包阴形态为例，讲一下形态判别及后市操作：

第一，右边的阳线一定要放量。这个放量有两个概念：一个是绝对放量，另一个就是相对放量，绝对放量和相对放量两个条件都要满足。绝对放量是指换手率不能低于2%，低于这个换手率的即使形态上符合包线也要给予"打折"处理。相对放量是指这根阳线的成交量一定要大于最近5日平均成交量的2倍以上，一定是那种突然放量的感觉。

第二，右边的阳线必须是低开的，开盘价一定低于前一天的最低价，低开的幅度越大越好。

第三，右边放量阳线很有可能会包住左边的多根K线，这种情况也属于包线，包住的K线越多越可信。

第四，最好是光头光脚的大阳线，当然也可以带有一定的上下影线，但是K线的实体部分必须要包住前面K线，也就是说，前面的K线的所有价格区间都要在右边阳线的实体之内。

第五，如果周线上或者月线上出现这样的形态，成交量如果很配合，可以确认底部真正到来，往后的任何震荡或者回调都要敢于买进。

实战案例：煤气化（000968）（见图42）：2006年8月18日至8月21日，股价在经过了29%的大跌后在底部形成标准的"阳包阴包线"，随后颓势被多方扭转，股价从4.11元一路单边拉升至15.33元。

阴包阳形态与此类似，也可以进行相反的陈述。

当然，虽然标准的包线不经常出现，但是非标准包线会出现的概率很大，有时往往会有骗线，为了提高准确率，包线的形态越标准越好。如果非标准包线出现后，次日股价继续上涨或者3天之内股价没有回到右边阳线实体的一半以下位置，基本就可以确认。

第四辑　技术分析——虚虚实实的技术，融会贯通避免误用

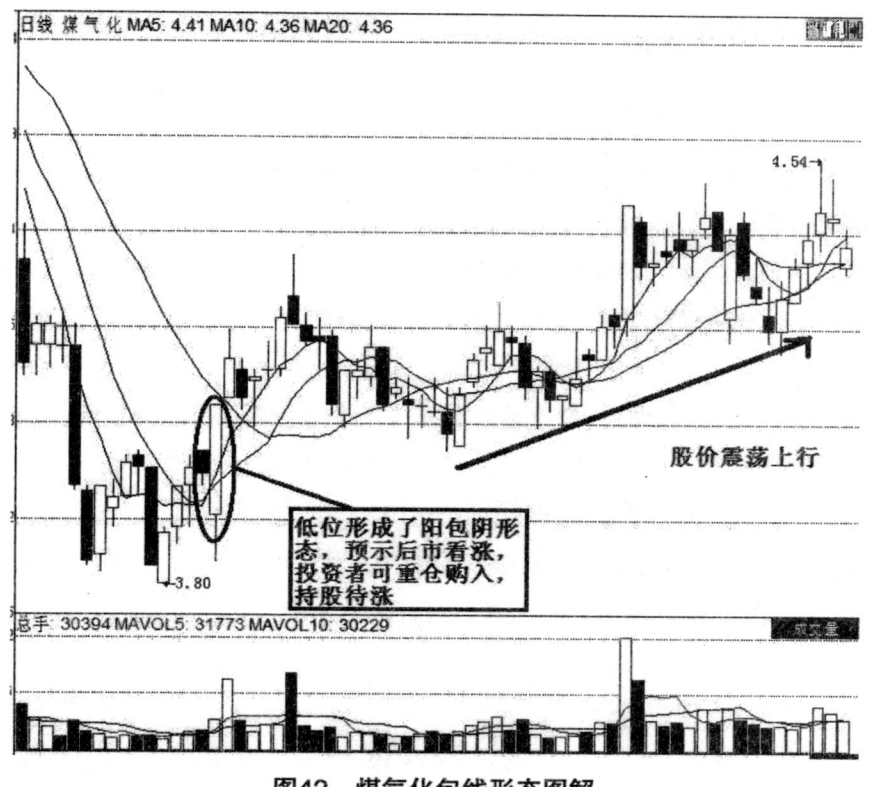

图42　煤气化包线形态图解

38.辨清真假，不要被假平台突破迷惑

当股价运行一段时间后，因为某些原因而不能延续以前的趋势，进而在一定价格范围内波动，产生横盘或一定幅度的整理，形成一个价格平台。而后，股价突破这个平台（可能是上涨突破，也可能是下跌突破），叫做平台突破。平台突破形态是比较常见的一种形态，根据其所处位置不同，可分为平台向上突破和平台向下突破形态。

平台向上突破形态出现于股价上涨的起始，也称为"平地惊雷"；平台向下突破形态出现于股价下跌的起始，也叫"高台跳水"。平台突破形态基本上由两部分组成，第一部分是长期盘整形成的平台部分，该部分成交量比较小，股价波动幅度不大；第二部分是平台突破后的上涨或下跌部分，该部分成交量急剧放大，且股价呈单边走势。

平台突破形态是一种非常有效的形态，但是该形态也有假突破的情况，一般来说，这种假突破一般出现在平台向下突破形态中，主力为了达到诱多的目的，常常会使股价不跌反涨，然后再大幅杀跌，所以，投资者遇见这种情况，一定要保持清醒的头脑，辨清真假再入市。

2007年6月末到8月初，金发科技（600143）以回档形式在一个平台内盘整，未来走势不明。投资者老金一直观望着该股，看最终是否能实现平台突破。结果在8月3日，股价跳空突破，令人鼓舞的是股价创出了新高，老金认为机不可失，干脆追涨建仓。可是仅仅数日，老金的美梦就破灭了，这只不过是一次假的平台突破，股价迅速暴跌，数日之内平均每天跌掉1.58元，老金被深度套牢。

通常来讲，突破平台的个股或是创下新高的个股，后面往往都会有不错的表现，但突破平台的个股有不少，有些是真突破，有些假突破，有些假突破真出货，有些假突破真洗盘。比如案例中老金碰到的就是假突破真出货（见图43），这个形态虽然做得逼真，但其实还是有不少漏洞，可是很多投资者因为对平台突破形态缺少了解而上当。

那么，实战中股民朋友如何判断真假突破呢？

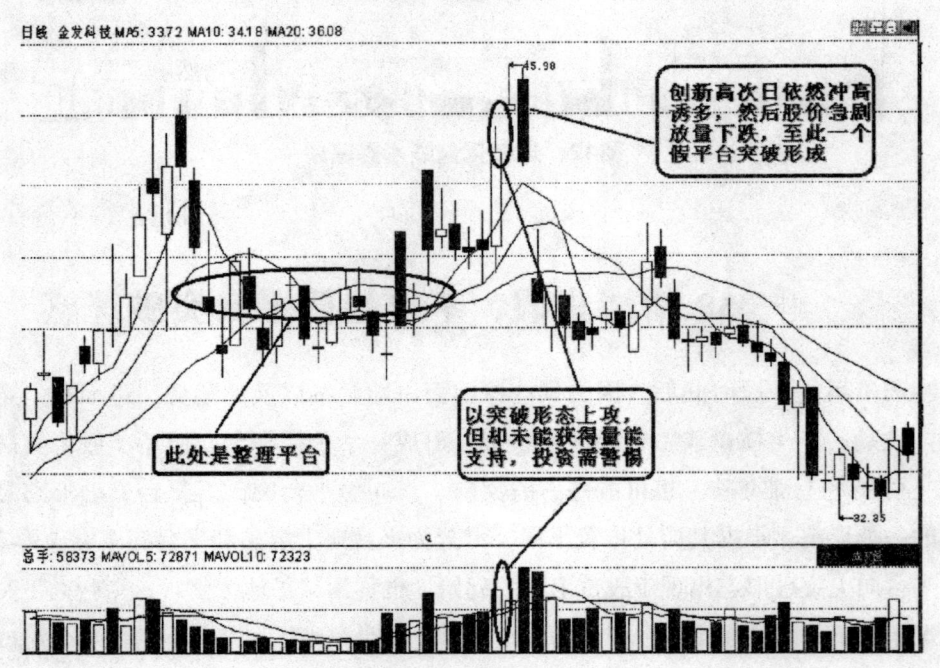

图43　假平台突破形态图解

在回答这个问题之前，我们首先要对平台突破形态的形成有个了解。平台向上突破形态的形成过程是，股价一直在低位徘徊，成交量稀少，股价呈窄幅波动，由于长期无主力关注，投资者很难从其股价波动中获取差价，因而渐渐被市场遗忘。但经过长期整理，形成了坚实的平台底部，主力也从这个整理中得到了非常丰厚的底部筹码，忽然有一天，成交量急剧放大，股价被迅速推高。

平台向下突破形态是与平台向上突破形态相对应的空头形态，其形成过程与平台向上突破形态有点相似，但不完全相同。在平台向下突破形态中，主力已经控制了非常多的筹码，但由于其他原因，主力已难以维持股价的高位盘整不得已向下突破。其形成过程是，股价经过大幅拉升后，股价逐步回落到某一高位，主力为了达到出货的目的，刻意在这一高位维持股价的横盘整理，形成一个高位平台诱使投资者接受其价位。

而平台突破形态的量度幅度与其平台的长度有关。股谚云：躺下去有多长，站起来就有多高。一般来讲，股价在底部整理的时间越长，股价上涨的幅度就越高，但对平台向下突破形态而言，则没有类似的规律，其下跌幅度一般与其先前的涨幅有关。

在判断平台突破真假时，我们要借助趋向线的帮助。事实上，股价在趋向线上下徘徊的情况常有发生，判断的失误意味着市场操作的失误，以下提供一些判断的方法和市场原则，但具体的情况仍要结合当时的市场情况进行具体的分析。

收盘价的突破是真正的突破。收盘价突破趋向线，是有效的突破，因而是入市的信号。以下降趋向线即反压线为例，如果市价曾经冲破反压线，但收盘价仍然低于反压线。这样的突破，被认为并非有效的突破，就是说反压线仍然有效，市场的趋势依然未改。

同理，上升趋向线的突破，应看收盘价是否跌破趋向线。在图表记录中常有这样的情况发生：趋向线突破之后，股价又回到原来的位置上，这种情况就不是有效的突破，相反往往是市场上的陷阱。

为了避免入市的错误，这里再给出几条判断真假突破的原则。

A. 发现突破后，多观察一天

如果突破后连续两天股价继续向突破后的方向发展，这样的突破就是有效的突破，是稳妥的入市时机。当然两天后才入市，股价已经有较大的变化：该买的股价高了；该抛的股价低了，但是，即便那样，由于方向明确，大势已定，投资者仍会大有作为，比之贸然入市要好得多。

B. 注意突破后两天的高低价

若某天的收盘价突破下降趋向线（阻力线）向上发展，第二天，若交易价能跨越他的最高价，说明突破阻力线后有大量的买盘跟进。相反，股价在突破上升趋向线向下运动时，如果第二天的交易是在它的最低价下面进行，那么说明突破线后，沽盘压力很大，值得跟进沽售。

C. 参考成交量

通常成交量是可以衡量市场气氛的。例如，在市价大幅度上升的同时，成交量也大幅度增加，这说明市场对股价的移动方向有信心。相反，虽然市价飙升，但交易量不增反减，说明跟进的人不多，市场对移动的方向有怀疑。趋向线的突破也应这样分析，当股价突破线或阻力线后，成交量如果随之上升或保持平时的水平，这说明破线之后跟进的人多，市场对股价运动方向有信心，投资者可以跟进，博取巨利。然而，如果破线之后，成交量不升反降，那就应当小心，防止突破之后又回复原位。事实上，有些突破的假信号可能是由于一些大户入市、大盘迫价所致，如大投资公司入市，银行干预等。但是市场投资者并没有很多人跟随，假的突破不能改变整个面势，如果相信这样的突破，可能会上当。

以（000652）泰达股份（见图44）为例。该股2006年连续几个月的盘整形成一个标准的平台，在2006年3月24日出现个股放量突破。一般来说类似这样长期平台出现突破后，短期内突然拉升所面临的抛压都会比较大，除非主力做多非常坚决，否则第一波突破向上空间都是比较有限（从第一个涨停算起一般都在20%以内），这种突破以主力试盘为主。对于这种类型的突破投资者可耐心等待其回调至10日或者20日均线附近，一旦发现其再次放量启动可大胆追涨杀入！

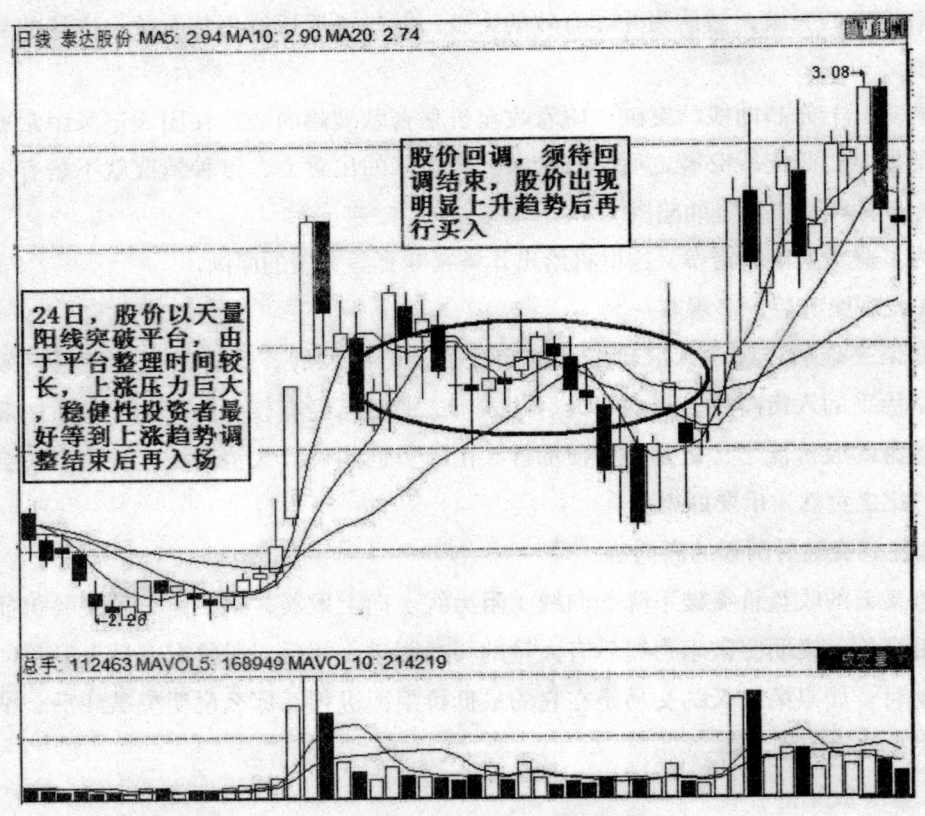

图44　泰达股份平台突破图解

39. 不要错过，均线与趋向线可灵活组合

在实战中，很多股民对趋向线的应用都不够重视，事实上趋向线的突破对买入、卖出时机等的选择具有重要的分析意义，而且即使是市场的造市者往往也会根据趋势线的变化采取市场运作；因此，巧妙利用移动平均线与K线趋向线的组合，对于投资者而言有很强的实战意义。

股民赵小姐已经炒股三年多了，但是她对于趋向线的了解却并不比刚入市时多多少。在她的想法里，所谓趋向线就应该是一段时间的趋势总结，因此只要沿着股价上升或下跌的方向画一条线就是了。至于趋向线的实战方法，赵小姐真说不上来，用她的话说就是"可能就是给出个预警吧！"

案例中赵小姐对趋向线的理解简单却不可笑，因为她的想法也代表了股市中相当一部分股民的想法。这部分股民对于趋向线不够重视，更没有深入地分析趋向线的实用价值，这实在很让人惋惜。那么怎样看趋向线该呢？

所谓趋向线就是上涨行情中两个以上的低点的连线以及下跌行情中两个以上高点的连线，前者被称为上升趋向线，后者被称为下降趋向线。上升趋向线的功能在于能够显示出股价上升的支撑位，一旦股价在波动过程中跌破此线，就意味着行情可能出现反转，由涨转跌；下降趋向线的功能在于能够显示出股价下跌过程中回升的阻力，一旦股价在波动中向上突破此线，就意味着股价可能会止跌回涨（见图45）。

投资者在画趋向线时应注意以下几点：

①趋向线根据股价波动时间的长短分为长期趋向线、中期趋向线和短期趋向线，长期趋向线应选择长期波动点作为画线依据，中期趋向线则是中期波动点的连线，而短期趋向线建议利用30分钟或60分钟K线图的波动点进行连线。

②画趋向线时应尽量先画出不同的实验性线，待股价变动一段时间后，保留经过验证能够反映波动趋势、具有分析意义的趋势线。

③趋势线的修正。以上升趋势线的修正为例，当股价跌破上升趋势线后又迅速回到该趋势线上方时，应将原使用的低点之一与新低点相连接，得到修正后的新上升趋势线，能更准确地反映出股价的走势。

④趋势线不应过于陡峭，否则很容易被横向整理突破，失去分析意义。

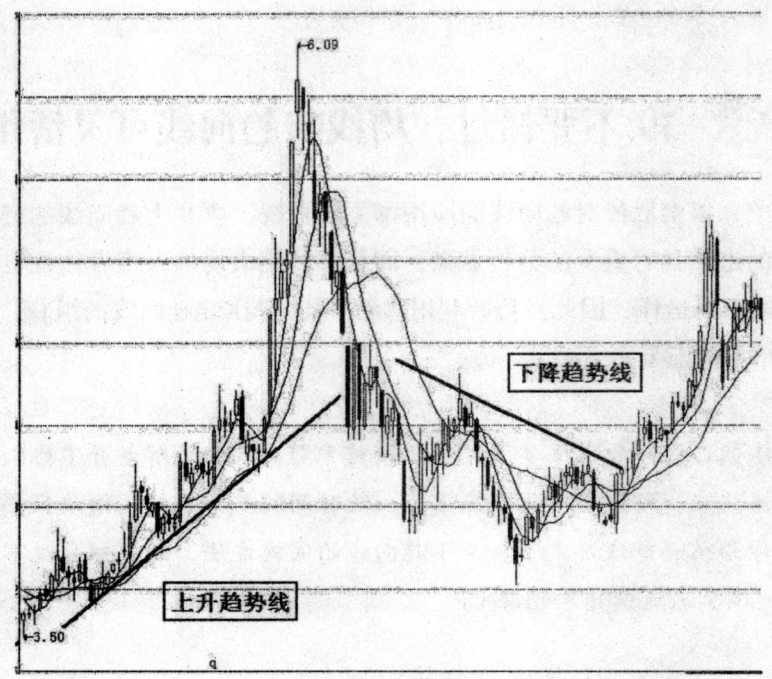

图45 移动平均线的趋向线示意图

在研判趋势线时，应谨防大型投资机构利用趋势线做出的"陷阱"。一般来说，在股价没有突破趋势线以前，上升趋势线是每一次下跌的支撑，下降趋势线则是股价每一次回升的阻力。股价突破趋向线时，收盘价与趋向线有1%以上的差价（见图46）。

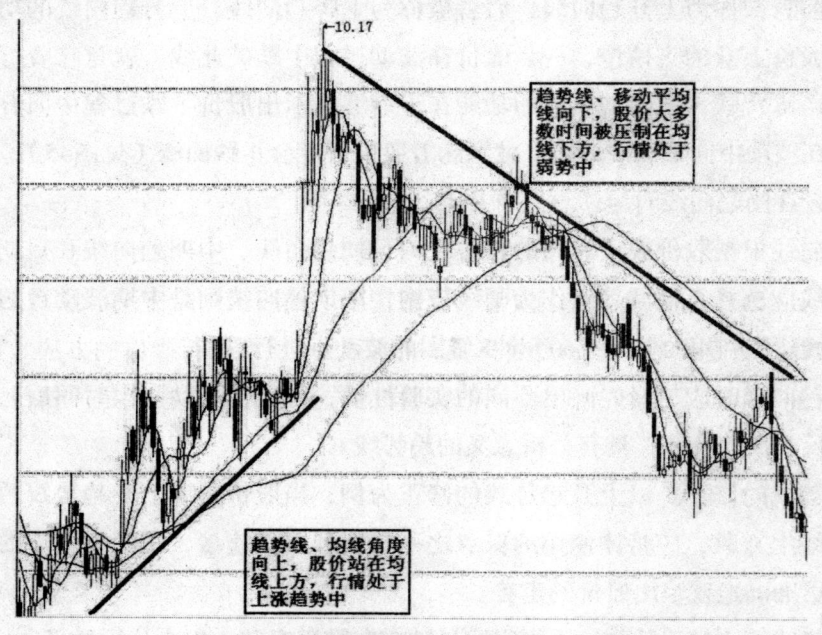

图46 趋向线与移动平均线印证图解

"股票移动平均线"与"趋向线"并列为技术分析，可互相印证并不相违背，只是出现的先后顺序略有不同，那么实战中"移动平均线"与"趋向线"如何整合？

①若是"股票移动平均线"与"趋向线"角度皆朝上，而K线实体又在这两者之上则可肯定为"上升趋势"！

②若是K线实体跌破"股票移动平均线"但并未跌破上升"趋向线"之下则"上升趋势"可能尚未结束！

③若是K线实体跌破"上升趋势线"但并未跌破"股票移动平均线"则"上升趋势"亦可能尚未结束！

④当然若是K线实体跌破"上升趋势线"且跌破"股票移动平均线"则"上升趋势"应已正式结束，并可能即将完成头部结构！

⑤若是"股票移动平均线"与"趋势线"角度皆朝下，而K线又在这两者之下则可肯定为"下跌趋势"！

⑥若是K线实体收上"股票移动平均线"但并未收在"趋向线"之上则"下跌趋势"可能尚未结束！

⑦若是K线实体收上"下跌趋势线"但并未收在"股票移动平均线"之上则"上升趋势"亦可能尚未结束！

⑧当然若是K线实体收上"下跌趋势线"且K线实站在"股票移动平均线"之上则"下跌趋势"应已正式结束，或可能即将完成底部结构！在画股价趋势线时，投资者一定要注意：上升趋势线是连接各波动的低点，不是各波动的高点；下降趋势线是连接各波动的高点，并不是各波动的低点。

40.不要滥用，把握条件利用15分钟K线战法

15分钟K线作战法一般是在大势不理想情况下的股市作战方法。所谓15分钟K线战法，其实就是看着个股上的15分钟形成一根K线的K线图进行操作的方法。它是日线操作的一个缩小版，是短线战法的一种。同样的方法放大到日线上是一样行之有效的操作方法。

2011年1月5日，岳阳兴长（000819）在开盘的第二个15分钟内拉出了一根大阳线，一直守候在电脑旁的姜小姐很高兴，她的判断是本日股价会有较大涨幅，于是便想趁着股价在相对低位买入。十点零三分，姜小姐以20.20元买入1万股，没想到股价却

开始不断下跌，在收盘时才勉强止住跌势，这让姜小姐忧心如焚。1月6日，岳阳长兴开盘便不断下跌，这一天姜小姐没能将股票出手。1月7日，岳阳长兴跳空高开，股价达到了21元，姜小姐犹豫了一下，还是没有卖出。结果该股一路走低，到了1月11日，姜小姐勉强在19.23元割肉离场，数日之内账户损失1万多元。

观察案例中姜小姐的操作，她至少犯了两个错误：①买入时间过早；②未能迅速轧平账户。我们都知道，短线操作的本质是为了规避长期持股中的风险，获得短线利润。短线高手买进是为了1天或3天后的卖出，无论盈亏都必须在短期内轧平账户，不参与沉闷而寂寞的盘整。在目前T＋1交易制度下，买进后一旦发生风险当日不得卖出，因此短线客将买入时间选择在收盘前15分钟，此时间段内不跌的话，第二天任何时间感觉有风险可随时卖出。

很多情况下，一只股票早上开盘后进行长时间的横盘，在均价附近窄幅整理，遇大盘下跌，它能坚持不动或被大盘稍有拖累后，也能迅速返回；而均线基本上保持直线。此类股票往往会在下午"耐不住寂寞"，选择向上突破。但是如果在下午一开盘就突破的话，最好不要跟进，因为此时多半是主力试盘动作。

真正上攻的股票，一般都会选择在14：30之后，特别是在14：35—14：40开始上攻。此时要看它的上升角度。如果超过80度的话，就会显得太急，容易产生抛压。有个别强势股14时刚过就展开攻势，这时候必须要放巨量，以接近90度的推升迅速涨停，否则的话容易夭折。

最漂亮的走势是先沿30度角运行几分钟，然后在大成交量的推动下改为45度角到60度角向上攻击，而均线此时也最好紧随股价，呈30度角以上的弧形。这样用20多分钟时间完全可以涨5%以上，甚至涨停。

以上情况必须紧盯5分钟至60分钟K线分时指标，特别是60分钟K线。在盘整期间，60分钟指标如KDJ，一旦在底部形成金叉状态，而时间上又刚好吻合的话，就可以择机介入。

那么15分钟K线战法的具体方法是什么呢？

买入：在15分钟K线图上设置一根21日均线及一根5日均线，5日均线上穿21日均线时就是买入信号。

卖出：方法有两种。一般情况下，看到5日均线下穿21日均线就要坚决离场；在特殊情况下，如该股的日线KDJ的J值出现100时，看到股价小于5日均线时就可以考虑卖出离场了。但如果发生5日均线下穿21日均线时，坚决离场。

在实战操作中，投资者还应注意以下要点：

①这种操作，在同一日内发生买进又要抛出的概率并不大，但是如果发生了，那

第二日也是要坚决止损离场的。

②这种方法只适合用总资金的一小部分进行操作。

③这种方法只适用于大盘不稳定的情况。

④选股要在每天的下午2点开始，寻找潜在强势股。选择标准首先是绿盘，跌幅在2%以上的，不要选择跌幅过大的股票；另外换手要充分，一般为2%~4%，而且量比最好是大于1。

⑤15分钟K线，一定要在底部，特别是底部构成很明显。有跌不下去的感觉。若破位一定要放弃。最好是在2:30左右买。因为这个时候主力就会开始拉了。

⑥该种方法的操作纪律很重要，不能违背自己定下的纪律。不然后果很严重。

下面让我们看几个该法在实战中的应用案例。

浦发银行（600000）（见图47）2010年3月19日15分钟K线图上，5日均线上穿21日均线，此时以均价21.63元买入。下一个交易日股价开盘即大幅上涨，看起来前景乐观。然而我们看到KDJ指标的J值已经达到了100，后市即使上涨也会十分有限，因此应尽早清仓离场，以均价22.22元卖出，每股赚0.6元。

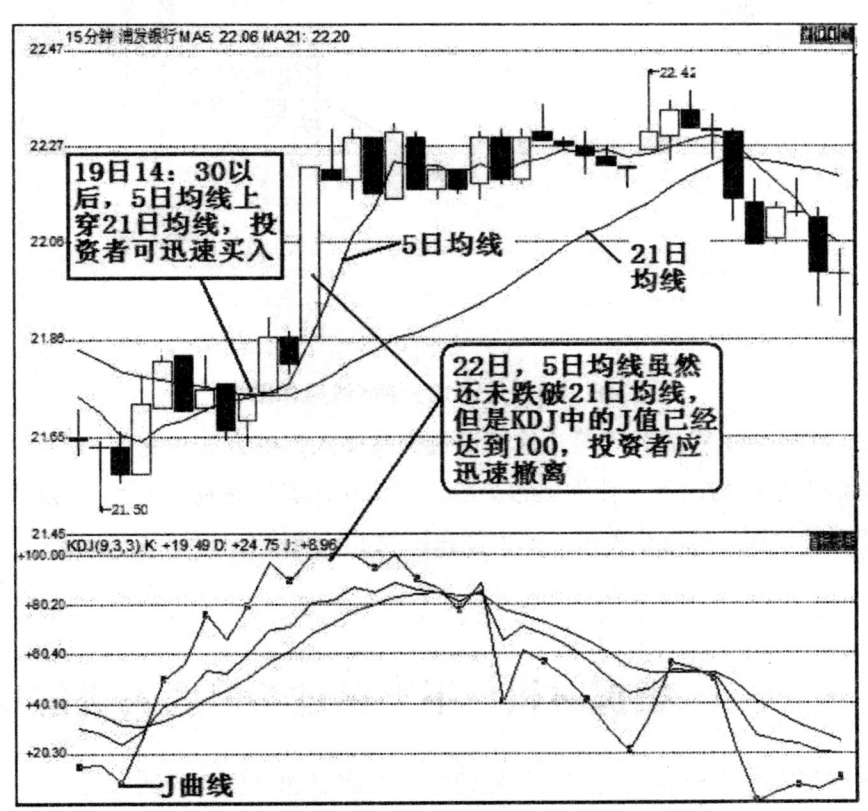

图47　浦发银行15分钟K线短线操作图解

兰州黄河（000929）（见图48）2010年3月3日15分钟K线图上，5日均线穿破21日均线，股价随之上行，此时投资者可建仓。以此时均价9.40元买入，做短线操作。临近收盘时，股价略微回调，不过股价仍然站在5日均线上，因此不必太过担心。4日一开盘，股价就跳空上涨，观察KDJ指标，J值正飞快接近100线，投资者此时应谨慎操作，在下一个15分钟，J值达到了100，在此时以均价9.91元出仓，每股赚0.5元。

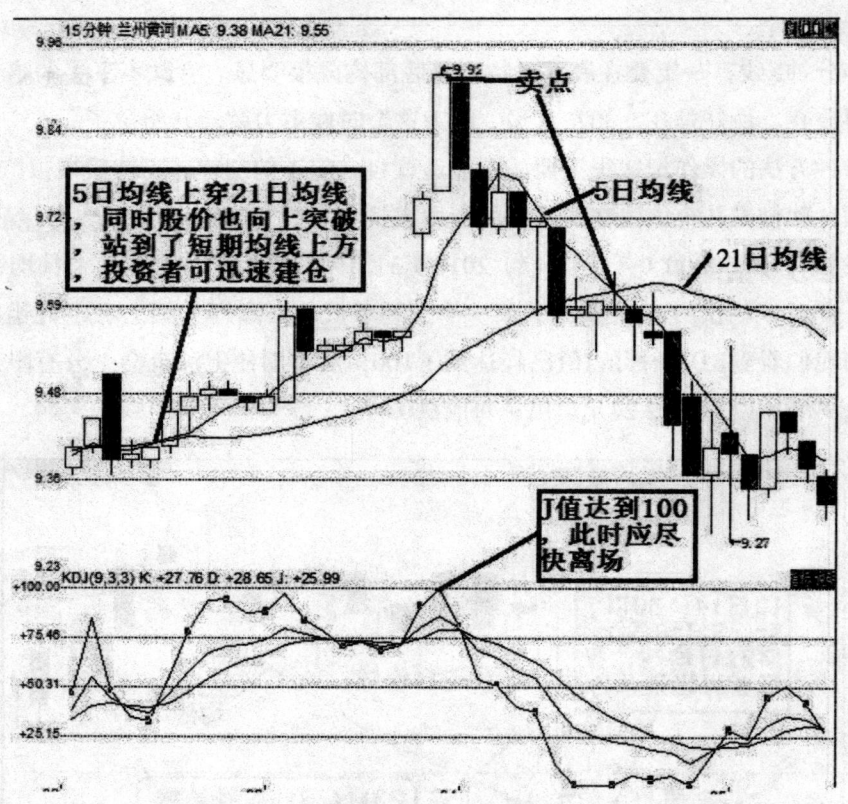

图48　兰州黄河15分钟K线操作图解

总之，15分钟K线战法不是让你能通过交易赚大钱的方法。它起到的作用只是在大环境充满变数的情况下，让你熟悉个股，加深对该股的感觉。并且通过小波段的操作，牢牢抓住该股，赚取小差价，减少你在该股上长期持有时所产生的成本。

41.把握时机，不要错过头肩底入货信号

头肩底形态向投资者发出的是见底信号，头肩底如果成立的话，代表最恶劣的时刻已经过去，最低的价位已经出现，即使再跌也有一条底线。头肩底形态在形成的过

程中可能会有很多潜在的演变方式，演变方式的不同所带来的运行结果往往不一致，只有了解了潜在的变化，才能在遇到意外变化时及时地跟上市场的节奏。

鼎盛天工（600335）从2008年8月到2009年2月在低位构筑了一个巨大的头肩底形态，探底价位为3.65元，右肩最低点为4.60元。股民张某一直在关注这只股票，他身边比较胆大的股友5元左右就已经介入了，但是张某比较谨慎，他打算等头肩底形态完全建立后再进入。等股价突破颈线继续上涨了一段后，张某才在7.45元价位进入，并在12月初以8.21元止盈离场。

在这段行情中，股民张某赚的不够多，原因是他错过了头肩底形态发出的入货信号。头肩底形态显示市场正凝聚一种支持力和买意，只要一旦价位穿破颈线，构筑出右肩时，就是一个极佳的入货讯号。一般来说，我们可将探底价位设为止损位，右肩低点设为参考止损位。股价拉升后，虽有震荡但始终未触及止损位可以继续持有。

下面我们来做具体解释。

股价长期波动，会在某价位区内停留一段时间，会出现3个底点，但其中第二个底部较其他两底点更低，从图形看，是一底两肩状，故名头肩底（见图49）。

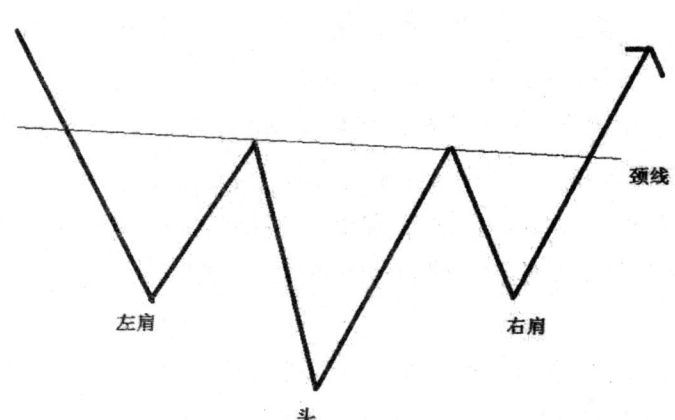

图49　头肩底形态示意图

该形态由4大基本要素构成，也是判定某一段趋势是否可能发生扭转的依据：

①原有趋势为下跌趋势；

②左肩下跌力度相对较大，下跌到头部力量减弱，随后的上涨高于左肩低点；

③右肩下跌力度再次减弱，无法创出新低；

④有效向上突破颈线确认。

头肩底形态形成过程是：股价经过长期下跌后，成交量逐渐萎缩，表明抛盘逐渐减少。此时会有投资者抢反弹，使股价缓慢推高，形成左肩；但跟风者并不踊跃，股价再度下跌。如果在左肩的反弹中进货的是别有用心的庄家主力，其会放量砸盘。因此此次下跌，成交量未减少，反而有增多趋势，直至吃进的少量筹码砸完了事，形成头肩底的大底。

随着股价的不断下移，主力一旦发现低价盘旋时成交量已日渐萎缩，则反手做多，一口气回升或越过左肩底价位，尔后再度回落，形成右肩，成交量大于左肩成交量。因为庄家在此时是真正的吃进筹码，右肩的回落则是为了震仓洗盘而已，所以在把握头肩底形态选股时，右肩是最重要的。

那么当投资者用头肩底形态捕捉黑马时应当怎样操作呢？

首先，把握建仓点。在头肩底走势中，最有依据的买入机会在向上有效突破颈线之后，以及突破颈线后的回抽确认机会。但是在实战中，是否能够建仓或者说是否能按照头肩底形态预测方式来操作，需要更多局部走势与指标的配合来进一步确认。

其次，设立止损位。一般来说，止损价位应该是头肩底形态的头部，即该形态的最低点下方，只有最低点被向下穿越才能认为头肩底形态的失败。

再次，计算目标价格。理论最小目标计算类同于双底形态，以头肩底形态的头部最低点向颈线的垂直距离，向上翻一倍，则是理论最小目标，但这只是最小距离，实际走势中的幅度计算还应该参考大形态上的走势。

最后，渐进仓位操作。对于右肩区域较明朗的个股，近1周内若探明了低点，且日K线图中成交量有所放大，可在股价靠近此低点时买进，此次仓位首先控制在3成。当股价逐步摆脱右肩的短期压力线后，趁股价回抽时，可视作一个买点，此次仓位可加到5成。股价上破形态颈线后，期间的回抽又是一次较佳买点，此时，仓位可加到8成。

例如：白云山（600332）（见图50）2008年9月到2009年2月在低位构筑了一个巨大的头肩底形态，探底价位为4.41元。2008年12月19日到23日，该股出现了一个假的高位出逃形态，但却没有深幅回调，随后右肩形成，右肩最低点为5.50元。我们可将探底价位设为止损位，右肩低点设为参考止损位。股价拉升后，虽有震荡但始终未触及止损位可以继续持有，到2009年2月份该股股价达到了8.22元高点。

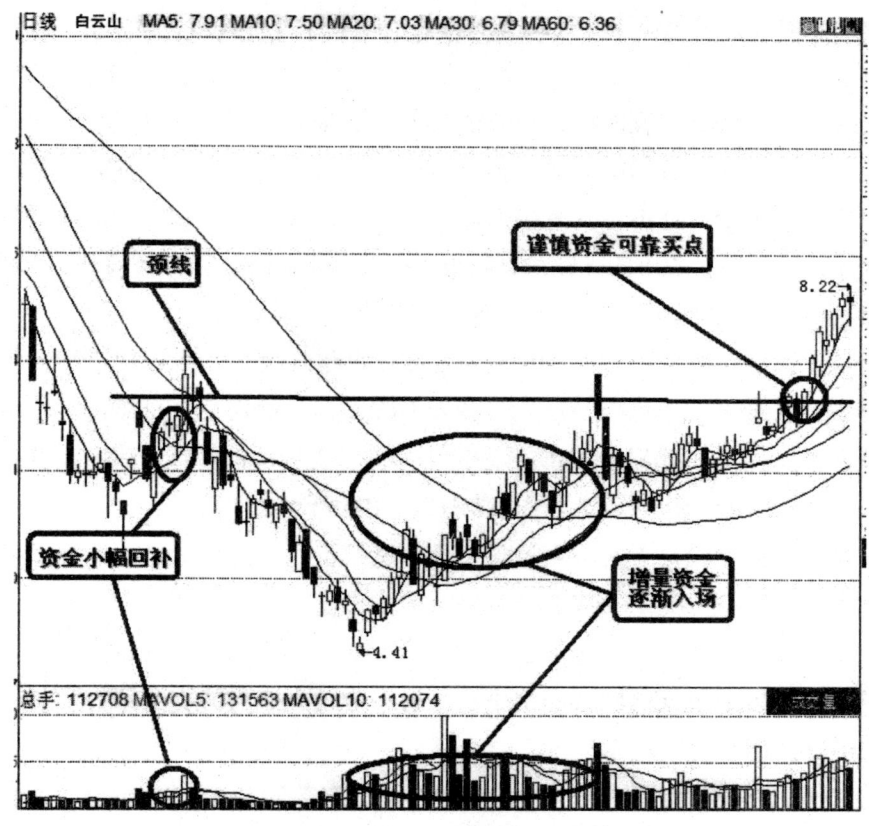

图50 白云山头肩底买入图解

使用头肩底捕捉黑马个股时应注意,最好是在突破颈线后再行介入。而头肩底的上涨突破颈线,若没有较大的成交量,它的可信度不高,或许还会跌回底部多停留一段时间整理,以图蓄势再来。若收盘价突破颈线幅度超过该股市价3%以上,是有效突破,可大胆跟进,突破头肩底颈线后,股价上升的最小幅度至少为底至颈线的股价垂直距离,有时甚至达到1.618倍或2倍。

42.识别陷阱,不要被"影线"轻易骗过

在观察K线图时,股民常会利用影线来做场中多空力量分析以及对股价未来走势预测,但是很多时候影线也会骗人的,投资者必须学会识别影线骗线陷阱。

2010年9月16日,下跌途中的华联综超(600361)拉出了一根带长下影线的小阴线,重仓该股的股民吴先生松了一口气,看来股价有支撑了,不用太担心了。果然第

二天股价开始回升,但是还没等吴先生回过神,股价却再次大幅下跌了。

影线分为上影线下影线两种,一般情况下上影线长,表示阻力大;下影线长表示支撑力度大。不过由于市场内大的资金可以调控个股价位,影线经常被大资金用作骗线,上影线长的个股,并不一定有多大抛压,而下影线长的个股,并不一定有多大支撑,也就是说见到个股拉出长下影线,就继续持股并不一定正确,还要视情况而定。

下面我们来做综合分析,首先温习一下上下影线的成因与定义。

什么是上影线:股价中——当日最高价与收盘价之差。一般说,产生上影线的原因是空方力量大于多方。股票开盘后,多方上攻无力,遭到空方打压,股价由高点回落,形成上影线。带有上影线的K线形态,可分为带上影线的阳线、带上影线的阴线和十字星。不同的形态,多空力量的判断是有区别的。

什么是下影线:股价中——当日收盘价与最低价之差。一般说,产生下影线的原因是多方力量大于空方力量。股票开盘后,股价由于空方的打压一度下落,但由于买盘旺盛,使股价回升,收于低点之上,产生下影线。带有下影线的K线形态,可分为带下影线的阳线、带下影线的阴线和十字星。要更为精确的判断多空双方力量,还要根据不同的形态做出判断。

那么如何识别骗线的影线呢?

①试盘型上影线。有些主力拉升股票时,操作谨慎,在欲创新高或股价行进到前期高点时,均要试盘,用上影线试探上方抛压,也可称"探路"。上影线长,但成交量未放大,股价始终在一个区域内收带上影线的K线,这是主力试盘,如果在试盘后该股放量上扬,则可安心持股,如果转入下跌,则证明庄家试出上方确有抛压,此时可跟庄抛股,一般在更低位可以接回。注意,当一只股票大涨之后拉出长上影线,最好马上退出。

②震仓型上影线。这种上影线经常发生在一些刚刚启动不久的个股上,有些主力为了洗盘、震仓,往往用上影线吓出不坚定持仓者,吓退欲跟庄者。

③在强势市场中,有些机构资金实力不是很强,他们往往在其炒作的股票中制造一个或几个单日的长下影线,方法为某只股票在盘中突然出现一笔莫名其妙的,价位极低,手数较大的成交,而后恢复平静,长下影线由此产生,这是其中主力在向广大投资者发出"支撑力强"的信号,一般这种股票由于庄家实力不是很强,表现不会太突出,注意真正有大主力的个股不会在底部显山露水,让人察觉什么"支撑力强"。

总之,投资者在实际操作时,要看K线组合,而不要太关注单日的K线。需要指出的是,大资金机构可以调控个股的涨跌,但在市值不断增大的市场上,没有什么可以操控大盘的机构。

43. 不要混淆，分清调整浪A的波段形式

很多投资者都是在推动浪阶段上赚钱再在调整阶段输钱。在波浪理论中，一个推动阶段包括五浪，而调整阶段由三浪组成。从形态上来讲，调整浪主要有之字形、平坦形、三角形等几种形态。调整波浪市势变化多端，图表分析者要极小心处理。

北京的新股民郭女士最近正在学习波浪理论，关于调整浪部分，她的一个股友告诉她：一般调整浪A以及调整浪B都会出现5浪波段形式，而且B浪会强力反弹。但是郭女士在对照K线图时却发现情况并非如此，她有点疑惑不定，是自己数错了浪还是朋友说错了呢？

在这个案例里，郭女士的朋友犯了一个错误，那就是混淆了调整浪A的波段形式，调整浪A不仅可以划分为低一级的五浪形式，还可以划为低一级的三浪形式，而两者对后市的影响各不相同。如果调整浪A以三波段形式出现，其后的走势将是"双回撤"，而"双回撤"指的是两个过程：A浪属于第一次回撤（见图51），其后的反弹是第二次回撤，并称"双回撤"；如果调整浪A以五波段形式出现，其后的走势将是"B浪反弹"。

如果A浪只能划分为低一级的三个波浪，其意义可分两方面分析。第一：向下调整力度较弱；第二：整个调整市势可能以平坦形态出现。换言之，B浪的上升，可能收回A浪绝大部分的失地。

一般情况下，A浪多数可以再分割为低一级的五个波浪，反映整个调整市势会以之字形波浪运行。在此情况下，根据顺流五个浪的基本原则，主流趋势将会依照A浪的方向行走，而B浪的回吐将为A浪的38.2%、50%或61.8%。不论之字形或平坦形的调整市势，B浪永远以三个浪的组合出现，B浪不可能再划分成低一级的五个波浪。如果A浪以三个波浪的组合运行，B浪可以以不规则的形态而稍微超越A浪的起点。

假设A浪是由三段组成，那么在A浪退出之后的第二次回撤（即向前五浪顶的回试）也有个强弱的问题。一般来说，如果A浪退出之后的第二次回撤由三段组成，那么它的走势就比较弱，过五浪顶的概率很小，反之，如果第二次回撤由五段组成，那么破五浪顶形成新升浪的可能性就非常大！

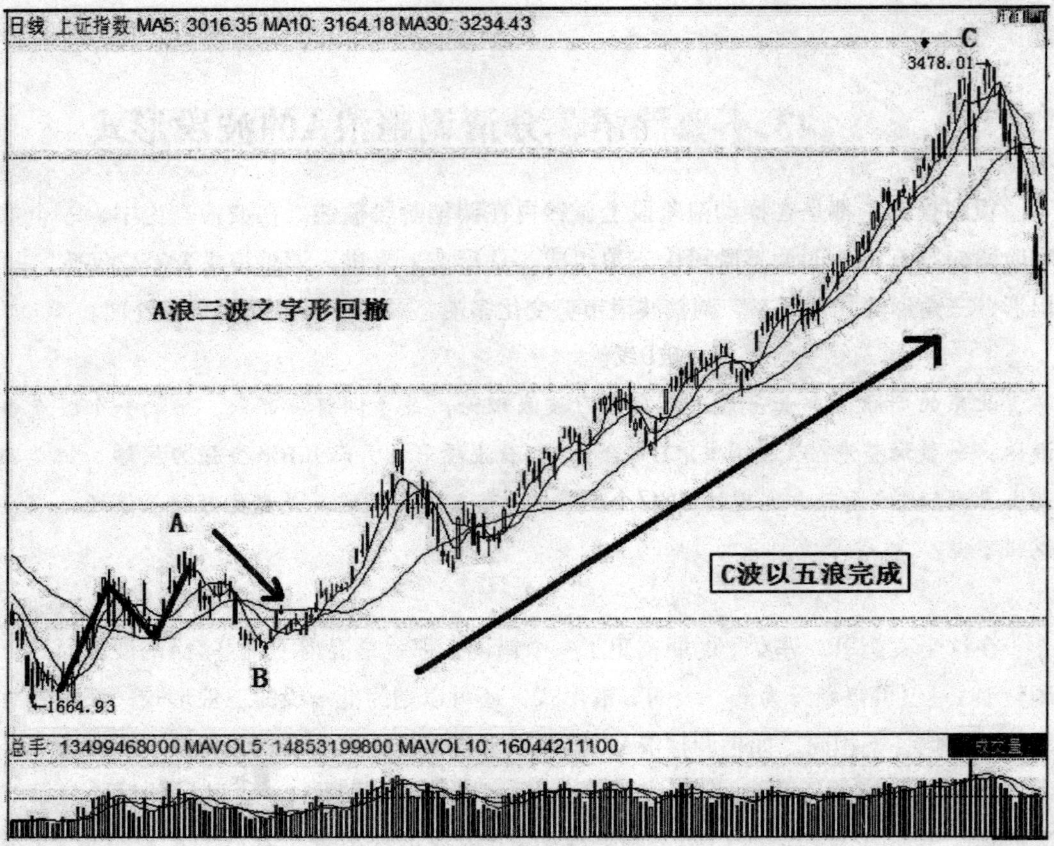

图51 调整浪波动图解

总而言之，区分A浪是由三段还是五段组成非常重要，因为只有三段组成的A浪才有"双回撤"，五浪组成的A浪后面一定是B浪反弹，两者的区别在于，"双回撤"之后可能会创新高，有展开新升浪的可能，而B浪反弹后面紧跟着的一定是凶狠的C浪下跌！

由于一组三个波浪的走势，可能代表平坦调整浪的A浪或整个之字形调整浪。因此，可以预期市势最低限度会回升至A浪的起点，或甚至超越A浪起步的地方。后者表示调整市势以不规则平坦形波浪出现，或新的推动波浪已经开始运行。在具体运用中，投资者如果发现三个浪的调整市势，基本上可以预测最低限度会有三个波浪以相反方向运行。

本辑强化习题

1.ST香梨（600506）（见图52）经过一段时间的下跌后，于2008年4月22日缩量跌至5.85元的低点，应用KDJ指标，考虑一下后市应如何操作？

解答：

当股价经过一段很长时间的低位盘整行情，并且K、D、J三线都处于50线以下时，一旦J线和K线几乎同时向上突破D线时，表明股市即将转强，股价跌势已经结束，将止跌朝上，可以开始买进股票，进行中长线建仓。

从K线图中我们可以看到，香梨股份（600506）于2008年4月23日，J值率先上穿20，发出买入信号。在这之前的7个交易日中，K值、D值和J值始终小于20。而且成交量也一直处于萎缩状态中。4月22日该股的J值同时上穿过K值和D值，并在23日突破成功。600506发出买入信号当天的收盘价是6.57元，此后，直线上升，13个交易日就涨到14.28元，涨幅达140%多。

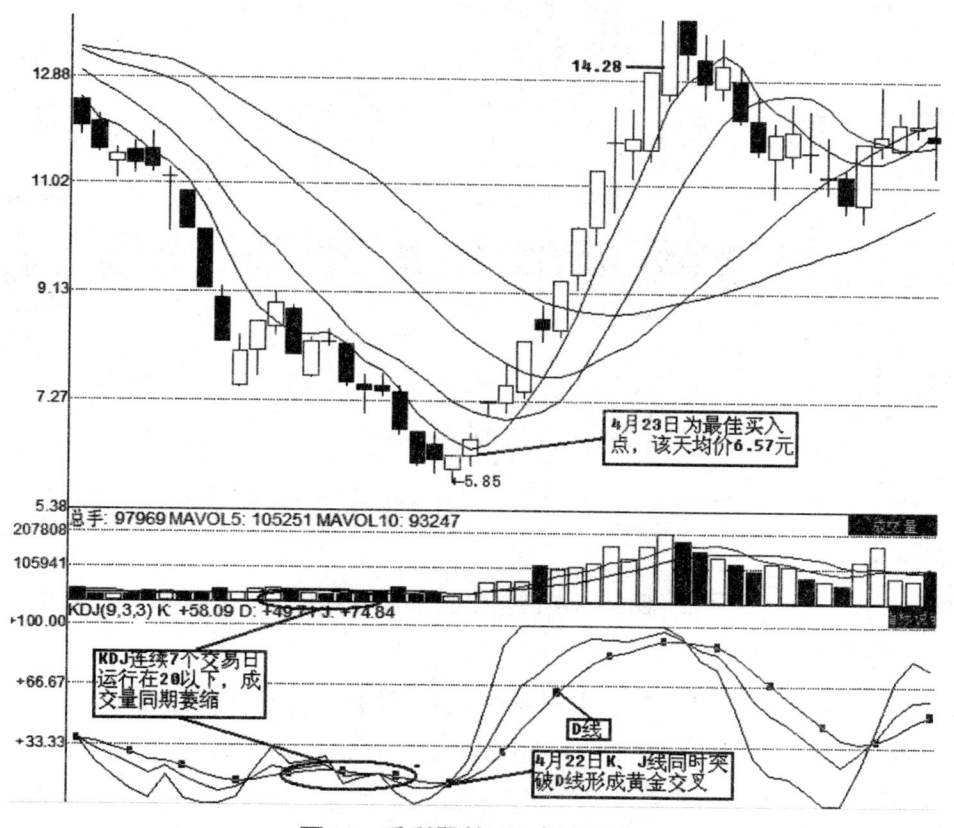

图52　香梨股份KDJ操作图解

2.中国宝安（000009）在2008年11月7日探底3.41元后返身向上，请观察该K线图，根据布林线的变化给出买入依据。

解答：

该股股价探底3.41元后，开始由下向上穿越下轨DOWN线，可以初步认定为反转成立，激进型投资者此时便可以介入，谨慎型投资者可待其穿越中轨MID线时再行介入。一路持股至滞涨，获利可达40%以上（见图53）。

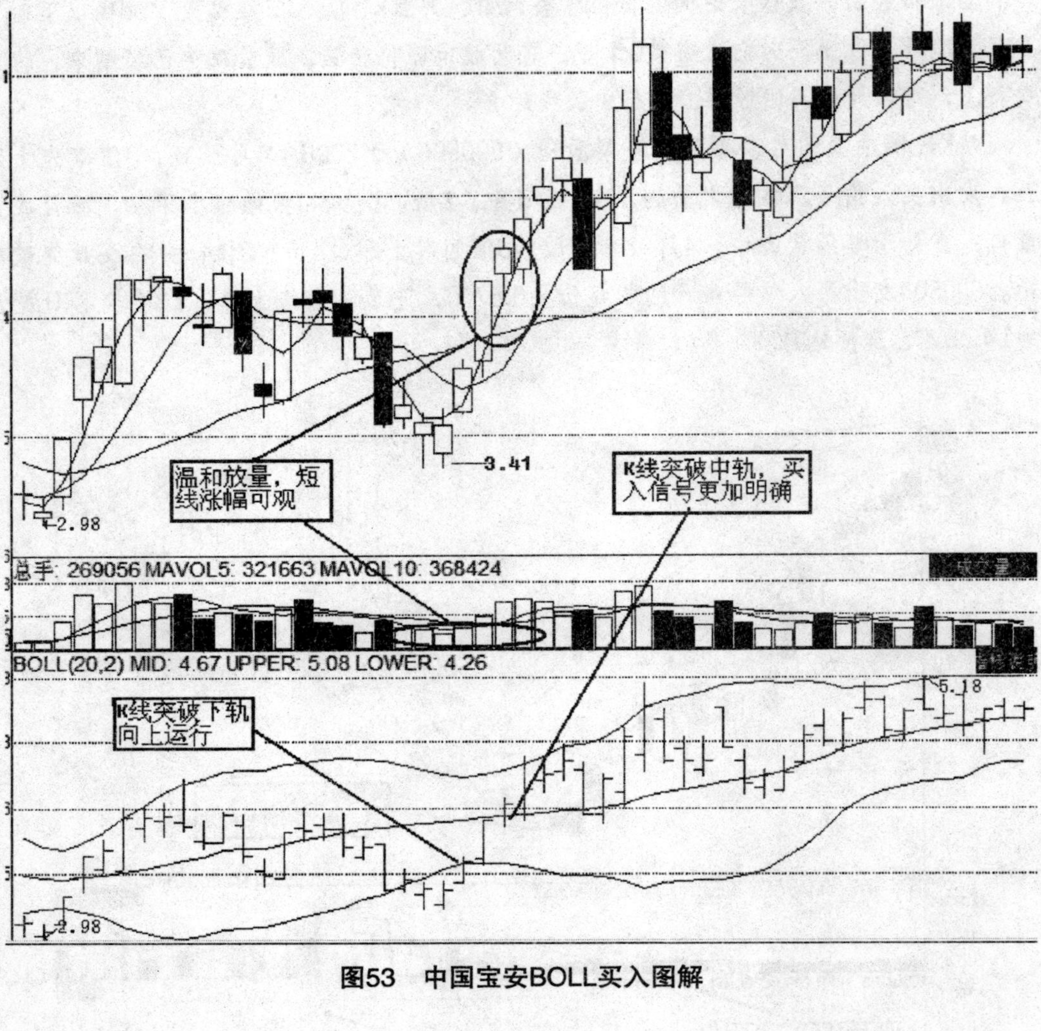

图53　中国宝安BOLL买入图解

3.以哈药股份（600664）（见图54）为例，用平台突破分析其走势。

解答：

该股在2006年9月26日的突破受20周均线压制明显，短期下方仍有半年线支撑，但是如果下周成交量继续萎缩的话突破可能将面临失败。这种放量突破和平台突

破类型1一样，都属于主力试盘的一种方式。对于这种放量突破之后成交量出现大幅度萎缩的情况，则表面仅仅只是主力试盘，做多并不坚决，暂时还是观望为好。

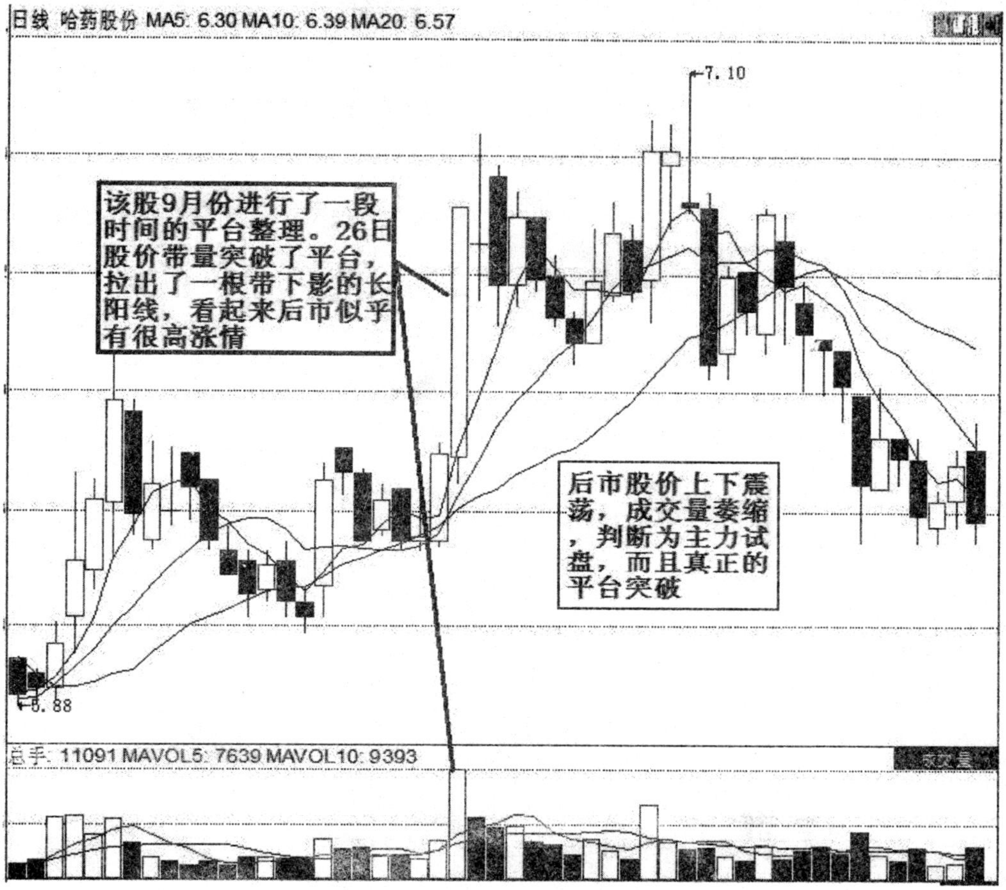

图54　哈药股份主力试盘图解

4.当DMI指标中的+DI曲线分别向上突破-DI、ADX、ADXR后，一直在这三条曲线上运行，同时股价也依托中长期均线向上扬升，这时我们如何判定后市走势呢？

解答：

这种情况意味着市场上多头力量依然占据优势，股价还将上涨，这是DMI指标比较明显的持股信号，只要+DI曲线没有向下跌破这三条曲线中的任何一条，投资者就可以坚决持股待涨。

5.我们已经知道SAR指标具有明确的止损功能，而且简单易于应用，那么除此之外，SAR指标还有哪些独特的优点呢？

解答:

①操作简单,买卖点明确,出现买卖信号即可进行操作,特别适合于入市时间不长、投资经验不丰富、缺乏买卖技巧的中小投资者使用。

②适合于连续拉升的"牛股",不会轻易被主力震仓和洗盘。

③适合于连续阴跌的"熊股",不会被下跌途中的反弹诱多所蒙骗。

④适合于中短线的波段操作。

⑤长期使用SAR指标虽不能买进最低价,也不能卖出最高价,但可以避免长期套牢的危险,同时又能避免错失牛股行情。

第五辑　交易分析

买卖技巧掌握好，头脑发热易被套

买卖股票不是简单地敲敲键盘低买高卖，它其实是一门非常复杂的学问。股民需要分析技术形态把握投资机会，买进时慎之又慎，卖出时绝不犹豫。追涨时保持理智，卖出时做好分析，并且随时以大盘和个股的节奏适时调节自己的操作节奏。中小股民要记住，炒股买卖不需要热情澎湃、不能心慌意乱、不能冲动行事，只需要掌握明确的交易规则、掌握正确的买卖技巧。

44.理智追涨,选股不能不看涨幅榜

到目前为止,沪深两市的股票数已达两千多只,要中小股民在数量众多的股票中选出具有上涨潜力的大牛股,的确不是一件易事。盲目买股票只能浪费金钱与精力,其实有个简单的窍门,那就是从涨幅榜中寻找牛股,这样能起到事半功倍的效果。

辽宁的陈先生退休后就成了全职股民,他是个很有主见的人,很喜欢做独立判断。比如很多人都是听消息买卖股票,陈先生却从不随大流,他喜欢打开K线图随机选择股票,然后进行技术分析,如果认为该股会上涨就买入。但是陈先生的成绩并不好,账户经常地处于亏损状态,幸好陈先生买卖数额不大,亏损也有限。有股友建议陈先生跟着涨幅榜买卖,陈先生不屑一顾:人家都涨起来了你还买?那不是等着给人家接货吗?!

陈先生的看法过于绝对,好的股票可以涨了再涨,不好的股票可以一跌再跌,关注涨幅榜不是要盲目地追涨,而是要在认真分析后选择合适的股票介入。

追买涨幅榜股票一定要把握好以下两个方面:

(1)涨幅榜上个股迅速上涨原因

这个问题说起来比较复杂,但大概不外乎4点:

①涨幅榜上的个股有很多是受外在的利好消息影响,主要是有利于该上市公司的种市场传闻、消息。

在大多数情况下,受消息影响而上涨的个股,由于缺乏必要的主力资金建仓的过程,往往持续性不强,缺乏必要的可操作性和必要的获利空间。而且,主力资金在出货阶段,常常会引用利好消息来吸引投资者的买盘,从而达到顺利出货的目的。因此,对于单纯受消息影响而进入涨幅榜的个股,投资者介入时要谨慎选择。

②该公司的基本面情况改善;扭亏为盈,业绩大幅增长;上市公司实施优厚的利润分配方案、企业转型等重大题材。

③受市场主流资金的关注,大量游资的积极介入,使股价短线迅速上升,进入

涨幅前列。这类个股关键是要区分介入资金的性质，在不能确定增量资金性质的前提下，以做短线为好。

④受市场热点的影响，公司没有上述的涨升条件，恰好属于市场热点板块时，往往也有较好的涨幅。研判涨幅榜上个股是否属于当前热点的方法有两种，一种方法是看该股是否属于市场上已经热门的板块，这种方法比较明显，而且容易判别。另一种方法是看涨幅榜上，有没有与该股同属于一个板块的个股。有时候，市场中会崛起新的市场热点，和以前的热点截然不同。这时，投资者需要观察涨幅榜中与该股同属于一个板块的个股有多少，如果在涨幅前30名中，有多只股票是同一板块的个股，就表示，该股属于市场中新崛起的热点，投资者也可以重点关注。

（2）涨幅榜上个股是否曾有量能积聚过程

股市中资金的运动决定了个股行情的本质，资金的有效介入是推动股价上升的原动力，涨幅榜上的个股在未来是否能继续保持强势，在很大程度上与之前的资金介入状况有紧密的联系。热点板块的量能积聚过程非常重要，只有在增量资金充分介入的情况下，热点行情才具有持续性。

对于符合上述条件的个股，中小股民宜重点关注，择机买入，往往会有不菲的收益。

45.辩证分析，不要看到地量就抄底

股市中有一句俗话叫做"地量之后有地价"，这就是在告诉投资者缩量是股票到达底部后的一个重要标志。上升过程中的调整是先见新低后调整，下跌过程中的调整是整理完后再见新低。人气低迷必然形成缩量的态势，再创新低多为主力打压的结果，是短线抄底的买点。

庄家吸货不会放量，而是不断地缩量，慢慢吸货，中小股民在这个过程中会非常痛苦。缩量过程其实就是中小股民以及短线跟风盘不断地丧失信心的过程，直到已经没有多少抛盘出来，最终成交量就呈现非常低的状态，就是所谓的地量地价的状态了。这个时候要密切注意，一旦出现明显的K线底部组合形成地价，只要没有特别的系统性风险就会展开行情，可以及时追进。

市场上很多股民都认为地量之后有低价的说法是绝对可靠的，比如2008年10月至11月，平均成交量大概300亿左右，展开了一波反弹，接着在2008年12月24日至2009

年1月5日，成交量萎缩到平均400亿，跟着一波行情继续展开。再接着就是2009年3月2日与3月5日再次缩量，平均成交量776亿，跟着一波超级大行情由此展开。因此很多股民在一段下跌后见到成交量萎缩就开始兴奋，认为抄底时机已到，这种想法正确吗？

地量地价，也是相对而言的，一般在下跌一段时间后成交量快速变小，可能会有反弹，但不一定就是底部。特别要注意的一点：量缩了还能再缩，价跌了还能再跌，用"地量地价"来研判股市，存在一定风险。

投资者应用地量地价抄底时一定要注意两点。

首先，经过一段时间下跌之后，空方的抛售力量开始减弱，但同时买方的意愿也相对薄弱，进而造成的暂时性的多空平衡。——但这又能证明什么呢？只能说明双方都在休息、观望，以便对下一步行动进行决策——即使在空方松懈的时候，多方得以喘息的反弹，也并不能证明这就是最终的地价（底）。地量之后，我们只能考虑在前期趋势中占弱势地位的一方具有反扑的机会和概率，但决不可轻易得臆断这就是地价。一句话，地量不是股市见底的充分条件，也就是说，地量并不意味着必然导致地价的产生，它只是变盘的信号。

因此，投资者在实际操作中要把握两个要点：

第一，眼见为实，方向明确再行动。地量既然是变盘信号，那就可能向上也可能向下，它要求我们警觉起来，根据突破的方向选择自己的应对策略。人们常规理解的补量过程就发生在这之后。

第二，主动判断突破的方向。判断方向的方法很多，比如量价关系、两市互证、特殊形态综合研判等。当然，最常用的是波浪理论，比如在2007年11月底和2008年4月中旬时，我们都可以非常清晰地看到下跌的5个子浪，时间、空间、浪型可以帮助我们比较好地判断这两个底部，从而把握反弹的机会。

其次，"地量地价"在市场中的表现有一定的滞后性。举例来说，1999年"5·19"行情后，9月底市场出现了地量，但这并不意味着地价出现，此时介入仍有被套可能。这同主力机构控盘也有一定关系。同时市场中热门股经一轮大的下跌不放量，也证明主力仍在其中并未出局。投资者在操作时应具体情况具体分析，可以正确处理好新形势下量与价的关系。市场在变化，一批机构敢于长期持股、持重仓，这种行为会对传统的量价分析法提出新的挑战。投资者应当以市场发展为大背景、大前提，将技术操作有机地融合到大趋势中去，对于地量地价不要走入形而上学的误区。

46.把握机会,别错过暴跌、暴涨、暴量

暴跌、暴涨、暴量都是必须把握的获利机会,不论牛市或是熊市,市场都会提供几次可供操作的机会,把握好这些机会有助于我们提高操作技巧,丰富投资阅历,提高获利水平。

股民魏女士走的是稳健的投资路线,当市场中出现暴量、暴跌等异动时,魏女士总是远远避开,空仓以待。最近一段时间,她发现一个同事在操作股票时与自己有很大不同,越是出现暴跌之类的异动,同事越积极参与,魏女士知道暴涨时可以跟风获利,但实在想不明白暴跌、暴量时怎样获利。

暴涨是个股操作的黄金机会。大盘的暴涨往往是由基本面、政策面的重大改变或技术面持续的、过重的压制引发的,由技术面和政策面的共振而引发的暴涨更是难得。大盘暴涨的量化标准是第一根放量阳线振幅在4%以上,或是渐大阳线伴随持续的放量,此时领涨板块中3个交易日内已经有涨幅超过30%或振幅在40%以上的股票。也许大盘暴涨的持续时间不长,但它的重要作用在于挖掘领涨板块,唤醒沉睡的资金,制造疯狂的投机气氛。而个股的暴涨有三种情况:一是超跌后的暴涨,二是波段底部突发巨量而带来的暴涨,三是平台上顺势调整后的暴涨。个股暴涨的量化标准是,第一根放量停板阳线换手率在5%以上且之前或现在有连续的巨量堆积,更好的是突破数次空头陷阱携10%以上换手率的停板股。由于主流投机资金的参与,暴涨的个股至少会创造我们可以及时把握的30%~100%的获利空间。

暴跌给短线操作创造机会。大盘的暴跌往往是由基本面、政策面的重大利空或恶性突发事件引起的,加上投机资金恶意操纵,往往有超过1/2的个股下跌幅度远远超过大盘实际跌幅。大盘暴跌的量化标准是短中期快速下跌13%、26%和34%以上,跌幅超过大盘的股票占总数的50%以上,各种长线指标迅速创数年的新低或发生背离,等等。

个股暴跌除了大盘的因素外,就是投机资金利用其自身基本面或技术面的因素落井下石而致,仅凭中小股民的力量是无法制造暴跌的。个股暴跌的量化标准是短期跌幅在30%~70%无本能的反弹。暴跌之后常常会有反弹,所以暴跌至少会给我们带来30%~100%的短线可操作空间。

暴量往往会制造黑马,暴量也是我们要重点分析的内容。所谓暴量是指一档股票

某日放出了近期以来的最大成交量。这个大量可能是20天，60天，120天，180天以来的最大的成交量。大盘的暴量往往出现在重要的底部、顶部和突破重大心理关口或技术阻力位的时候。而个股的暴量有三种情况：暴跌、暴涨和流通股本发生变化时。在个股操作时，平衡价格与操作价格发生重合或是比较接近的股票就更加值得参与，剩下那些股本多次变化、历史走势如过山车般、累计涨幅惊人以及无法把握持筹成本的股票不参与也罢。

具体说来，暴量的买卖原则是：

卖出：连续两日收盘价跌破暴大量K线实体底部。

买入：连续两日收盘价站上暴大量K线实体顶部。

47.早早介入，不要放过黑马启动前兆

把握黑马股，最好是在黑马还在起跑阶段就及时上马，这时选黑马的技巧就很重要。即使主力手法再隐蔽，黑马启动前一定也会有些前兆，投资者只要及时领会这些信号，就可以早早介入待涨。

股民苏女士是2005年进入股市，尽管不是专职股民，但是她在炒股方面也还是很用心。她非常羡慕那些总是能骑上"黑马"的股友，因为自己总是跟在别人后面追涨，有时能少赚一点，有时就会被套住。她猜想能准确捕捉黑马股的股友一定是有什么内幕消息吧，不然怎么能知道那些不起眼的股票未来会有那么大的上涨空间呢！

案例中苏女士的想法是错误的，每位股民其实都有机会捕捉黑马股，因为黑马股启动时并不是毫无预兆的，细心观察就能把握黑马股的特点。

从K线图看，当股价在低位进行震荡时，经常出现一些特殊图形，出现的频率超出随机概率。典型的包括带长上、下影线的小阳小阴线，并且当日成交量主要集中在上影线区域，而下影线中存在着较大的无量空体，许多上影线来自临收盘时的大幅无量打压；跳空高开后顺势杀下，收出一根实体较大的阴线，同时成交量明显放大，但随后并未出现继续放量，反而迅速萎缩，股价重新陷入表面上无序的运动状态；小幅跳空低开后借势上推，尾盘以光头阳线报收，甚至出现较大涨幅，成交量明显放大，但第二天又被很小的成交量打下来。这些形态如果频繁出现，很可能是主力压低吸筹所留下的痕迹。

从K线组合看，经常出现上涨时成交量显著放大，但涨幅不高的"滞涨"现象，但

随后的下跌过程中成交量却以极快的速度萎缩。有时股价上涨一小段后便不涨不跌，成交量虽然不如拉升时大，但始终维持在较活跃的水平，保持1～2个月后开始萎缩。由于主力进的比出的多，日积月累，手中筹码就会不断增加。尽管目前的主力已无法操纵大盘，但调控个股走势还是绰绰有余的，他们往往会在收盘时通过各种手段改变股价走向，从而使一些技术指标逆转，以迷惑一般投资者。从这个意义上说，在研判个股走势时，收盘价虽然是重要的，但盘中总体走势也不可忽视，在建仓阶段和拉升末期尤其如此。

第一，股价长期下跌末期，股价止跌回升，上升时成交量放大，回档时成交量萎缩，日K线图上呈现阳线多于阴线。阳线对应的成交量呈明显放大特征，用一条斜线把成交量峰值相连，明显呈上升状。表明主力庄家处于收集阶段，每日成交明细表中可以见抛单数额少，买单大手笔数额多。这表明中小股民在抛售，而有只"无形的手"在入市吸纳，收集筹码。

第二，股价形成圆弧形（见图55），成交量越来越小。这时眼见下跌缺乏动力，主力悄悄入市收集，成交量开始逐步放大，股价因主力介入而从底部抬高。成交量仍呈斜线放大特征。每日成交明细表留下主力踪迹。

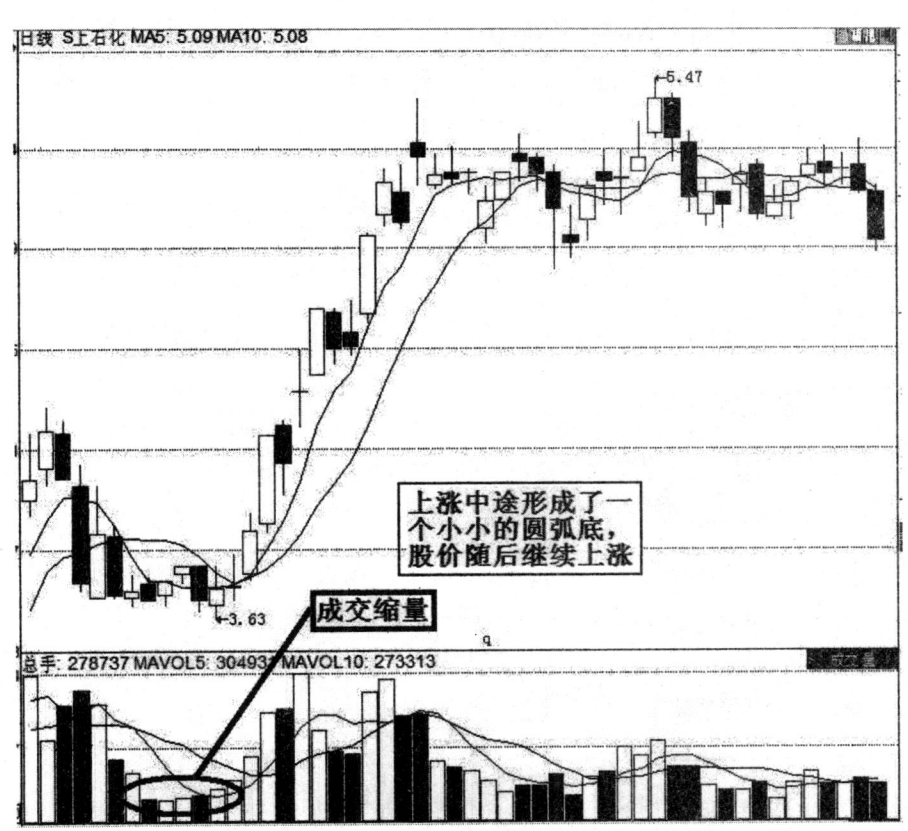

图55　圆弧底判断黑马股图解

第三，能成为黑马的个股在启动前总是会遇到各种各样的利空。利空主要表现在：上市公司的经营业绩恶化，有重大诉讼事项，被监管部门谴责和调查，以及在弱市中大比例扩容等很多方面。虽然利空的形式多种多样，但是，有一点是共同的：就是利空容易导致投资者对该公司的前景产生悲观情绪，有的甚至引发投资者的绝望心理而不计成本地抛售股票。

第四，股价呈长方形上下震荡，上扬时成交量放大，下跌时成交量萎缩，经过数日洗筹后，主力庄家耐心洗筹吓退跟风者，后再进一步放量上攻。

第五，能成为黑马的个股在筑底阶段会有不自然的放量现象，量能的有效放大显示出有增量资金在积极介入。因为，散户资金不会在基本面利空和技术面走坏的双重打击下蜂拥建仓，所以，这时的放量说明了有部分恐慌盘正在不计成本地出逃，而放量时股价保持不跌恰恰证明了有主流资金正在乘机建仓。因此，就可以推断出该股未来极有可能成为黑马。

前涨停带动后涨停爆出大黑马。

例：宝钢股份（600019）（见图56）从2006年5月到2006年7月该股股价大幅下跌，进入7月后股价开始了长时间的震荡盘整，到了10月27日，股价突然由4.37元启动开始了一波涨情，到了2007年1月份该股已涨至10.80元。

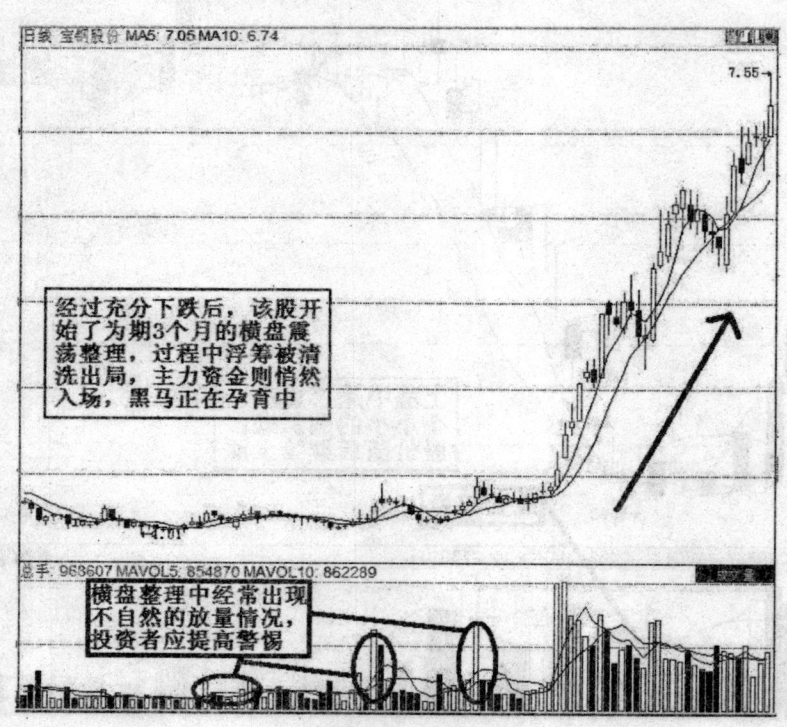

图56　宝钢股份黑马买入图解

在黑马股的孕育阶段，震荡盘整往往会多次出现，但随着主力持筹的不断增加，振幅往往会逐步收窄，其间如遇大盘急挫，更是考验黑马成色的大好时机，这种情况下，那些振幅很小的个股，主力控盘能力更强，日后突破上攻将只是个时间问题。

48. 不要错过，抓住跳空跌买入时机

所谓跳空跌是指股票跳空低开，并且收盘价与前日收盘价相比留下明显的向下跳空缺口。很多股民在个股出现跳空下跌后就容易对该股失去信心，其实跳空跌也可能成为买入良机。

朋友给股民胡女士介绍了一种"跳空跌买入法"，但胡女士在尝试之后却发现这个战法并不灵。2006年11月23日招商地产（000024）出现跳空跌，胡女士立刻买入，可是股价随后出现了下跌，胡女士又匆忙离场。

出现跳空跌后并不代表可以马上买入，还必须满足买入条件，如果买入条件未成立，投资者在跳空跌出现后要保持耐心，买入条件没出现前，采取观望的态度，而一旦买入条件成立，则不要犹豫。案例中的招商地产就是在5个交易日后才满足全部交易条件，这时应该及时买入。

所谓买入条件是指一档股票连续两日收盘价站上跳空跌K线实体顶部，满足买入条件后次日开盘前以集合竞价买入（集合竞价买入通常是以当天开盘价成交），买到当日最低价。成立条件中"连续两日"可以在跳空跌的次日就出现，也可以在经过一段时间以后才出现。跳空跌K线可以是阳线也可以是阴线，通常情况下是以实体K线顶部作为标准，而不以最高价作为判断是否站上的标准。只有在跳空跌K线实体无法确定，也就是通常所说的"十字星"或"类十字星"的情况下才以最高价作为是否站上的标准。止损条件：连续两个交易日收盘价跌破跳空跌K线实体底部，止损出局。

中小股民还要特别注意两点：①跳空跌买入后股价回档，跌空跌K线实体顶部有支撑作用。②跌破跳空跌K线实体顶部支撑后，只要不出现连续两个交易日收盘价跌破跳空跌K线实体底部的情况，可以继续持股。

下面具体地解释一下：

第一点比较好理解，就是说利用跳空跌战法买入股票后，如果股价下跌，为避免继续下跌的风险可止损卖出，如果卖出后股价当日收盘站在跳空跌K线上方，说明支撑

有效，可重新买回，这样跳空跌K线实体顶部依然发挥其有效的支撑作用。

第二点是说，跳空跌K线实体顶部被有效站上后，所产生的支撑作用是很有效的。但有时也会出现这样的情况，即跳空跌买入后，股价回跌，回跌过程中在跳空跌K线实体顶部获得支撑，但由于买气不足股价反复在跳空跌K线实体顶部寻求支撑，最终选择跌破跳空跌K线实体顶部，一旦跌破顶部，短线或许当日快速下跌，并一举跌穿跳空跌K线实体底部，创出新低，这时空头气氛浓烈，但这时反而要冷静，只要之后的股价走势不出现连续两个交易日收盘价跌破跳空跌K线实体底部的情况，依然要坚定持股的信心。

我们来看一个例子。

深天地A（000023）（见图57）2004年8月19日跳空跌，8月24、25日连续两个交易日买入条件成立，买入后股价大幅震荡，并且出现暴大量的卖出，8月30日是集合竞价卖出日，为规避继续下跌的风险，可按操作纪律卖出，卖出后股价当日收盘站在跳空跌K线上方，说明支撑有效，可重新买回，之后股价还出现过回档，但我们看到跳空跌K线实体顶部依然发挥其有效的支撑作用。我们继续往下看，深天地2004年9月9日、10日两次获得支撑后，买气不足，股价9月13日选择破位下跌，当日股价一举跌破跳空跌线实体顶部和底部，但9月14日股价并未继续下跌，站上跳空跌K线实体底部，并随之重新站上顶部，大幅涨升出现。

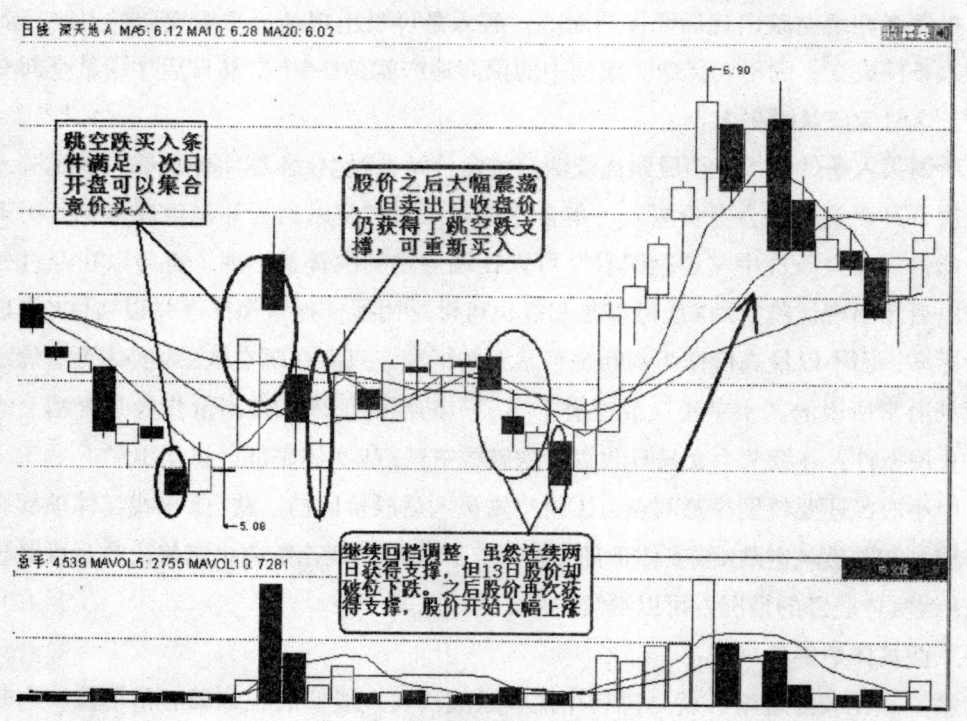

图57　深天地A跳空跌买入图解

49.准确识别,不要错过旗形买入时机

在实战买卖中,中小股民们可能会碰到旗形整理形态,旗形整理形态就如一面小旗,走势被规限于两条平行的直线之间,股价进入调整状态,一波比一波低,似是即将反转下跌,但随着成交量放大却突然止跌企稳,放量突破上轨。上涨途中遇到这种形态,投资者一定要准确识别,不要错过。

2003年4月21日,西南药业(600666)突破前期头部后做旗形整理,量能逐步萎缩,4月30日在10日均线上止跌企稳,原先头部的阻力变成支撑,旗面形成。这本来是介入的好时机,但是西安股民马女士却未能准确识别,马女士在"旗杆"上升阶段本来已经建仓该股,但是在整理阶段又清仓了。结果就在马女士卖出后的第二天,该股调整结束,高开放量上攻,5日均量交叉10日均量,MACD重新向上发散,股价开始飙升。

在极端多头市场中,股价大幅攀升至一处压力位,这一段涨幅被称为"旗杆",然后开始进行旗形整理,其图形会形成由左向右下方倾斜的平行四边形,从某种角度又可以认为是一个短期内的下降通道。在形态内的成交量呈递减,由于旗形(见图58)属强势整理,所以成交量不能过度萎缩,而要维持在一定的水平。但股价在完成旗形整理,向上突破的那一刻,必然会伴随大的成交量,而后股价大幅涨升,其上涨幅度将达到旗杆的价差,且涨升速度快,上涨角度接近垂直。一段强势行情,其整理时间必定不会太长,一般在5至10天。如果整理时间太长,容易涣散人气,其形态的力道也会逐渐消失,而不能在将它当旗形看待。

那么旗形突破形态是怎样形成的呢?股价经过一段陡峭的上升行情后,做空力量开始加强,单边上扬的走势得到遏制,价格出现剧烈的波动,形成了一个成交密集、向下倾斜的股价波动区域,把这一区域中的高点与低点分别连接在一起,就可看出一个下倾的平行四边行即上升旗形。在旗形的形成过程中,成交量逐渐递减,普遍存在惜售心理,市场抛压减轻,新的买盘不断介入,直到形成新的向上突破,完成上升旗形。伴随着旗形向上突破成交量逐渐放大,开始了新的多头行情,形成了"上升—整理—再上升"的规律。因此上升旗形是强势的特征,投资者在调整的末期可以大胆地介入,享受新的飙升行情。

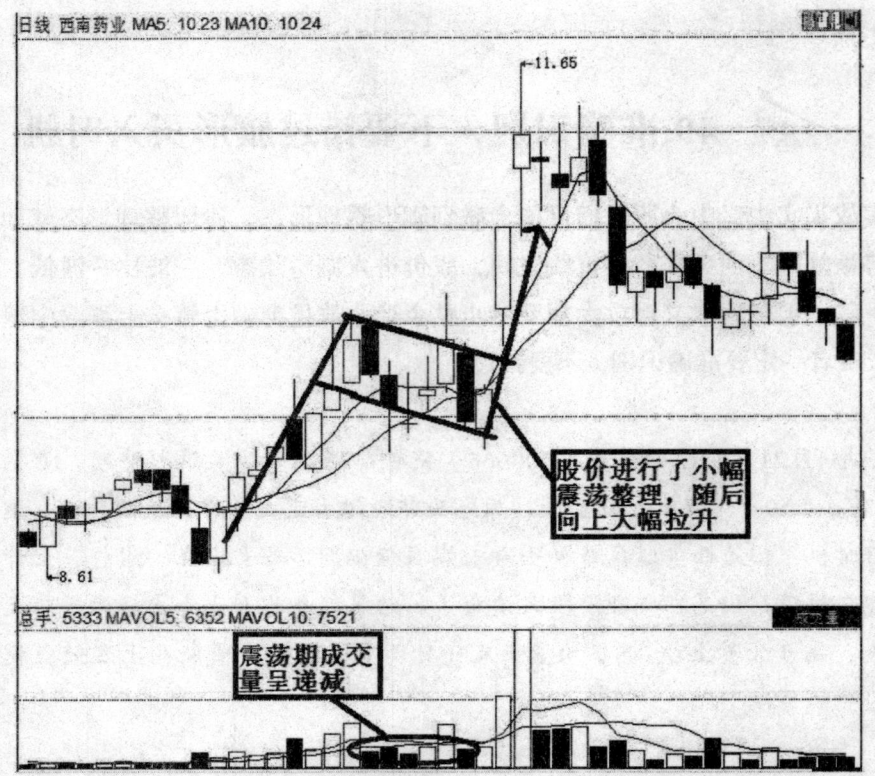

图58 上升突破型旗形整理形态示意图

投资者应注意，应用旗形形态捕捉黑马有几个必要条件：

①成交量必须从左至右逐步递减。

②股价一定要高于前一波做整理。

③同时MACD必须金叉。

④股价突破时必须放量，突破颈线时立即买进。

例：2009年11月到12月末，紫光古汉（000590）（见图59）（现名*ST古汉）用了整整两个月时间在突破前期头部后做旗形整理，量能逐步萎缩，12月末股价在10日均线上止跌企稳，原先头部的阻力变成支撑，旗面形成。此时正是投资者跟进的大好良机。次日，果然该股调整结束，高开放量上攻，5日均量交叉10日均量，股价开始飙升。

从图58中我们可以发现，旗形突破形态有以下特点：

旗形必须在急升或急跌之后出现，并且成交量在形态构成期间不断地显著减少。但由于旗形是一种强势整理，成交量仍能维持在一定的水平，不至于过于萎缩。西南药业拉出旗杆后股价回调，在画出上升旗面时，成交量即开始萎缩，但是萎缩并不等于地量，从图58可看出旗形构成期间成交量虽显著减少，但仍维持相当活跃的水平。旗形形态完成后成交量剧增，这一点在下降旗形形态中同样适用。向上突破时放量容易理解，向下破位时放量的原因在于，由于旗形整理的周期相当短，卖压来不及消化，因此股价再度向下破位时将招致恐慌性抛盘。

图59　紫光古汉旗形形态暴涨图解

一般来说，旗形在上升趋势中出现，会引发下一波的大涨。在下跌趋势中出现旗形，会引发下一波的大跌。旗形在这里起到了加速度的作用。投资者在上升趋势中遇到旗形则应加码买进。在下跌趋势中则应及时出局，以免套牢。

50.不要误判，别错过巨阴洗盘买入时机

当股价在横盘整理的区域时，某天突然来了根跳空下跌的大阴线，此为买入信号。涨幅为阴线实体的3倍以上（在牛市中更强）。

2009年6月22日，恒康医疗（002219）拉出了一根高开低走的大阴线，换手率11%。这让当时重仓该股的股民王女士很担心，股价会不会大跌呢，于是王女士匆匆忙

忙地大幅减仓，没想到第二天该股低开走高封板，后来中期走势翻倍。这让王女士懊悔不已！

在这个案例中拉出巨阴目的就是要给中小股民当头一棒，让那些没看明白的投资者就此出局。巨阴线很多时候确实是主力在"甩货"，但有时候巨阴也会成为主力快速洗盘的一种工具。至于是洗盘还是出货，更要结合大形态、成交盘口、资金流向等诸多方面综合判断。

遇到巨阴洗盘形态时，中小股民应注意以下要点：

①此类股票前期已有一定涨幅，换句话说，要成功从底部盘出，要有明显的底部形体。

②当"巨阴"出现后右侧的低点最好要逐级抬高，或者与左边相同，但股价重心下移则不行。这是关键，因为只有右低点抬高，才能充分说明"巨阴"是主力庄家洗盘的骗线，不然很有可能是下跌的开始。由于在操作中这类图形并不是很普遍，有其自身的特殊性，所以，一旦发现可持续跟踪，应大胆介入。

一般来说"大阴线"应该是卖出信号，因为大阴线的出现意味着股价短期冲高受阻，上面抛压越来越大，未来还有可能将下跌，应及时获利了结，或止损出局。但是当出现巨阴倒灌形态时，反而是投资者买入股票的良机。下面我们就结合例子说一下。

宜宾纸业（600793）（现名ST宜纸）（见图60），2005年12月1日该股出现了"巨阴"线，发出了买入信号。此阴线当天开盘位置是4.8元，这个价位正好是"岛形反转"之后开始横盘箱形整理的上沿。也是2005年4月加速下跌的起始点。应该说是一个承上启下的价位。过去的将是一马平川，不然可能延长调整时间。而此股在当天以涨停价4.8元开盘后一路下滑，几乎以全体最低价收盘，是典型的股价"高开洗盘"走势。

当宜宾纸业出现的这根"巨阴"线后，我们在K线图上发现，这根平地立起的大阴线成了多空力量对比的"分水岭"。"巨阴"左边的股价低点明显比"巨阴"右边的股价低点要低，换句话说也就是"巨阴"出现后，股价横盘箱体整理的低点在逐渐抬高。这明显说明在"巨阴"出现后多方的实力在悄然慢慢增强，应该引起投资者高度注意。

2005年12月1日出现的这根"巨阴"线时（见图61），MACD中线技术指标并没有出现"死叉"反而是DIFF刚刚突破"0"轴，红柱逐渐变多，预示中线趋势已经走好，稳健的投资者可以在此价位进行建仓。这点也验证了前边我们分析的此"巨阴"并不是主力庄家要出货，而是平台震仓、洗筹的一次诱空动作。

第五辑　交易分析——买卖技巧掌握好，头脑发热易被套

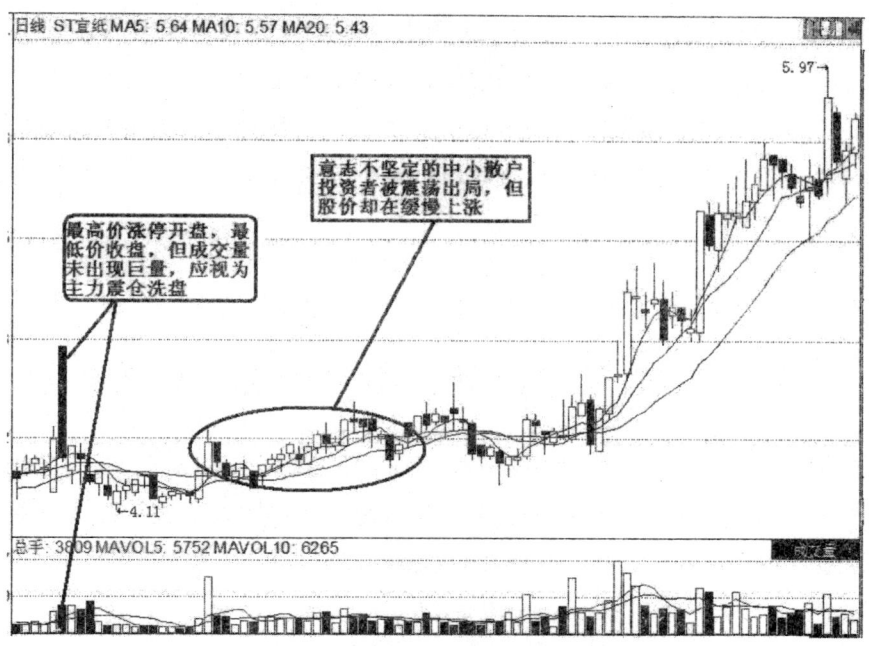

图60　宜宾纸业巨阴洗盘图解

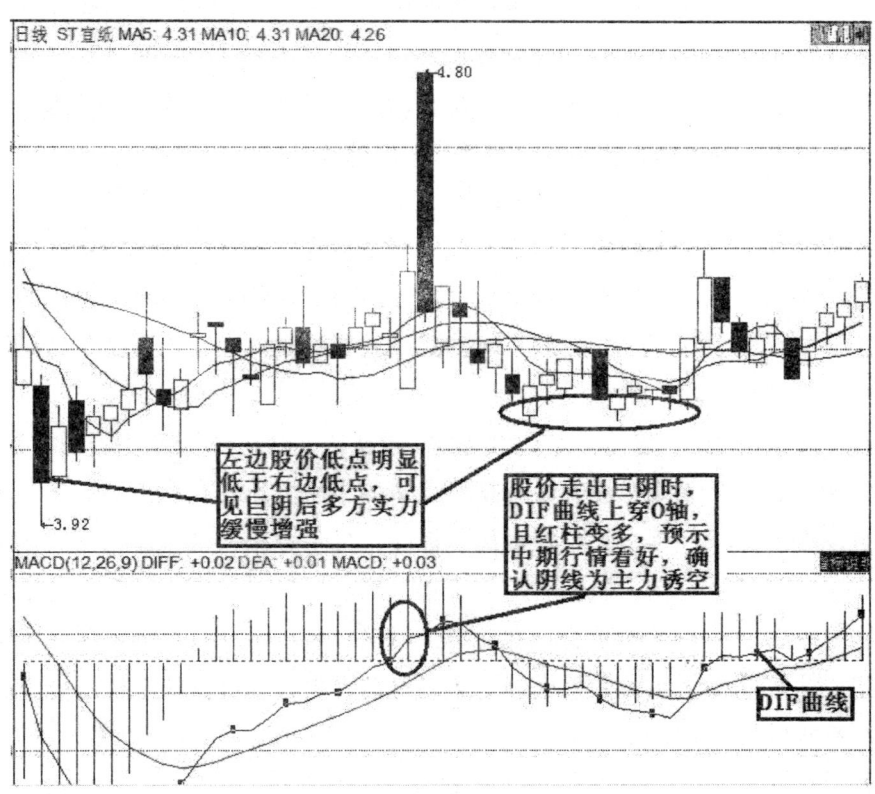

图61　宜宾纸业MACD指标分析图解

洗盘之后是较好的介入时机，但操作中并不太好把握，投资者遇到这种巨阴洗盘走势之时，一定要分清庄股所处的阶段，弄清楚庄家的意图。此外，在股价未完全止跌之前，暂时不要立即介入。因为弱市行情中，个股的巨阴洗盘可能不是偶尔的一次，有时会延续多次这种走势。投资者可以等待股价停止下跌，并开始转为升市时，再积极建仓。

51.及早出货，不要留恋高位黄昏星

黄昏星是由三条K线组成的图形。第一条线是一条较大的阳线，第二条线是一条小星形线（不分阴阳，十字星也可）。第三条线是一条长阴线，表示价格见顶回落，发出转势信号。出现这种形态时，投资者应速速离场。

2010年11月29日、30日以及12月1日3天，科华生物（002022）的K线图上出现了一个黄昏星形态，股民马先生很清楚这意味着什么。马先生是在11月19日以19.10元重仓该股的，买入时听股评说该股目标价位在28元左右，而现在才23元，按理说还应该有很大上涨空间，会不会又是一次震仓手法呢，自己还是看看再说吧。结果因为这一犹豫，马先生失去了最好的出货机会，该股随后一路走跌。

道理很清楚，但在实际操作时很多股民还是会常常犯错。就像案例中的马先生一样，上涨行情中出现黄昏星时，很多股民还在犹豫：涨势这么好是不是再等一等，也许这只是一个震仓手法呢？！结果一时的犹豫就导致自己被套，纸上富贵付诸东流，这是非常可惜的。

黄昏星（见图62）是倒转V形态的反映，也就是上升走势已到达顶点了，股价出现暴跌的情形，其他技术指标也明显地指出反转的讯号。出现在高位的一条大阳线，一方面，显示多头力量较强，把价格推到了极限；另一方面，则是显示超买迹象，获利不菲的多头，会平仓离场，影响后市的升势。第二条星形图线，是多空力量相持不下的表现，显示多头力量已在减弱，空头力量增强，后市有利空头的发展。第三条大阴线，则进一步证明了空头力量得增强，多头已彻底失去控制行情走势的能力，后市行情将会在空头得主导下继续下行。

黄昏星特征：
①该形态出现前，必须有一段较大的升幅，即该形态必须处在高位。

②该形态的第一条图线必须是一条较大的阳线。

③第二条图线应是一条星形小图线，如果同时具备有较长的上下引线则更佳。

④第三条图线应是一条大阴线，收盘价应收在第一条大阳线的中心值附近，收得越低越好。

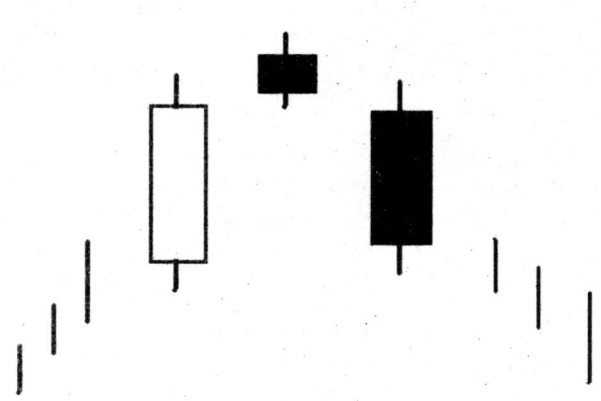

图62　黄昏星形态示意图

黄昏星代表市场已转入疲软中，上涨的局势已到达顶点了，此时出现的第三日大阴线正代表市场的大逆转，正是卖出的讯号，也就是第三日的开盘即可卖出。

股市上有一句话："会买的是徒弟，会卖的是师傅。"把握卖出股票的时机确实是比较困难的，黄昏星作为典型头部K线组合在实战中还是十分有效的。黄昏星往往预示着股价将要见顶回落，投资者遇到它时要宁可错过，也不能做错，一定要及早出仓。

黄昏星正好与早晨星相反，其典型的技术表现由3个交易日的K线组成：第一日，股价继续上升，出现一根实体较长的阳线；第二日，**震荡缩小**，既可为阳线也可为阴线，构成星的部分，如果为阳或阴十字星则更佳，这种组合又可称为"黄昏十字星"；第三日，出现阴线，并且下跌吞食第一根阳线实体的一部分或全部。

而在实战中投资者需注意的是：

①第二根K线的性质较为重要，阴线比阳线见顶的可能性要高，阴或阳十字星比阳线见顶的可能性要高。

②第三根K线如果以向下跳空缺口形式出现，则向下破位的可能性将大大增强。

一汽夏利（000927）（见图63）在2003年5月29日以向下跳空缺口构筑黄昏星，虽以小阳报收，但当日有0.01元的缺口未被回补，因此已改变不了其转势下行的趋势。

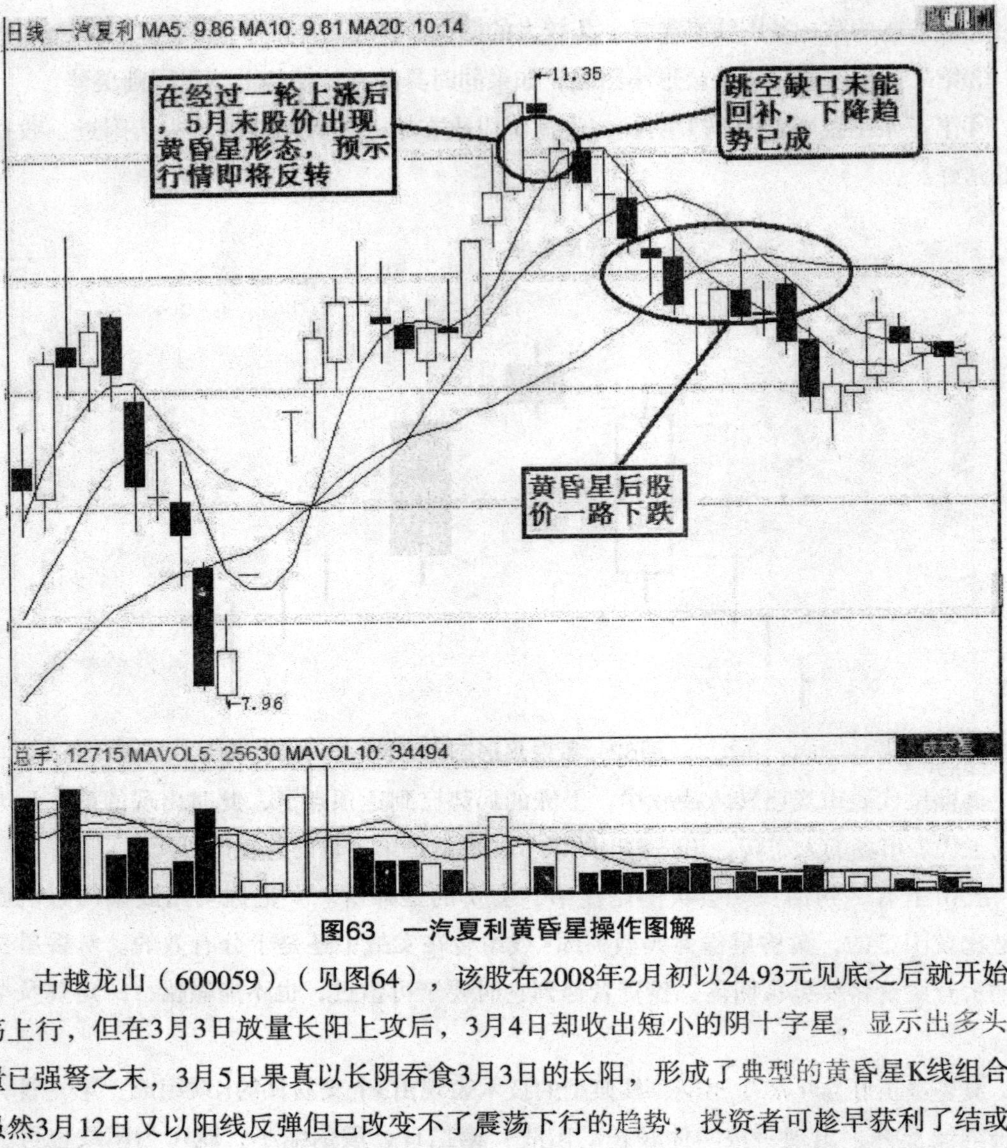

图63 一汽夏利黄昏星操作图解

古越龙山（600059）（见图64），该股在2008年2月初以24.93元见底之后就开始震荡上行，但在3月3日放量长阳上攻后，3月4日却收出短小的阴十字星，显示出多头力量已强弩之末，3月5日果真以长阴吞食3月3日的长阳，形成了典型的黄昏星K线组合，虽然3月12日又以阳线反弹但已改变不了震荡下行的趋势，投资者可趁早获利了结或止损出局。

最好的规避黄昏星失败风险的方法是等待，时间是最好的帮手。稳健的办法是在黄昏星出现之后再静等两至三天，如在这一时间内反弹能吞食掉黄昏星第三根阴线实体2/3以上，说明多头力量仍具有一定的实力，操作上不必过早出局；如在两至三天内反弹未能吞食掉黄昏星第三根阴线实体2/3处，说明空头力量已基本获取主动权，可确定空头已占上风了，下跌趋势已确立；如果在两至三天内不出现小幅反弹，甚至出现"自由落体"暴跌的态势，说明空头力量已全面爆发，此时要快刀斩乱麻，趁早出局，现金为主。

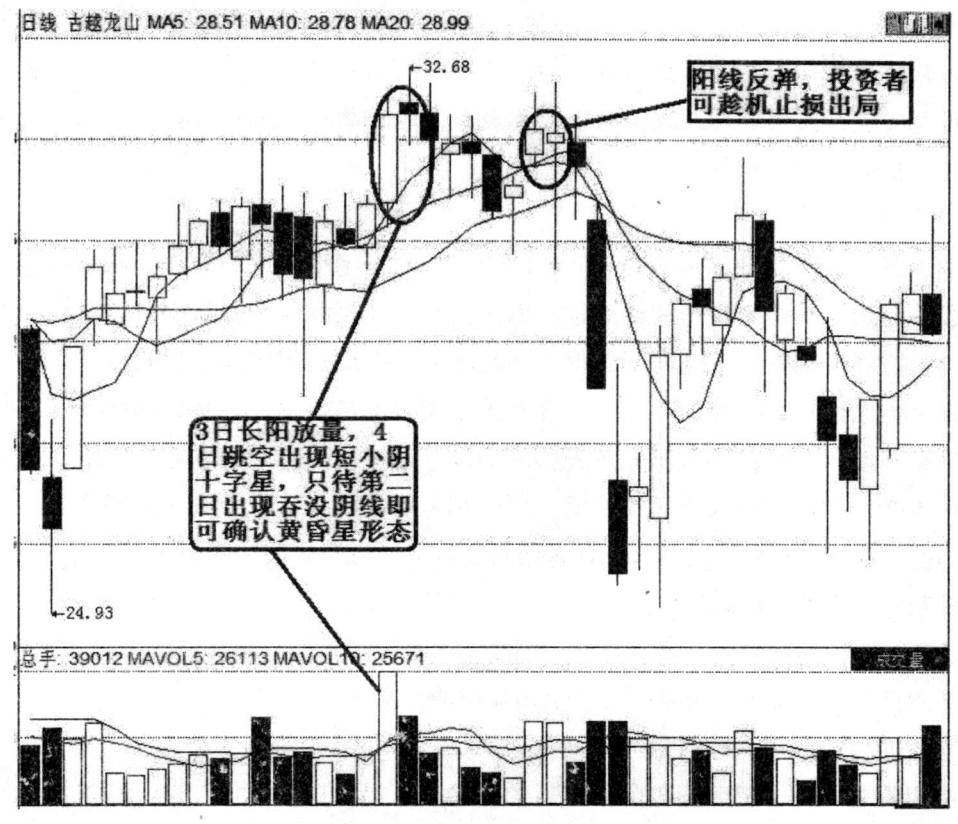

图64　古越龙山黄昏星操作图解

52.果断离场，不要错过空方炮见顶信号

两阴夹一阳的K线组合又称"空方炮"，即一个阳线夹在两根阴线中间，这常是一个下跌途中的形态。表示股价下跌，中间遇到小阳线的抵抗，但还是挡不住卖方的力量，股价将继续走下跌行情。与两阳夹一阴多方炮相反，两阴夹一阳则是卖出信号。它反映市场空方占优，多方且战且退，情况不容乐观，短线投资者此时必须离场，止盈或止损。

股民老方是最早进入股市的一批股民之一，在牛市、熊市中几经沉浮，但是现在说起来他认为自己所经过的最惨烈的一场"战役"发生在2000年。2000年2月14日，集指标股、人气股和网络股于一身的中关村（000931）以迅雷不及掩耳之势高开高走，迅速涨停，而且其后又被一口气连拉了七八个涨停板。老方是在37.30元建仓该股的，该股最高曾达到44.80元,让老方对该股抱有非常大的期待。然而就在市场人气甚为高涨之时,该股却于2000年3月1日和3月6日之间形成两阴夹一阳之势,就此结束了行情,后来还成了大熊股。老方全部资金都套在了该股里,这次打击甚至一度让老方想从此告别股市。

中小股民一定要警惕两阴夹一阳,两阴夹一阳多出现在市场的顶部,是长期上涨之后股价开始在高位出现滞涨的迹象,因人气转弱,稍涨即有抛盘涌出,上档压力较重,此时应怀疑随时可能会向下破位。当出现第一根放量阴线向下突破后,第二天往往反弹乏力走出冲高回落的阳线,但成交量已明显不足,第三天空头继续派发筹码,股价继续下跌,有时甚至收出光头光脚的阴线,这种组合称为空方炮之两阴夹一阳。如果两条阴线的成交量大于阳线的成交量,则有效性极高,中小股民应坚决卖出。如果中间的反弹由一日延伸为两日,这种组合也称为空方炮之阴后两阳阴。

两阴夹一阳形态的研判要点:
①两条阴线实体较长,通常都大于阳线实体长度。
②两条阴线伴随的成交量明显大于阳线时的成交量。
③股价已攀升到一定高位。

在两阴夹一阳、阴后两阳阴形成后的一两个交易日内,股价加速下跌甚至开始以缺口形式向下跳空下行,预示着股价将加速下跌。实战中空方炮往往在行情的末期出现,空方炮则股价看跌,但有时也在下跌两三天后或一周内出现,这是空头为了更好地继续向下攻击而进行的中途换档盘整,因此空方炮之两阴夹一阳、阴后两阳阴的出现往往是较好的短线卖出时机。

两阴夹一阳的形态构造过程为:股价在高位滞涨时,某一天下跌收出一根阴线,第二天出现了一根缩量的反弹小阳,第三天再度下跌又拉出阴线,完全吞食第二根阳线并且到达第一根阴线低点甚至超出其低点。两阴夹一阳的空方炮形成后股价往往会出现加速暴挫,因此破位之际是较好的止盈与止损点。

阴后两阳阴的形态构造过程为:股价在高位滞涨并且高点也逐渐下移,某一天下跌收出一根阴线,第二天为一根缩量反弹小阳,第三天继续出现缩量反弹小阳,但收盘价未突破第一根阴线的高点,显示出只为弱势的修复,第四天再度下跌拉出阴线,完全吞食前二根阳线并且达到第一根阴线低点甚至超出,即(阴)线之(后)出现(两)根(阳)线随后再拉出大(阴)。阴后两阳阴形成后股价往往会加速暴挫,甚至一江春水向东流,漫长的跌势才刚刚开始,因此破位之际为较好的止盈与止损点。

那么在实盘操作中,投资者应怎样运用两阴夹一阳来做买卖呢?

这种形态如在行情末期形成，则股价的向下抛压将十分重，如是在持续下跌或跌幅较大的时候出现，形成后的推动力则不足。

两阴夹一阳的第二根阴线往往是在向下突破重大技术支撑位时才开炮发射的，如重要均线支撑位、前期平台成交密集区等，因此击破重大技术支撑位时更具威力，也更具实战的止损与止盈功能。

两阴夹一阳的逃命点是在第二根阴线正好吞食之前阳线实体之际。

例：湘电股份（600416）（见图65）该股2002年7月到8月间经过了一波上涨，9月初股价在高位横盘整理，但已经出现了颓势。9月24日，股价跌穿了5日均线及10日均线，失去了短期均线的支撑，股价下跌不远，投资者应迅速止损出局。如果觉得信号还不够强烈，那么9月27日、10月8日、10月9日3天形成的两阴夹一阳形态，无疑向投资者发出了最后的警示，10月11日一根巨量长阴线将该股拉入下跌行情中。

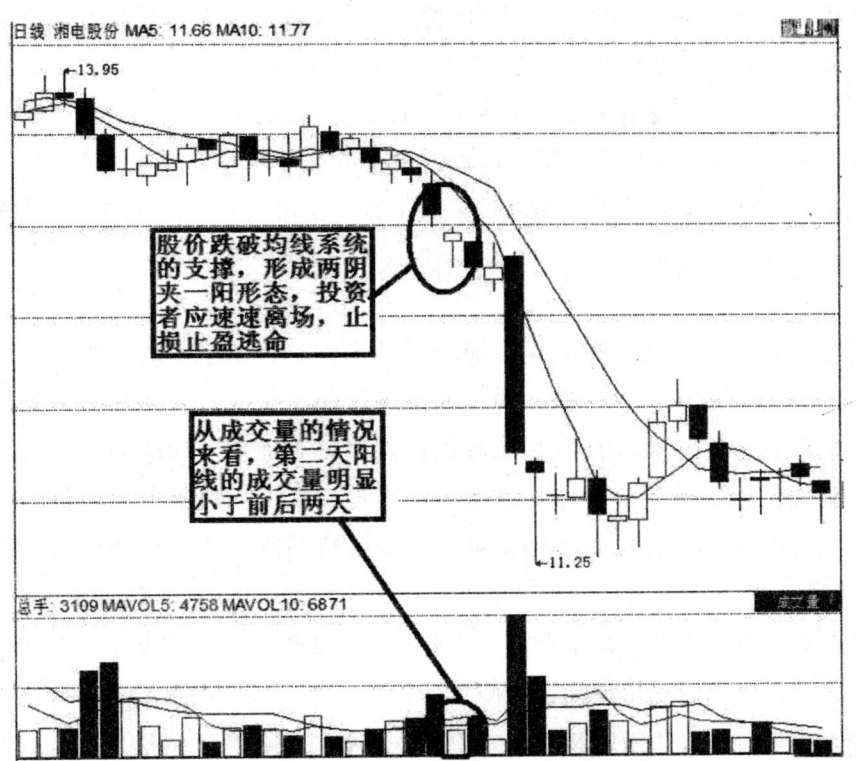

图65　湘电股份空方炮形态图解

股价在高位区域出现两阴夹一阳K线组合形态时，应立即卖出手中持股，以回避头部风险。两阴夹一阳K线组合形态中的阳线也可以是"十"字小阳线。有时出现两根大阴线夹数根小阳线，且第二根阴线把前几根小阳线全收复的K线组合形态时，同样具有看空意义，应卖出手中股票。

53. 出货清仓，高位量价背离不要再等

价量背离通常是指当股票或指数在上升时成交量减少，或下跌时成交量增大，被称为价量背离。价升量减，谓之量价背离，被认为跌之前兆；价跌量减，谓之量价背离，但不是升之前兆。原因是，上升要量，下跌未必要量。

在高位股价与成交量不呈正比关系变化，这是一种很危险的状况。量价背离进一步表明当前的量价关系与之前的量价关系发生了改变，一般量价背离会产生一种新的趋势，也可能只是上升中的调整或下跌中的反弹。

浦发银行（600000）2009年7月30日股价暴量上涨，重仓该股的股民老刘兴奋不已：这只股票是不是要暴涨啊？！第二日股价跳空上涨拉出了一根小阳线，但是成交量却大幅萎缩，老刘并没有太往心里去——只要股价还在继续上涨就好。8月3日是周一，当日股价高开低走拉出了一根小阴线，但是还是创出了27.36元的新高，成交量继续萎缩，老刘依然决定持股，期待股价继续上涨。没想到后市股价却一路走跌，最终跌至17.66元，老刘被套牢了。

案例中老刘的错误就是没有在出现高位量价背离时及早出局，因为高位量价背离是一个明显的离场信号。一般来说，股价运行到了头部区间往往会出现很多背离现象与量价配合混乱现象。从实战角度讲，真正具有上涨性质的阳线，其盘中量价配合极少背离；而上涨不佳的阳线其量价多出现背离。一般来说，股价的上涨幅度越高其成交量越大，且量价背离现象较多。而股价初涨时成交量相对较小但量价配合完美。

股票在高位量增价跌、量价背离，一般弃卖观望信号（见图66）。股价经过长期大幅下跌之后，出现成交量增加，即使股价仍在下落，也要慎重对待极度恐慌的"杀跌"，所以此阶段的操作原则是放弃卖出空仓观望。低价区的增量说明有资金接盘，说明后期有望形成底部或反弹，适宜关注。有时若在趋势逆转跌势的初期出现"量增价跌"，那么更应果断地清仓出局。

从图66中可以看到，此股从标记的那一日开始，量能逐步增大，但股价却下跌。这种高位量价背离的股票属于主力出货行为。持有此股的投资者应及早出货，而观望的投资者应继续观望，等待下一个买点。

第五辑 交易分析——买卖技巧掌握好，头脑发热易被套

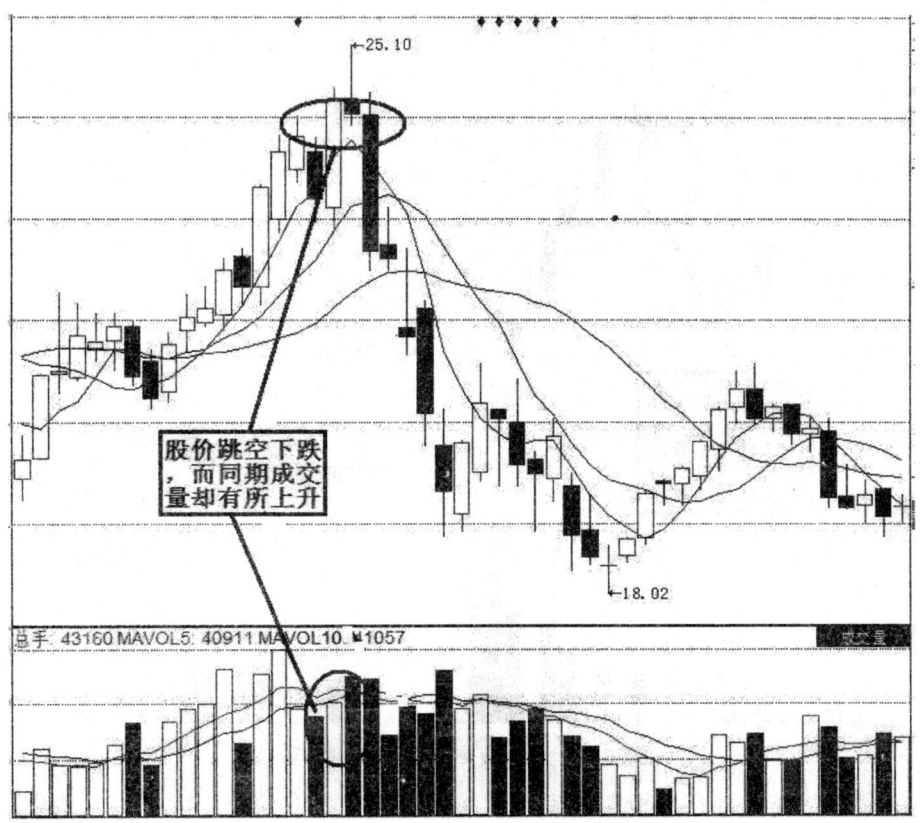

图66 股票高位背离图解

那么在高位量价背离的情况下，如何确定卖点呢？

一般来说，量价背离卖点的技术特征为：股价在盘中上冲回落后，又出现了上涨但成交量出现了明显萎缩，股价却创出了盘中新高。

这是一种主力出货的经典走势，量价背离走势可以判定前期的走势是主力在出货，主力为了在这个区间出货，主力利用了很小的成交量就可以拉高股价；为主力出货打开了空间；为主力出货赢得了时间。空间和时间都有了，主力的出货的量会很大。

而对于中小股民来说，具体的卖出方法就是，盘中最高点是量价背离的卖点，盘中最高点向下勾头时的走势是最好的卖点。这样有助于把股票卖在最高位；量价背离形成的上涨动力不足是不可能给投资者带来收益的；在此时卖出才是我们正确的操作；有时量价背离卖点出现之后没有及时卖出股票的投资者在盘中还出现了精确卖点，此时应抓住时机不要抱有任何幻想果断卖出股票，保住收益。

大龙地产（600159）（见图67）2010年1月18日拉出长阳线上涨，看起来股价上涨势头良好，但是成交不断缩量却向投资者发出了下跌预警。投资者应及早把握卖点离场。

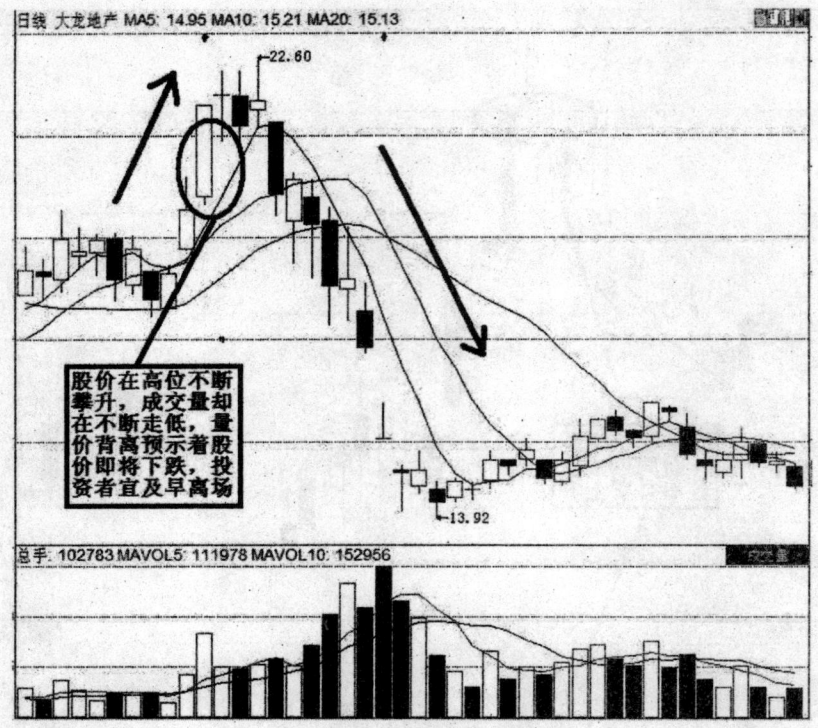

图67 大龙地产高位背离图解

高位量价背离出现是向投资者发出的卖出信号，卖点信号发出以后，股价都产生了下跌，每个卖点的准确把握都能减少投资者的损失；因此，投资者应该第一时间卖出手中股票以保证收益或减少损失。

54.均线炒股，脱线、八爪线时不要介入

移动平均线也会成为中小股民考量是否买卖股票的有效信号，当股价出现连续三天脱线的情况时，很可能会进行震荡整理，此时短线投资宜离场；短期均线出现八爪线形态时，投资者宜持币观望，不要轻易介入。

经过前期一个小小的平台整理后，武钢股份（600005）从2008年11月28日开始突破上涨，但是在12月4日、5日、8日股价连续3天脱离5日均线上涨，持有该股的股民老魏正在为快速上涨的股价高兴时，却被股友劝告应该马上离场，看后市情况再进入。老魏很不理解，股票涨势正好，怎么能说卖就卖呢，虽然目前已经有了一定涨幅，但是不是说好股票可以一涨再涨吗？

案例中老魏股友的劝告是正确的，脱线是股民炒股时必须正视的一个离场信号。脱线就是指股价（K线）在攻击过程中由于加速的缘故，脱离了最近的均线（比如5日均线），而如果这种脱线现象出现连续超过3天，就会造成筹码的转换现象，可能会出现一个高点（顶），或低点（低）。就像股谚说的那样"三天脱线，筹码变换"，意思就是经过连续3天以上的脱线攻击后，短线该股筹码均会出现筹码转换（转移）的现象。当然，有时也是主力利用连续强攻，吸引跟风盘来达到出筹码；或者在下跌段中连续加速下跌达到低位捡拾恐慌割肉筹码的常用技术动作，总之此时跟盘风险很大。通常情况下，在连续脱线3天（或以上）后，股价短线都会出现横向、回打、震、洗、等震荡整理的情况。即使还有攻击，股价也要先稳住震荡整理，等待下面均线跟上来股价"靠线"后，才会再展开攻击。在实战中，5日均线和10日均线是非常有实用价值的，脱线是一种离场信号，出现八爪线时投资者也应主动离场或者不要随便介入。

　　5日、10日两线由于股价的拉升而出现了八字形的分离（5日远离10日）就造成了八爪线的产生。实盘操作中一般都会用5日、10日线作为短线跟盘时分析跟追股价走势，但常常在股价走势挺好的时候跟入，却随即被拖入了回调整理（回调之后也许还会上升），这其实就是我们没有仔细注意到短期均线已经出现八爪线的形态，而此时介入的时机不对。所以，跟盘介入时要细心观察一下有没有八爪线形态的发生，警惕短线被套参与调整。

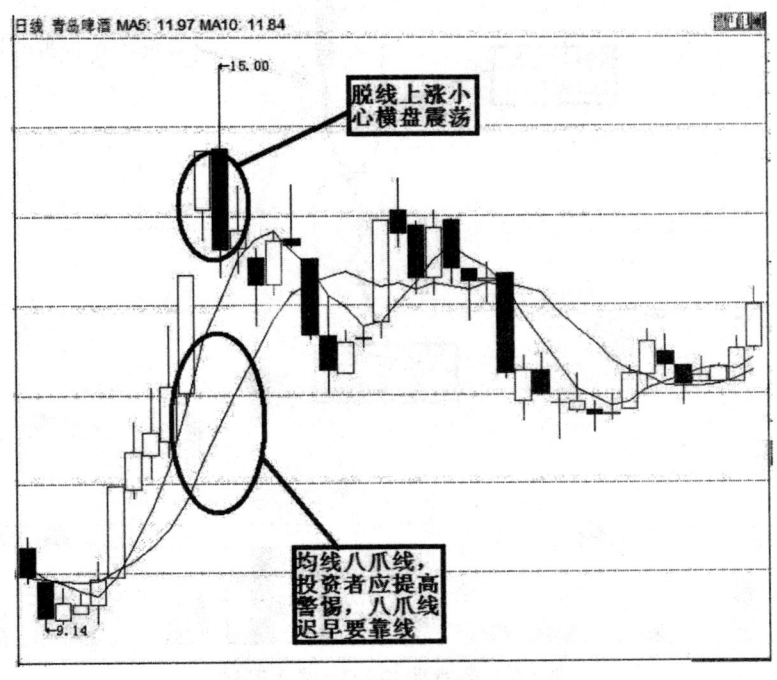

图68　脱线与八爪线图解

八爪线也是一种均线之间"乖离率"加大而造成的结果。因此，在出现八爪线之后，股价就必然在短线出现一个回落动作来"消化"此种"乖离率"现象。所以，股价就会出现向均线靠拢而产生"靠线"动作。当这种"乖离率"缩小修复后，股价才可以继续原有的攻击。

但实战中，在一些顶部、高点、底部、低点等扭转点处，也经常会出现八爪线现象。

在实战中，要牢记八爪线的均线形态。当某股加速上攻出现八爪线的时候，不可追高，否则，容易刚买进就被套，因为出现八爪线后，股价肯定会慢慢靠线。而当某股短线下打过急，也出现八爪线现象时，短线就不易再杀跌了，可以在后面的股价回升起来"靠线"时，逢高择机出局。

例：鼎立股份（600614）（见图69）2009年3月2日开始一波股价拉升，股价依托短期均线上行。从4月10日开始，涨幅突然加大，15、16、17三天股价脱线上涨，同时均线出现了八爪线形态，两种形态相互验证，股价回落已然不远，此时投资者应及早出局，以防被套。3月18日，股价高开大阴线，股价以15.08元见顶，第二天该股跳空低开，这是投资者最后的止损机会，对其抱有幻想者只会被套牢。果然，4月21日股价跳水低开，股价由前一日的13.07元跌至8.46元。

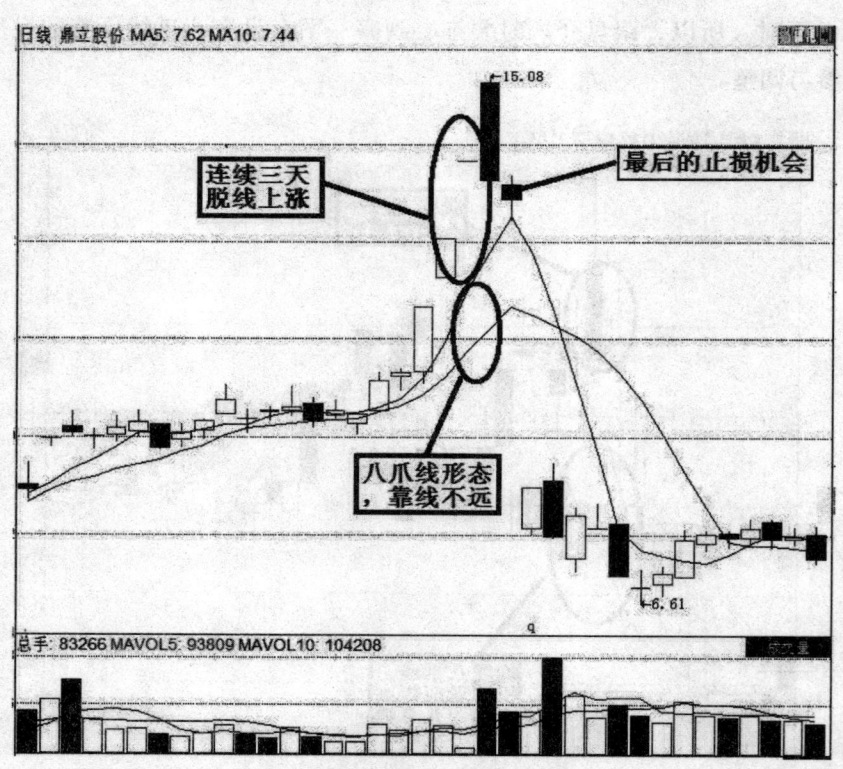

图69 鼎立股份短线操作图解

判断"脱线"的距离大小，应该以K线当天最高价为基准，结合收盘价格计算与最近短期均线之间的价差率。如果价差率太大，则上涨趋势时不宜追高，下跌趋势时则可以考虑抓取短线股价反抽、反弹靠线时的利润。

平顶线是见顶卖出信号，股价上升到高位后，如果相继出现了两组平顶线，就称为"兄弟剃平头"。该形态是由两组平顶线组合起来的图线，所以卖出信号更为强烈。该形态的出现，表明市场对当时的股价产生了疑虑，做多谨慎，所以股价出现了两次平顶走势，后市只有通过回档整理才有可能重归升势。

55. 关注形态，高位不能不警惕平顶线

股价在经过了一段时间上涨之后，出现了两根最高价同值的K线，这两根K线就叫做平顶线。平顶线出现的频率比较高，它可以在股价走势图的任何位置出现但在具有了一定的涨幅，特别是有20%以上阶段涨幅后，出现平顶线则短期见顶的可能性非常大。操作策略是在出现平顶线的当天收盘前卖出。

股民王小姐在2006年6月19日以4.65元重仓首创股份（600008），买入股票后股价带量上涨，王小姐很放心，她预测自己赶上了一波强劲反弹，股票应该还有很大的上涨空间。但没想到股票从6月30日开始就持续下跌，王小姐在4.52元割肉离场，损失还不算太大。后来王小姐观察K线图，才发现该股在6月27日、28日两天，K线图上形成了一组平顶线，发出了见顶回落信号，只是当时王小姐并没有注意。

平顶线（见图70）的两根K线可以是阴线也可以是阳线，最高价可以是影线也可以是实体，只要是在阶段高位两根相邻的K线最高价同值就是平顶线。在个别情况下，第一根K线与第二根K线之间相隔一两天也可以视为平顶线，只要相隔的两根K线同值且中间没有更高价即可，这样的图形见顶信号更可靠。处在高位出现的平顶线是非常可信的见顶信号，一般下跌空间较大。平顶线出现的频率很高，可在任何部位出现，但只有处在天顶和波段峰顶的平顶线，才是可信的见顶信号，出现在其他部位的平顶线没有意义。

平顶线

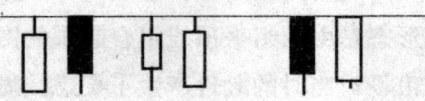

图70 平顶线形态示意图

用两组平顶线（见图71）作为卖出信号时，投资者应注意以下几点：

①要求前一对平顶K线应高于后一对，否则不能作为后市走势判断依据。

②该形态出现后，或多或少会有一跌，卖出要果断。

③即使出现在下降行情的下降途中，卖出信号也与顶部一样强烈。

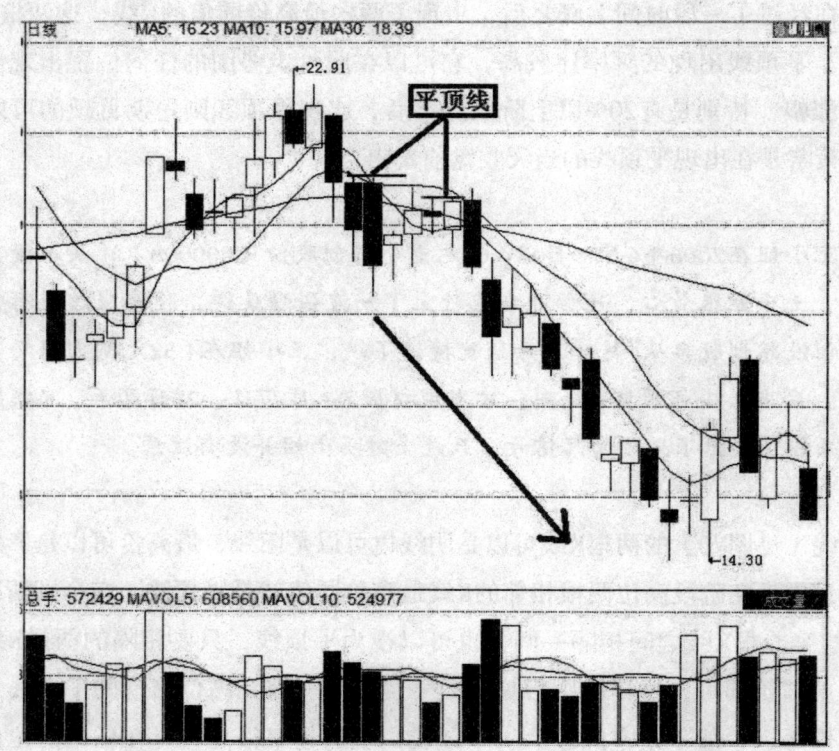

图71 两组平顶线形态图解

高位碰到平顶线后，中小股民应把握以下操作策略：

①一般来说，平顶线的最佳卖点就是形成平顶线的当日。而如果K线图上出现了两组平顶线，不用说，第二组平顶线形成的当日投资者就应迅速清仓离场。

②平顶线可出现在任何位置，但只有出现在高位或波段顶部，才是可信的见顶信

号。出现在其他位置不一定是卖出信号。是否处在高位的判定，可采用"抱线"判定高低位置的办法进行。

③平顶线一般由两条相连的图线组成，但在个别情况下，第一条线与第二条线之间相隔一两天也可算作平顶线，只要相隔的两条图线的最高价均为同值就行。这种形态的平顶线比两条相连的平顶线有效性更高、更可靠。因为这种形态的平顶线，实际成为"双顶"图线。一般来说双顶比平顶线的见顶信号更为强烈，后市股价下跌的可能性要比平顶线大得多。

④平顶线可以连续出现，即第一组平顶线出现后，接着又出现另一组平顶线，第二组平顶线有时高于第一组，有时低于第一组，但不管高于还是低于，均是强烈的见顶信号！

我们来看一个例子。例：长城电脑（000066）（见图72），2010年11月到2010年12月上旬，该股在相对高位形成了一个W底形态，随后该股出现了一波上涨行情，但根据W底颈线位推算，上涨空间不是特别大。12月15日股价以11.11元见顶，12月16日、17日该股在高位出现了一组平顶线，发出了见顶回落信号，隔了一日，又再形成了一组平顶线，向投资者发出了强烈的卖出信号，最后股价下跌至7.16元。

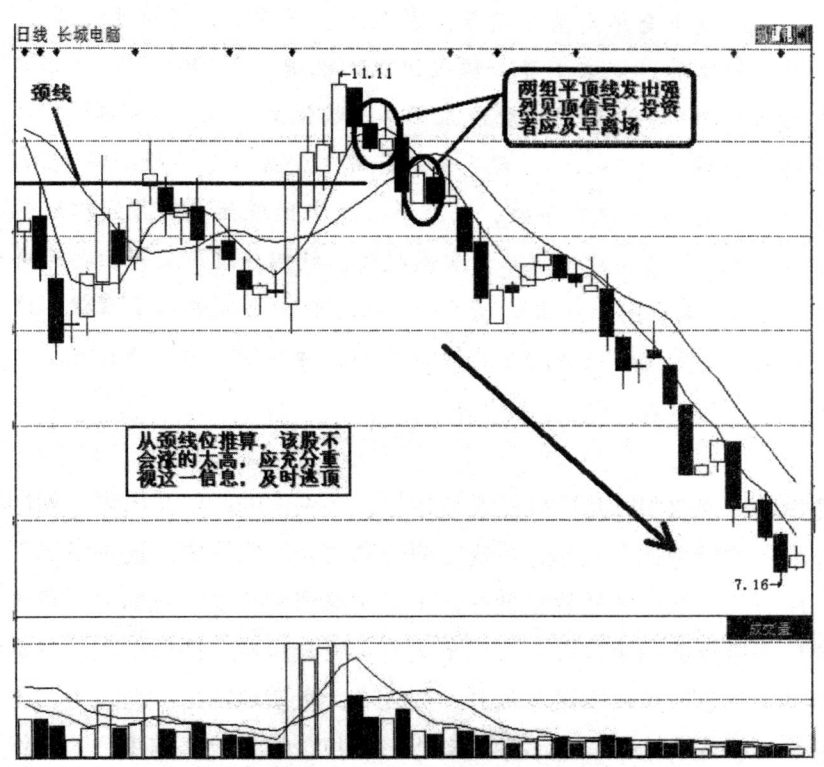

图72　长城电脑双重平顶线见顶图解

前后两组平顶均表明股价上攻遇到了重重阻碍，多方已无力继续推高股价，相反，空方步步逼近，这便是结束反弹，进入获利回吐走势的信号。这种类型的回调不影响长期升势，甚至是持续走强的必要洗盘，但对于短线而言意义非凡。只要是股价反弹20%以上见到第一组平顶线，就该至少减半仓，当第二组平顶线露出水面，短线清仓。

56. 未必看涨，并列阳线可能继续下跌

股价经过一段时间的下跌后，某日突然跳空低开但高走，尾盘报收阳线，且收盘价与前一根K线的收盘价形成缺口（影线部分的相互渗入可以忽略），次日股价在阳线的开盘价附近低开，但收盘却在阳线的收盘价一带，这样便在下降途中出现了一组开盘价和收盘价接近，实体长度相当的并列阳线，这就是下跌持续型并列阳线。出现这种形态后，股价将会继续下跌。

1996年，中国股市全年走势可谓是轰轰烈烈，资深股民老宋也就是在这一年进入的股市。进入股市后，老宋小资金快进快出倒也赚了不少钱，渐渐地胆子也大了起来，但是他就在1997年遭遇了炒股以来的第一次惨败。那一年的5月27日，老宋以12.80元建仓领先科技（000669）（现名金鸿能源），买入后该股小幅上涨，但是在6月6日和6月9日，股价突然跳空下跌，并在下跌途中出现标准的并列阳线，此时老宋本应止损出局，但是他实在放不下账户里的损失，就想等股价反弹后再逢高出局。下跌并列阳线出现后，K线图上再次出现了一个小平台，老宋燃起了希望：这只股票或许会再涨起来吧？事实无情地击碎了老宋的幻想，该股随后暴跌至6.75元，老宋元气大伤。

下跌途中的并列双阳线是准确的离场信号，案例中的股票在出现并列阳线后股价有上扬趋势，但这只是诱多动作，投资者应逢高清仓。实战中，这种情况并不少，股价经过了一段时间回调后突然跳空低开，可见卖盘依然很多，有加速下跌迹象，但出乎意料的是低开后反而向上反弹，说明下面有大资金拉抬，即便如此，收盘时仍未把跳空缺口填补。次日股价再次跳空低开，同样有大量卖单涌出，但盘中主力再次把股价拉升至前一日收盘价附近。这一系列动作只有控盘能力较强的主力才能做到。股价明明还在跌，庄家何以一意孤行呢？这是欲擒故纵，目的是托价出货，一旦中小股民

认为已止跌并跟进，主力手中的筹码便纷纷抛售了。因此下跌途中出现的并列阳线依然看跌（见图73）。

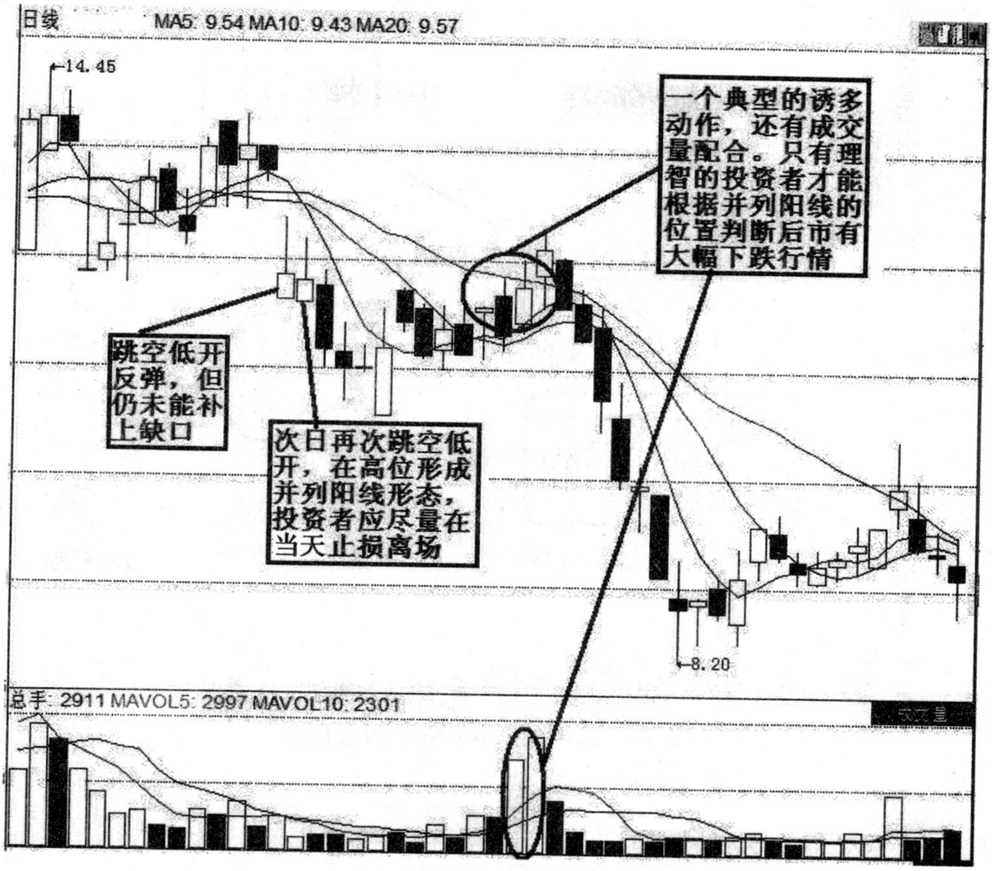

图73　下跌途中并列阳线图解

第二根阳线形成当日，收盘前5分钟若能看出是下跌持续型并列阳线，可卖出；次日股价若恢复下跌走势，应尽早清仓。

我们来看一个例子：宝新能源（000690）（见图74），2010年10月22日该股以7.26元见顶，随后股价开始大幅下跌，11月中下旬该股在下跌途中形成了一个平台，股价有上扬趋势。但是12月6日、7日该股出现了一组下跌并列阳线，这是一个明显的警示信号，投资者应逢高离场，否则难免被套。果然后市股价继续下跌，一直跌至5.08元。

一般来说，并列阳线形态出现的位置离顶部越近，下跌幅度越大。并列阳线是指阳线间实体部分的并列，与影线无关，但在下跌途中，若阳线的上影线越长，从单根K线的技术意义上讲，下跌概率越大，形态越可靠。

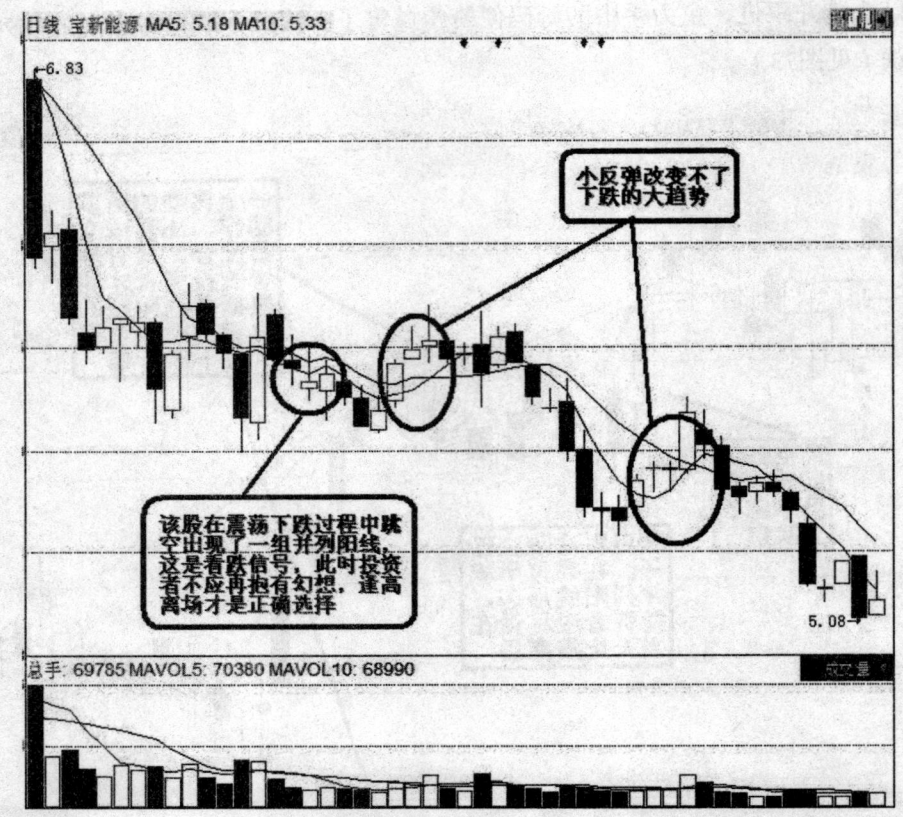

图74 宝新能源并列阳线看跌图解

57.把握周期，逃顶别忘常看周K线

多数投资者都较为重视对日K线方面的分析，但在周K线方面，尤其是在短线的操作中，却常常并不十分留意。所谓周K线，指以股市周一的开盘价、周五的收盘价、全周最高价和全周最低价来画的K线图，反映的是一周多空双方的博弈结果。对中小股民更有参考价值，而且还可以运用周K线组合准确逃顶。

长春股民郑先生是位技术分析爱好者，对于日线图上的各种K线组合、各种K线形态了如指掌，对于周K线他也有所了解，但仅限于单根K线。在一次与股友交流时他才发现，原来周K线组合也是非常有实用价值的，有的可以发出见底回升信号，有的可以发出继续持股信号，还有的可以警示投资者逃顶。郑先生自己试了一下，懊恼地发现自己前不久刚被套牢的一只股票，如果当初看一下周K线，就能及时捕捉到逃顶信号了……

周K线有一种形态被称为阴阳齐天（见图75），意指股价走势出现一阳一阴，先阳后阴，长度大致相等的周线组合，阴线的成交量小于阳线，通常出现在股价经过急跌之后，中级反弹的顶部，它是中期见顶的信号，大家应逢高卖出。

阴阳齐天形态

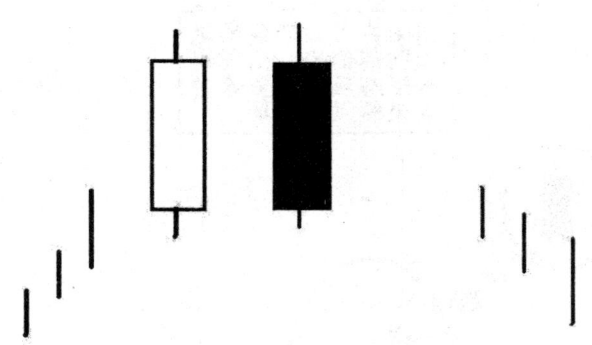

图75　阴阳齐天形态示意图

这种周线在实际走势中出现不多，但它一旦出现，杀伤力却不小。与光头光脚周阴线相比，多出的一条上影线，意义变得完全不同。这条上影线的出现有两种可能：

①买方主力确实尝试推高股价，但上档抛压十分沉重，只推高一点点，就被打下来。而且以最低价收场，说明卖方力量远远大于买方力量。

②买方拉高股价只是为拉拉高出货，而卖方则乘机压低价格，原来的买卖双方都开始做空，对多头实施拉沉痛的打击。

这两种可能一经形成，顺势及时卖出都是明智之举。

阴阳齐天之势的形态特点是，这两根周K线一阳一阴，先阳后阴，长度相仿，或阴周线略小。但是全是中等以上的大型K线，后面的阴周线的最高价有时会高于前面的阳周线，但只是略高而已，否则形态不成立。后面的阴周线所对应的成交量，要小于前面的阳周线。

一般来说，阴阳齐天之势的周线组合，通常出现在股价经过急跌之后，中级反弹之后的顶部。因此它是一个中期见顶的信号。股价从大顶峰开始滑落，引出大量抛盘，形成急跌走势。由于回落过猛，造成短期技术指标的超卖，因而引发一定力度的抄底反弹，但股价回升到顶部时，前期没有及时卖出的人借机及时卖出。短线抄底资金也落袋为安，解脱盘获利盘一起涌出，使股指升势受阻，一条与阳周线相当的阴周线，已经为后市指明方向。

由于经过强烈的反弹，原先已进入超卖的短期指标已经得到修正，为后市的下跌腾出空间。而一些中期技术指标则发出卖出信号。

阴阳齐天之势实际上是在两周之内明确了大市的反转，由于反弹的出现，导致跌势更加严重，它是一个杀伤力颇大的见顶信号（见图76）。

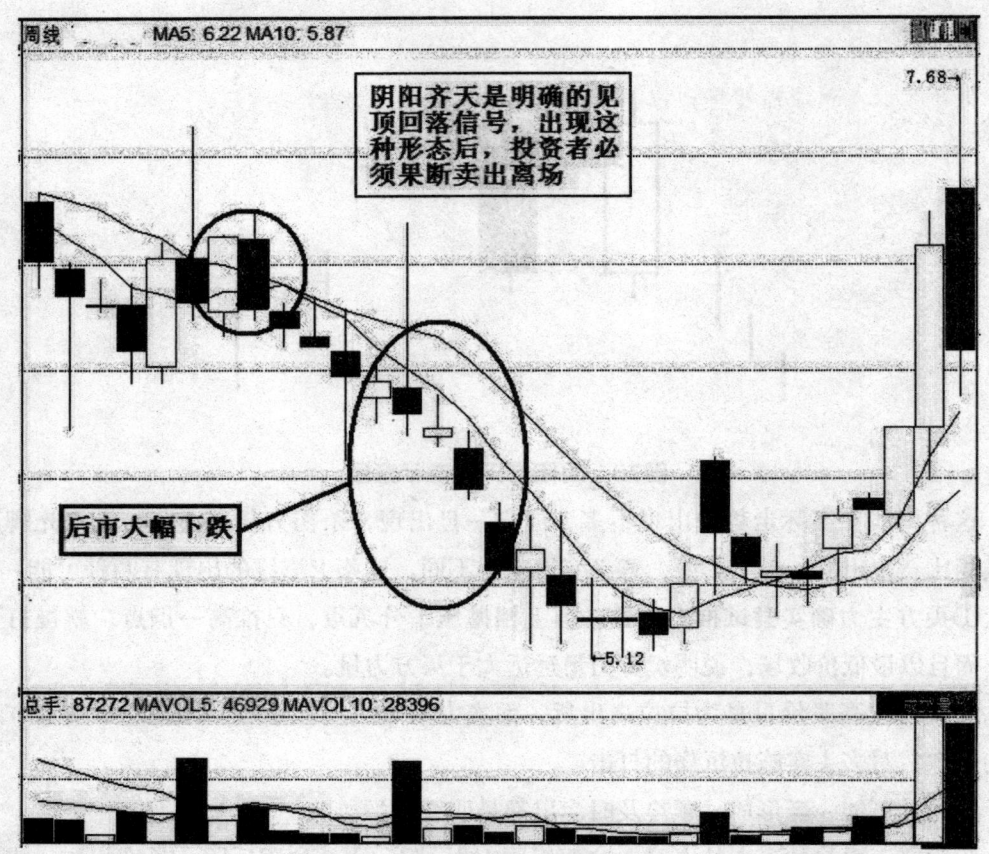

图76　阴阳齐天形态图解

本辑强化习题

1.在涨幅榜中选牛股时，什么样的股票风险比较小呢？

解答：

看涨幅榜前列的个股是跟风上涨还是自身带动同类个股的上涨。通常在涨幅榜前的个股既有龙头，也有跟随龙头股上涨的个股，那些跟风上涨的个股，一般不能够像龙头股一样出现连续飙升的行情；而一旦进行调整时，这些个股往往又比龙头股跌得更快。所以，从涨幅榜里面筛选个股，还是要捕捉龙头股为好。

2.什么样的股票次日容易出现涨停呢？

解答：

①流通盘小于3000万股、股价低，即流通市值要小，但首先流通盘要小，其次才是股价要低（流通市值小、流通盘小，抛压就轻，庄家易拉升，易抵挡大盘的不利，如：一个流通市值1~5亿元的个股，碰到大盘不好时，只要庄家手中有几亿元资金，若市场狂抛，了不起就全吃掉；若是一个流通市值十几亿或几十亿元的个股，碰到大盘不好时，庄家往往只好让它跌，一般不敢接，若接进，万一市场狂抛，哪里有那么多钱去继续接？一般来说，庄家手中几亿元资金是有的，但十几亿或几十亿元则很难）；

②日K线组合较好；

③5日、10日、30日均线呈多头排列或准多头排列；

④技术指标呈强势，特别是日MACD即将出红柱，且5分钟、15分钟、30分钟MACD至少有两个即将或已出一两根红柱（此条件非常关键）。

3.深振业A（000006）（见图77）2004年8月19日跳空跌，关注此股的投资者后市应该怎样操作呢？

解答：

首先要有耐心，不满足买入条件绝不轻易进场。8月24、25日连续两个交易日买入条件成立，买入后股价并未立即大幅上涨，而是在4.50~4.20元区间，盘整了13个交易日，盘整中股价两次在跳空跌K线实体顶部获得支撑。跳空跌K线实体顶部支撑有效，说明底部基本探明，股价随时有向上涨升的机会。

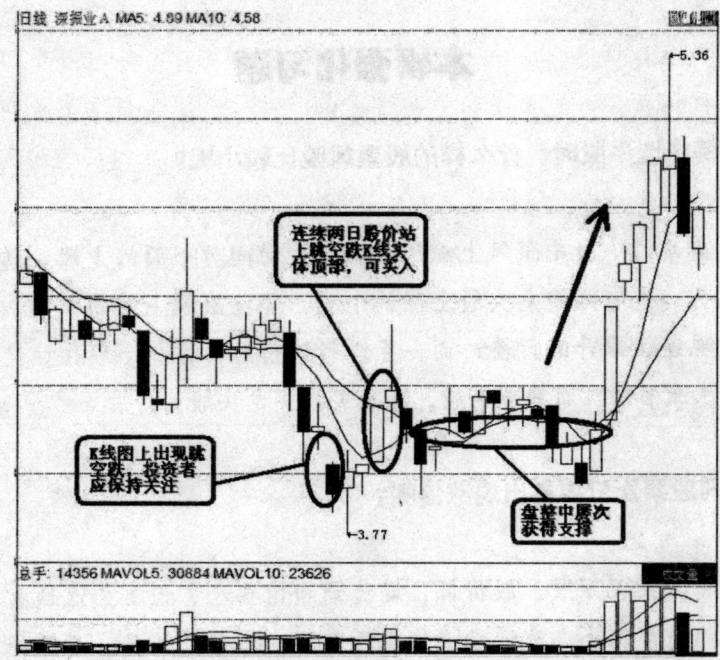

图77 深振业A跳空跌买入图解

4.浙江东日（600113）（见图78）在2000年4月的日K线和成交量走势图，请解析该股后市操作。

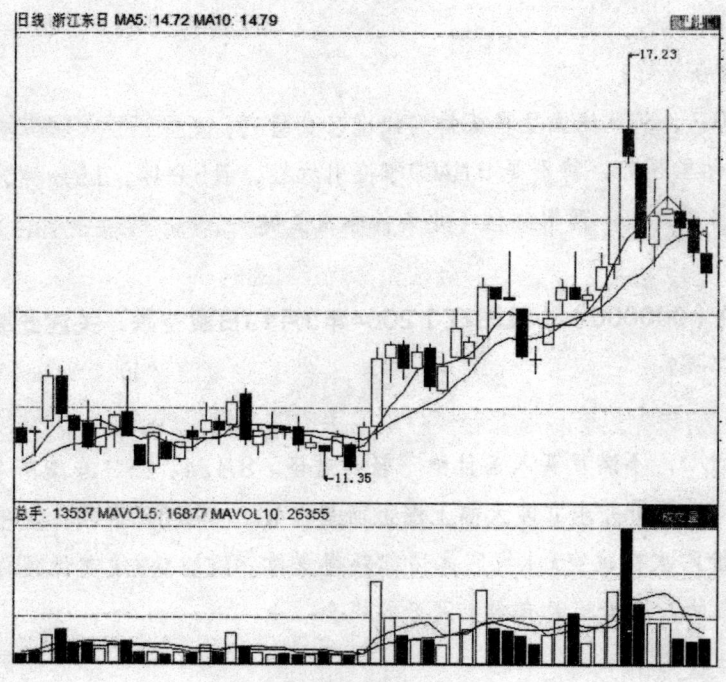

图78 浙江东日走势图

解答：

观察K线图可知4月14日是一根放量长阳线，4月14日向上跳空高开，当日收出一颗带长上影线的纺锤线，成交量达到天量。第3个交易日4月17日向下跳空低开，收出一根放量长阴。这3天走出了一个标准的黄昏星的形态。放天量的纺锤线说明庄家在天价处采用掼压手段大量派货，股价即将反转，投资者应尽快离场。

4月13日、4月14日、4月17日3天黄昏星的成交量分别是391万股、764万股和327万股，3天的总成交量达到1482万股，换手率高达37%。这是庄家因派货需要所设置的多头陷阱，在这里接货的投资者均掉进了庄家的多头陷阱。

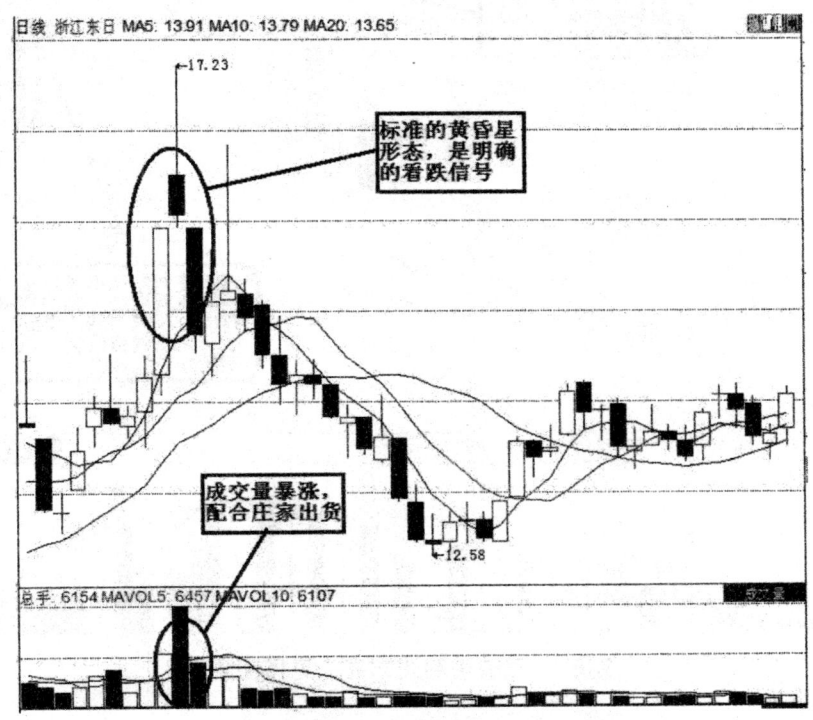

图79　浙江东日黄昏星图解

5. 2007年9月末，三峡水利（600116）（见图80）周线图上出现了阴阳齐天形态，请看图说明阴阳齐天形态出现后，中小股民应该怎样操作。

解答：

一旦出现阴阳齐天之势，投资者应该怎样操作呢？

①阴阳齐天之势出现之后的一周，将会继续走下跌行情，周线仍会收阴。因此开盘初还是以卖出为主。

②阴阳齐天之势预示着一个中级调整的到来，但下跌行情也会有反复，即在下跌

的行情中，会有短线反弹。如果阴阳齐天之势的第二周拉出阴周线，在第四周会走反弹，收周阳机会很大。

③先前没有及时卖出的股民，可借反弹离场。空仓者建议继续观望，因为第三周可能再次收阴。

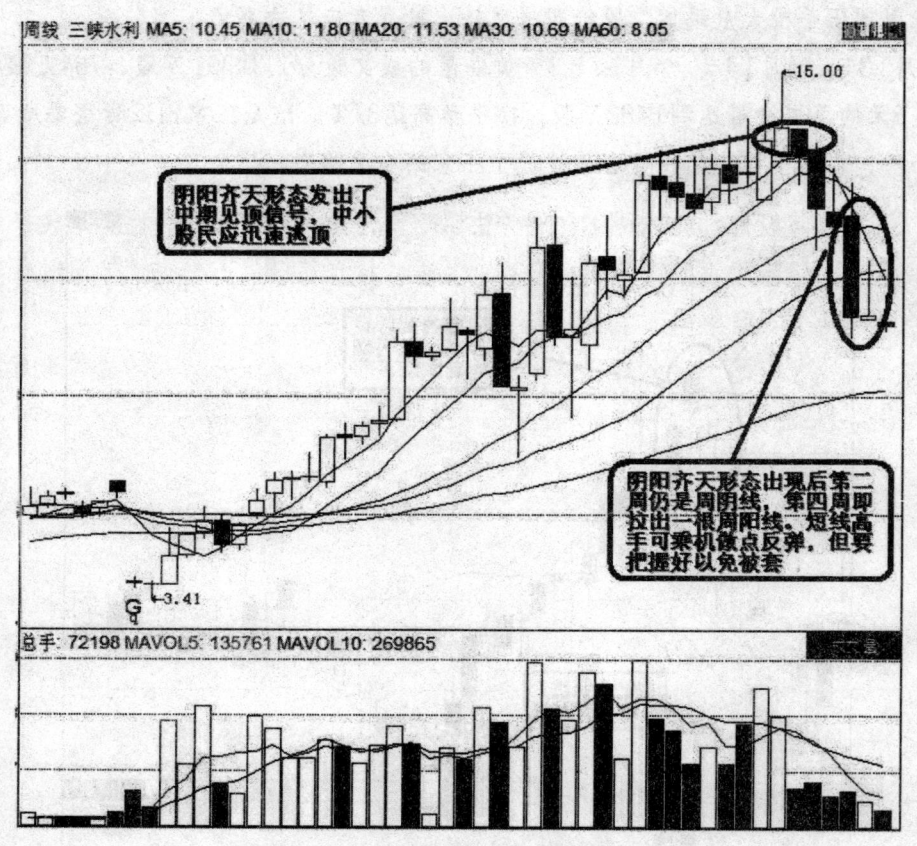

图80　三峡水利阴阳齐天见顶图解

6.做反弹时不要把短线做成中线，操作时应该怎样把握？

解答：

在一波反弹行情中，10次操作，我们追求5次成功，2到3次打平手，已经是相当不错的成绩了。不能过多的恋战，该收手的时候一定要收手。

积少成多，积沙成堆，较小的反弹不能有太大的目标。暂时看不出大行情的时候，可以小目标来成就大利润。"5%原则"可使牛市中赚大钱，在熊市中亏小钱。涨了5%坚决走人，跌了5%也坚决走人。只要能够把握住大概的热点方向，即使是追涨杀跌，也能够有很高的成功概率，尤其在行情较好的时候，赚钱的机会非常多。

7.巨阴洗盘买入法适用于哪类股票呢？为什么？

解答：

这种洗盘方法，适用于流通盘较小的绩差类个股。由于购买小盘绩差类个股的中小股民，绝大多数是抱着投机的心理入市，所以这类个股的安定性就要差一些。这些中小股民常常一脚门里，一脚门外，时刻准备逃跑。而看好该股的新多头由于此类个股基本面较差，大多都不愿意追高买入，常常等待逢低吸纳的良机。鉴于持筹者不稳定的心态和新多头的意愿，作为控盘庄家，往往利用中小股民对个股运作方向的不确定性，控盘打压股价，促进和激化股价快速下跌，充分营造市场环境背景转换所形成的空头氛围，强化中小股民的悲观情绪，促进其持有筹码的不稳定性，同时也激发持筹者在实际操作过程中的卖出冲动，无法抑制自己正常的投资心理，使这种悲观的情绪达到了白热化状态。庄家通过控盘快速打压，采用心理诱导的战术，促进市场筹码快速转化，达到洗盘的目的。

第六辑 实战分析

没有不赚钱的股市,只有不赚钱的操盘

　　股市的涨跌,千变万化,必须通过一个载体——盘面来反映,如国家政策、经济形势、各种消息和上市公司的经营状况、市场主力动向以及中小股民的心理等等,一切都会通过价和量这两个最根本的因素表现在盘面上。因此,中小股民往往只有读懂了盘面表达出来的市场语言,才能把握股市的脉搏。股票涨涨跌跌,每只股票都可能会让你赚到钱,关键是要正确地操盘,利用技术分析结果,捕捉主力机构动向,决定自己的操作,进行真正的"博弈"。

58. 把握开局，开盘后半小时不可轻视

每天开盘后半小时，是多空双方交战最激烈的阶段。多方为了收集筹码，开盘后经常会迫不及待地买进。而空方为了达到出货的目的，也会全力拉高股价，也就是说开盘半小时多空双方的较量，基本决定和影响全天多空双方的价位观点，一些中小股民往往没有意识到这一点，因而错过了分析一天走势的大好机会。

股民小杨是个乐天派，他炒股有一年多了，十次有八次不赚钱。同事老张是个资深股民，他批评小杨说："你炒股的方法就不对！炒股啊你要多看盘，特别是早盘，开盘后的三十分钟最重要，不看你当然不知道这一天的走势会怎样，随便介入不是等着亏钱吗？"小杨大大咧咧地回答说："看那个有什么用啊！我什么时候想买再看，价格好形势好就进，不好就不买！"

小杨的想法也能代表一批中小股民，不少人对于开盘半小时都不够重视，事实上，无论对于个股还是大盘，开盘都为当天的走势定下了基调，其重要性不言而喻，因此必须掌握开盘看盘技巧。

多空双方之所以重视开盘后的第一个十分钟，是因为此时盘中买卖量都不是很大，因此用不大的量即可以达到预期的目的，主力机构通过集合竞价跳空高开拉高或跳空低开打压，借此测试抛压和跟风盘多寡，借以对今日操作计划进行修正。

第二个十分钟则是多空双方进入休整阶段的时间，一般会对原有趋势进行修正。因此，这段时间是选择买入或卖出的较为重要的一个转折点。

第三个十分钟因参与交易的人越来越多，买卖盘变得较实在，因此可信度较大，这段时间在走势基本上成为全天走向的基础，此时投资者应密切注意个股的量价关系是否配合，委买单与委卖单的多寡，研判大势是"走多"还是"走空"，一般而言，开盘委比达到2倍以上，显示人气旺盛，短线资金可入场；反之，则应离场观望。

如两者相差不大，则需观察是否有大手笔委托（买卖）单，同时应结合前期量

价趋势加以分析。

具体的研判方法是运用5分钟K线图。前15分钟3根蜡烛对全天的影响占70%，后15分钟3根蜡烛对全天的影响占30%。可把后15分钟的3根蜡烛可综合视为1根蜡烛来看。前后相加共4根蜡烛，可预测全天行情基本趋势。

①若4根蜡烛全部拉阳线。全天走势极强。中午休盘前后15分钟，可能是全天的相对低点，收盘价可能是全天的最高价。

②若4根蜡烛三阳一阴，全天将是相对强势。将震荡上行，全日的低点可能在10点30分和下午2点出现，收盘价可能是全天的相对高点。

③若4根蜡烛二阳二阴。全天将是平稳势或小幅震荡平衡势。容易出现的高点上午在11点、下午在2点30分左右。收盘价与开盘相差不大。

④若4根蜡烛三阴一阳。全天将是相对弱势。全日相对高点上午10点左右、下午1点30分左右。收盘价可能是全天的相对低点。

⑤若4根蜡烛，全部拉阴线。全天走势极弱。上午10点10分和中午休盘后稍有高点外，将一路下跌。收盘价将是全天的最低点。

上述方法遇特大消息异常暴涨、暴跌时和开盘前30分钟庄家异常放量骗钱时，有一定的失真。在其他正常情况下，可靠性极强。

59.赢在终点，别忘在收盘前15分钟操盘

做短线时，中小股民买进是为了1天或3天后的卖出，无论盈亏都必须在短期内轧平账户。目前A股采用的是T+1交易模式，当天买进的股票第二天才能卖出，期间涨跌未定，风险极大。盘中股价的走势，不仅受股价原来运行趋势的影响，更加容易受到当天大盘走势及盘中突发事件的影响，存在极大的不确定性，一旦介入，即使盘中股价下跌，也没有纠正的机会，只有等第二天止损出局，或补仓降低成本等待反弹，或被套死苦苦等待。

股民于先生很喜欢做短线，每天一开盘就坐在电脑前浏览个股，寻找合适的投资机会。但他每次买入后就胆战心惊地盯着盘面，看到股价上涨固然欣喜，最怕的就是买入后股价就不断走跌，这时候卖又没办法卖，只能是白白着急。

在T+1交易制度下，买进后一旦发生风险当日不得卖出，因此短线客应尽量将买入

时间选择在收盘前15分钟，此时间段内不跌的话，第二天任何时间感觉有风险可随时卖出。

在很多情况下，一只股票早上开盘后进行长时间的横盘，在均价附近窄幅整理，遇大盘下跌，它能坚持不动或稍被大盘拖累后，也能迅速返回；而均线基本上保持一条直线。此类股票往往会在下午耐不住寂寞，选择向上突破。但是如果在下午一开盘就突破的话，最好不要跟进，因为此时多数属于主力试盘动作。

真正上攻的股票，一般都会选择在14：30之后，特别是在14：35—14：40开始上攻。此时要看它的上升角度。如果超过80度的话，就会显得太急，容易产生抛压。有个别强势股14时刚过就展开攻势，这时候必须要放巨量，以接近90度的推升迅速涨停，否则的话容易夭折。最漂亮的走势是先沿30度角运行几分钟，然后在大成交量的推动下改为沿45度到60度向上攻击，而均线此时也最好紧随股价，呈30度以上的弧形。这样用20多分钟时间完全可以涨5%以上，甚至涨停。以上情况必须紧盯5分钟至60分钟K线分时指标，特别是60分钟。在盘整期间，60分钟指标如KDJ，一旦在底部形成金叉状态，而时间上又刚好吻合的话，就可以择机介入。

收盘前15分钟入市，要选择以下3个方面的股票：

①股价整天都在地位盘整，在收盘时股价发力向上攀升，成交量明显放大的股票；

②股价开盘后冲高回落，全天都在调整，但在尾盘又发力上攻的股票；

③开盘后一直处在上升趋势，在尾市又再次发力上攻的股票。

以上3种股票通常在第二天开市后仍能承接前一天尾盘的升势，并能很快突破5%的止盈卖出价位。记住，这是一种超短线的操作方法，一旦总涨幅达5%左右时，就应卖出股票，不可太贪，这样到下午收盘前，又有钱和机会重新买入股票了。

采用此法操作，要注意以下几个事项：

①选股时要选取符合上述3个条件之一的股票，绝不能选取尾盘下跌的股票；

②切忌贪，在总涨幅达到5%左右时就应当卖出股票，就算是非常强势的股票，也应分批在上涨途中卖完。另需说明的是，尾盘拉升的股票，如果没有基本面和消息面的配合，第二天回调的风险极大，所以应当抓住开盘后那段的强势卖出手中的股票。

③一旦介入失误，达到3%的止损位时应果断卖出股票止损，才有以后持续买卖股票的可能。

60. 避免冲动，不要轻率操作复牌的股票

所谓停牌，一般是指股票由于某种消息或进行某种活动引起股价的连续上涨或下跌，由证券交易所暂停其在市场上进行交易，待情况澄清或企业恢复正常后，再复牌。"停牌股"特别是停牌时间较长的股票复牌后，由于利空释放或利好兑现，大多会在首个交易日大幅上涨。停牌后复牌的股票既存在暴富机会，也蕴含极大风险，因此中小股民不要轻率操作。

2010年9月3日ST轻骑（600698）（现名湖南天雁）重组复牌，股民老刘曾几次买卖复牌股票都赚到了钱，这一次ST轻骑复牌，老刘认为这是一个大好的投资机会，于是复牌当日集合竞价时就早早挂单，开盘后股价是红盘，这让老刘开心不已，没想到随后却迅速跌停，让老刘损失不小。

对于复牌后的股票，很多股民都是又爱又恨，赚到的赚的盆满钵满，赔钱的赔的血本无归，就像案例中的股民老刘一样，内在原因就在于面对停牌后复牌的股票，不知道如何操作、该注意哪些问题。

一般来说，参与复牌股票操作的投资者大致可分为两类：一类是复牌前已持有该股的投资者，复牌当日的操作有三个选择：

一是持有。如果认为复牌当日的定价明显低估，同时看好该股日后的市场表现，且采取长线投资策略，可在复牌后继续持有，无须在意复牌首日及日后的股价波动。

二是卖出。有三个时机可供选择。分别是：开盘卖出——认为开盘价较高，已超事先预期，即可以开盘价全部或部分卖出；冲高卖出——盘面感觉良好、操作水平较高的投资者可在股价冲高过程中分批卖出；尾市卖出——当股票大幅高开，且盘中大幅拉升，预计收盘价远高于开盘价时，该股存在大量的获利筹码，既有停牌前已持有的获利盘，也包括复牌当日开盘时买入的获利盘。特别是后者存在强烈的兑现愿望，一般会在下一交易日选择卖出。在这种情况下，复牌股票下一交易日的抛压较重。对于已经持有股票的投资者而言，在首个交易日的尾市卖出是个较好选择。

三是加仓。若充分看好复牌后的股票，认为存在较大短线机会的投资者，还可适量加仓。对加仓部分的筹码，或持有待日后达到目标价位后再卖出，或在盘中冲高时借用"底仓"当天卖出。

另一类是复牌前未持有但复牌后准备买入的投资者，操作时应重点把握好以下几个环节：

一要制订计划。沪深股市历来有炒新的习惯，包括停牌后复牌的股票。因为复牌首日股票交易不受涨跌幅限制，此类股票更能吸引激进投资者的目光。但复牌首日惊心动魄的走势不可能给所有参与者带来惊喜，在有人大赚的同时必有人巨亏，这其中事先的计划将起到关键性作用。

计划内容包括：买入时机、价格、数量以及买入后怎么办。尽管复牌首日股价的走势事先很难预料，但大凡当日遭暴炒的股票大多呈现出低开高走的特点。根据这一特点，事先谋划好待买的价格，当开盘价低于或接近自己的预期时，此类股票开盘后即遭暴炒的可能性大大增加，投资者可在开盘时第一时间适量买入。譬如，投资者预计ST三农合理定价在12元左右，发现复牌首日开盘价在8元左右——将存在拉升可能，即可在开盘时买入。当开盘价大幅超出预期时则应放弃，即使高开后仍出现大幅拉升也不参与。

二要避免冲动。市场总有这样一些投资者能按事先计划低吸，也总有那么一些人一看股价大幅拉升才赶紧追入。实际上，真正能赚钱的是前者。因此，投资者要么按计划在开盘时买入，等待别人"抬轿"，要么保持观望，不在股价大幅拉升过程中追涨。ST三农由于上市首日收盘价已较开盘价涨了50%，第二个交易日一开盘即遭"无量跌停"，全日只成交319万股，而封在跌停价上的抛盘多达2286万股。之后，该股又连续多日跌停，首日以涨停价追入的投资者全线深套。

三要快进快出。复牌后交易的股票大多定位不稳，参与的投资者多数忐忑不安。第二天，一旦股价拉升很多人会追涨，万一下跌离场意愿又特别强烈。投资者可通过设立目标位和止损位方式应对股价不稳问题：当买入的复牌股达到或超过预期的目标位时，应在下一交易日坚决离场；假如股价跌破事先设定的止损位，也要果断出局，不要心存侥幸。如果第二天直接以跌停价开盘未能卖出，也要在日后继续委托，直至成交。ST三农除前两日均属无量跌停、投资者难以卖出外，第三日开出的跌停价曾被打开，盘中一度翻红，投资者只要不心存侥幸，都有卖出机会。

四要避免无效委托。复牌前已持有的投资者若想在复牌当日卖出，一定要正确委托、确保成交，避免因无效委托错失机会。尤其是委卖的价格，一定要在有效范围之内，因为复牌股票不像其他股票那样当委托价超出正常范围时系统会自动提醒，而是任由投资者进行"无效委托"，只是直至收盘这样的委托也不可能成交。为此，投资者可在委托前先根据开盘价计算出当日交易的有效委托价范围（开盘价上、下50%），再在该价格范围内进行委托。

61. 把握涨跌，买卖股票不要选错时机

买卖股票有几个重要因素———量、价、时，时即为买卖的时间，这是最为重要的，买入时间选得好，就算股票选得差一些，也会有的赚；但卖出时机选得好，既不会错过上涨行情也不会被套牢。

股民王女士花高价买了一串紫水晶，据说这种水晶可以帮助佩戴者"转运"。因为王女士觉得自己炒股一年之所以不赚钱就是运气太差：看好一只股票，买入后就下跌；卖出一只股票，出手没几天股票就大涨，这实在让王女士郁闷不已。

案例中王女士的烦恼很多股民也都有，好像市场在跟自己作对一样，很多股票一买就跌、一卖就涨。我们说这其实与运气没有多大关系，更深层次的原因还在于投资者自己，准确把握买卖时机是一门大学问。

中小股民如果不想一买就跌，那么就要尽量避免操作下列股票：

①避免操作前期涨幅过大的品种，因为操作这样的品种，新手容易犯大的方向性错误，危害最大。具体如何来看，打开K线走势，观察股票的走势从什么价格起步，经历多长时间了……做股票需要一种大局观，不要把眼光局限于某一区间。总之，涨幅过大的股票，中小股民就不要再留恋和贪心！

②短期涨幅过快，股票价格脱离5日均线，高高在上，在均线和价格之间形成很大的空间，短线不要买，一买就将面临短线回调！

③短线涨幅过快，价格迅猛抬高带动5日均线快速上移，5日和10日均线之间形成很大的开阔地带，此时买进，也会发生一买就跌的现象。

④股票开始走下降通道，在达到一定跌幅之后，在某一价格区间开始盘整，不要以为股价跌到底了，往往是下跌中继而已！

⑤股票处于下降通道之中，均线层层压制股价下行，这样的股票，不要想当然认为不会再跌了，很多股票在涨之前往往主力会来一次能量宣泄，短时间内会急速暴跌，杀出最后一次浮动筹码！所以这样的股票也不要碰！

避免一卖就涨，不要操作下列股票：

①一个股票经历长期连续下跌，股价显示，多方曾几次抵抗，但都无功而返，并且成交量开始出现持续放大的迹象，这样的股票不要轻易抛出，反弹行情在酝酿之

中，随时都可能爆发。星星之火，可以燎原。

②股票走势稳健，价格稳妥地依附5日、10日均线上涨，量价配合适度，不要想当然认为股票涨不动了，此时应该耐心持股，让利润充分增长。

③股票处于上涨通道之中，股票涨到一定程度之后，出现在相对高位横盘整理态势，很多人认为股价见顶了，会急匆匆抛出，其实只不过是技术形态的修复而已，往往会形成上涨中继！

④股票短期内跌幅巨大，价格远离均线压制，中间已经形成比较大的空阔地，此时虽然形态很恶劣，但要忍住，技术上随时会出现反弹。不要低位杀跌！

⑤股票长期下跌，近期再度出现暴跌，此时不必害怕，这是股票上涨前兆！不要抛出！

⑥大盘暴跌，所有股票都出现非理性大幅下跌，此时不要急于抛出股票，更不能非理性恐慌抛出所有股票，除非那些技术上处于高位的股票可以另当别论！现在的大多数股票面临的就是这种情况。

62.温故知新，不要忘记常做复盘练习

所谓复盘就是利用静态再看一遍市场全貌，这主要是为了解决中小股民白天动态盯盘来不及观察、来不及总结等情况，在收盘后或者定时进行一次翻阅各个环节，进一步明确一下，明确哪些股资金流进活跃，哪些股资金主力在逃，大盘的抛压主要来自哪里，大盘做多动能又来自哪里，它们是不是有行业、板块的联系，产生这些情况的原因是什么？哪些个股正处于上涨的黄金时期，哪些即将形成完美突破，大盘今日涨跌主要原因是什么，等等，这样做会让中小股民更了解市场的变化。

小赵跟着同事老李加入了炒股大军，老李虽然进入股市时间不长，但炒股却很有水平，十次操作有七次赚钱，偶尔操作失误，也能及时地止损，没有什么大损失。小赵可就差远了，少有赚钱的时候，他笑称：就当交学费了！老李对他说，学费不能白交，你要常做复盘练习啊！小赵却有点不以为然：都过去了，看有什么用？！有那个时间我还不如多去打听点小道消息！

案例中小赵的想法真是大错特错了，要知道良好的盘感是投资股票的必备条件，而盘感需要刻苦训练。如果总是操作过就丢到一边，那么你就永远不会有进步。

那么如何复盘训练自己的盘感呢？

（1）看两市涨跌幅榜：

①对照大盘走势，与大盘比较强弱，了解主力参与程度，包括其攻击、护盘、打压、不参与等情况，了解个股量价关系是否正常，主力拉抬或打压时的动作、真实性以及目的。了解一般投资者的参与程度和热情。

②了解当日K线在日K线图中的位置、含义。再看周K线和月K线，在时间上、空间上了解主力参与程度、用意和状态。

③对当天涨幅、跌幅在前的个股再一次认真浏览，找出个股走强（走弱）的原因，发现你认为的买入（卖出）信号。对符合买入条件的个股，可选入你的备选股票池并予以跟踪。

④在了解个股的过程中，把那些处于低部攻击状态的个股挑出来，仔细观察日K线、周K线、月K线所经历的时间和空间、位置等，情况良好的，剔除控盘严重的庄股和主力介入不深及游资阻击的个股，剩余的再看一下基本面，有最新的调研报告最好调出来看一下，符合买入条件的选入自己的自选股。

（2）看自己的自选股（包括当日选入的）：

观察自选股是不是按照自己预想的在走，检验自己的选股方法，有哪些错误，为什么出错，找出原因，改进。看哪些个股已经出现买点（买点是自己定的，按照什么标准也是你自己定的）的个股，你要做一个投资计划，包括怎么样情况怎么买，买多少、什么价格、止损位设置等。

（3）看大盘走势：

主要分析收阴阳的情况、成交量情况，与昨日相比是否怎么样的情况，整个量价关系是否正常，在日K线的位置、含义，看整个日K线整体趋势，判断是否可以参与个股，能否出现中线波段，目前大盘处于哪一级趋势的哪个阶段。看当日大盘波动情况，什么时候在拉抬、什么时候在打压，拉抬的是哪些股，打压的又是哪些股，他们对大盘的影响力又是如何。看涨、跌、平个股家数，了解大盘涨跌是否正常。了解流通市值前10名个股的状况，以及对大盘的影响，如果不是大盘股影响大盘，找出影响大盘的板块。了解大盘当日的高低点含义，了解大盘的阻力和支持位，了解大盘在什么位置有吸盘和抛压，了解哪些个股在大盘打压之前先打压，哪些个股在大盘打压末期先止住启动。

63.洞察先机，不要不做尾盘成交量分析

尾盘选股票一般是为了在快进快出的前提下做黑马股。我们知道股价的走势中，盘整或跌势中的尾盘，其次日开盘的结果可能迥异。而考察尾市变化把握投资先机，就成为了短线投资者梦寐以求的制胜法宝。

钱先生是一个短线客，他认为在中国股市中只有做短线才能赚到钱。2010年12月24日钱先生对手中的爱使股份（600652）（现名游久游戏）该如何操作有点举棋不定，当日尾盘价跌量增，与钱先生一同买进该股的股友第二日一大早就清仓离场，钱先生却想等股价再涨点再抛，结果当日股价大跌。钱先生很好奇股友怎么那么果断地一早就抛，结果股友回答说：看看尾盘就知道了嘛，今天股价肯定是高开低走的！

炒股尤其是做短线，一定不能忽视了对尾盘成交量的分析，尾盘成交量的变化往往能揭示第二日的个股走势，对于投资者把握投资买卖点有着重要的意义。

那么具体怎么来分析呢？我们还需要借助股价的10日移动平均线的整体运行状态来分析。

（1）涨势中（当10日股价移动平均线呈上扬之势时）

尾盘价涨量增：在涨势中的尾盘量价俱增，是人气充分聚积的征兆，说明市场上的投资者仍然看好日后的发展，则次一交易日股价将仍以高盘开出的可能性较大。

尾盘价增量缩：这种情形在涨势中多为高潮阶段时的惜售现象。次一交易日，股价通常多以跳空高开为主，昨天尾市没有买到的投资者，一般多会填高单价追涨买进。但是，由于股票没有经过充分换手，高开之后，往往就会因获利盘的增多，卖压同时逐步增大，次一交易日的K线形态上多带有上影线。

尾盘急跌量大：如果不是在涨幅巨大的阶段，出现巨量长阴K线形态，则尾盘出现这种明显急跌量大的现象，多是控盘主力庄家利用尾市进行洗盘清筹。次一交易日股价往往是将以平盘或者高盘开出，但这种情形的前提是杀尾盘的当日成交量在一定原则上不宜过大。

（2）盘整中（当10日股价移动平均线呈持平之势时）

尾盘价量俱增：在盘整阶段末期，多空双方主力经过了较长时间的争战，终以多方主力的努力而占据上风。盘面此时突然发动攻势，则次一交易日股价往往将以平盘

或者高盘开出。

尾盘价跌量增：在盘整走势中的尾盘，出现价跌量增的现象，说明多空双方主力在势均力敌的对峙中，多方主力由于失去了后援和信心，空方主力则乘势占据上风，胜负已经初见分晓。盘面此时突然发动攻势，次一交易日股价往往以平盘或者低盘开出，并且大多会因为多方主力反击的无力而渐渐进入盘跌阶段。

关前价量俱增：在盘整走势中，股价即将遇到关卡，尾盘如果突然出现大量急拉，则次一交易日股价多是以冲关式的高盘开出，但是由于主力庄家并不想或并不具备上攻的实力，仅仅只是借助尾市搞突然袭击，制造出一种向上突破的假象，引诱场外的投资者追涨看多，自己则好趁机出货清仓。故此极容易形成高开低走，以假突破拉回整理的结局。

（3）跌势中（当10日股价移动平均线呈下跌之势时）

尾盘价跌量缩：在跌势中，尾盘出现价跌量缩的现象，说明买盘无人愿意接单，卖压将转移到次一交易日开盘，而使得次一日股价因卖盘的急于脱手，以低盘开出。

尾盘价量俱增：在跌势中，尾盘价量俱增现象的出现，K线图形形态上一般会留下下影线，盘走势有两种可能性：

①RSI未处低档且K线收中阴时，由于短线资金的介入，而出现反弹的契机。但是次一交易日股价若是始终在平盘之下游走，则可能是主力庄家利用尾市拉抬诱多，以便次日压低出货，这是大盘将跳空向下的讯号。

②RSI处于低档且K线缩小阴小阳时，如果此时量价俱增，配合出现的时机正处于6日RSI的低档，则次一交易日往往多是经高盘开出，并引发一轮反弹的走势。

③尾盘在急拉的走势之中，开始出现修正性的反弹，临近收市之时却又被打压到以最低点报收，说明空方主力仍然占主导优势，此种走势在次一交易日股价将以平盘或者低盘开出，并且次一交易日的股价走势是易跌难涨的。

尾盘前就已经形成明显的涨势，但是尾盘的最后10分钟开始出现抢盘，成交量大幅度放大并且推动股价一路走高，这种情形一般多是投机性的短线客介入追涨，对次一交易日的走势不是十分有利。次一交易日股价高开之后，因为存在着短线获利盘的压力，如果不能消化这一部分卖盘，涨势就很难持续，卖压在高开之后一般也就会迅速涌现。

64. 时刻警惕，不要跳入异动股的陷阱

在炒股实战中，我们常常会碰到异动股，异动股是最考验中小股民操盘技能的。异动股是指与大盘走势迥然不同的另类个股，如大盘大跌，异动股则逆市飘红；而大盘涨时，异动股却走出自己的独立行情。异动股属于较为特殊的个股，它或是量异动，或是价异动。交易所将每日涨跌幅大于7%、振幅大于10%的个股列为异动股，还将大幅高开或低开的个股以及成交量突然放大的个股都列为异动股。

浙江股民孙女士在自己的炒股日志上写道：从今以后再也不碰异动股，不管是机会还是陷阱！上海梅林（600073）在2010年12月20日涨停，但当日几乎没量。孙女士认为大黑马往往就出在这些异动股中，所以就决定大胆追进。第二天孙女士在集合竞价时挂单，重仓了上海梅林。结果该股跳空高开了5个多点，一度冲至涨停，这让孙女士欣喜若狂，然而，最终却是高开低走，至收盘时甚至还跌了2分钱。这一天的高开低走放量特别大。此后该股连跌5天，跌幅达25%以上，让孙女士损失惨重。

中小股民对于异动股往往是又爱又怕，异动个股中往往能够跑出大牛股来，如果我们能在异动股中寻找到一只大牛股，那么就能够提高操作的准确性，确保获利的最大化。但是，异动股里也有陷阱，如果把握不准就有可能掉入庄家设计的圈套，造成操作上的重大失误。

那么，中小股民应当警惕什么样的异动股呢？

①放量跳空低开的异动股。在早盘开盘时，有个股突然出现跳空低开5个点以上，而且在集合竞价阶段成交上百万股，面对这一异动情况我们要密切关注。如果这种异动股并不是因为政策面出现重大转折，也不是因个股出现系统性风险，那么，就可以认定是庄家洗盘的前兆。放量跳空低开，表明庄家仍潜在其中并未出局，低开明显是震仓洗筹行为，是为接下来的拉升扫清障碍。

②大幅跳空高开的异动股。一般来说，前一天涨停的个股，第二天都会有跳空高开的动作，但是前一天并未涨停的个股，如果第二天大幅跳空高开，则有两种可能：一种是庄家的试盘动作，看上方的抛盘究竟有多大，适不适合拉升股价；第二种可能是庄家故意做出拉升的动作，以吸引中小投资者跟风，目的却是为了出货。这种高开很容易形成低走。

③尾市打压，K线留下长阴线，次日迅速涨回的异动个股。投资者在操盘中有时会发现一些个股全天走势稳健，却在临收市时突然放量下跌，在K线上留下一条长长的阴线，而第二天却又轻松收复失地。如果此股的30日均线处于明显的上升态势，而股价涨幅不大，则完全可以认定这是典型的打压洗筹行为。

④无故突然放量的异动个股。一些个股在盘中突然异常放量，盘口出现数千手的巨量买单和卖单，日换手率在20%以上，给人的感觉似乎是在换庄。而事实上，这种异动个股除大幅放量之外，股价还存在明显的滞涨现象，因而可以认定是庄家想吸引中小投资者参与而刻意制造的交易量放大假象。如果此时30日均线、OBV指标均未出现上扬，则更可确定为庄家的诱惑行为，中小股民绝对不能参与。例如，中科英华（600110），2010年11月26日开始连续3天突然放量，换手均超过20%以上，股价却有滞涨现象，OVB并没有随成交量的异常放大而上行，反而有下拐趋势。此后该股连续下跌，不到一个月时间跌幅就超过20%。

⑤连续温和上涨，但偶尔突发跳水的钓鱼竿似的异动个股。有的个股在盘中呈现出45度角的上扬走势，而且日K线图上为连续的小阳线，但是，盘中却时不时地出现一下跳水的走势。对如此异动个股，中小投资者不宜参与，因为你根本搞不清楚它会在什么时候真正地跳水。对于看不明白的个股，我们中小投资者还是不碰为妙，静观为好。

65.制订计划，不要把短线做成中线

短线操作一定要制定自己的止盈点，预定的收益率达到以后坚决卖出，尤其是追涨停的时候。很多人经历过山车的原因就是因为太贪了，看到股价一个劲地涨，暗暗高兴，忽视了自己所处的风险，这样很容易把获得的收益重新送回去，甚至还可能高位被套。

2010年12月13日，股民王女士以9.12元短线建仓大通燃气（000593），买入后股价迅速大幅上涨，王女士非常高兴，12月15日该股带量拉出一根大阳线，王女士暗暗自得：难道自己不经意抓住了一只黑马股？本来打算了结离场的，但现在决定再等等看，说不定后面还有大行情。没想到12月17日股价陡然下跌，王女士非常懊悔，她本打算逢高出局，但又一直没找到机会，只好一直套下去。

案例中的王女士犯了一个很多股民都会犯的错误：把短线做成了中线。短线就是短线，追求成功的概率；中线就是中线，追求灵活的波段；长线就是长线，追求稳定的收益。不同的操作模式方法截然不同，如果把短线做成中线或是长线，多半要被套或是坐电梯。

短线不能做成中线，疯狂短线持有股票的周期一般为1～5天，到了涨不动了，或者见到第2根阴线就要考虑出货了。中小股民做短线时，可以预设一根7日线，7日线是强弱"分水岭"，破了7日线坚决割出来，一旦破了7日线，即使再次修复，也会浪费几天时间，也赚不到什么钱，而几天时间运气好点也能涨10～20个点了。请千万记住这一点：破了7日线的股坚决出货。如果走强破7日线收回来，也不过比卖价高1个点左右，你可以卖了这只股票继续关注，等上7日线了找合适机会再买回来，中间时间可以做其他票，还可以躲避连续跳水风险。

那么做短线如何顺利逃顶呢？股票投资者可以在强阻力位或者出货线挂卖单，一般都可以成交。一般短线5～10个点就可以随时准备出货了。不过，如果上午10点前涨停可以不出，这表示主力很强，后面还可能有连板，如果头天板第二天不涨的话，就可以守3～7天。当然如果出现大的政策性利空，即使跌停板也要出。总之，做疯狂短线不能破7日线。

66. 灵活判断，不要被个股假上涨迷惑

对于中小股民来说，操盘时一定要注意判断个股上涨的真假情况，不要被假上涨迷惑，盲目买入股票只会给自己的账户造成损失。

2010年7月上旬，民生银行（600016）经过一段时间的下跌后，开始出现了一波反弹，西安股民曲女士结合该股前期走势，认为民生银行很可能正在构造W底形态，为了把握这一段涨情，曲女士在7月8日以6.25元重仓该股。没想到7月15日，该股突然大幅跳水，股价从6.52元跌至5.32元，曲女士账户损失严重。

从2009年11月中旬开始，民生银行的股价一直在一个下行的趋势中，中间也曾经出现过几次反弹，但是都未能从整体上改变该股的运行趋势，操作这样的股票一定要慎之又慎，不能被微小的反弹，或者说"假上涨"迷惑，否则很容易就会被套牢。

那么，实战中中小股民怎样识别真假上涨呢？

识别"假上涨"。一般来说，超跌反弹、破位后回抽属于"假上涨"。熊市中的超跌反弹、或者破位后反抽，出现的概率较多，大多发生在下列技术背景下：均线空头排列，股指或者股价处于下降通道，股指或者股价的运行，处于阶段性下跌的中段、后段。

超跌反弹的最主要特征就是：股价同均线比较，乖离率大或者较大。这种情况下的上涨，属于"时间有限""空间有限"的修复性走势。一般说，其上涨终结的区域，大多在某个重要均线附近，如20天线，或者30天线。但是，反抽到20天、30天线附近过不去，或者过去但是站不住，则会展开新一波下跌。因此，超跌反弹的抄底者，如果不善于快进快出，就会被套。这种"假上涨"之所以"假"，原因在于：股指或者股价上面，由于空头排列的均线，因此存在层层套牢盘。在阻力位附近买入，每次都属于"做好事"——帮人解套，自己接盘。如果某一时期的领涨股也是"假上涨"的股票居多，则谨防股指的上涨也是"假上涨"。

中小股民特别要注意的是，在M头、三重顶的颈线破位之后、某个重要技术位破位之后或某个重要整数关破位之后，一般都会有反抽。这种反抽性的上涨，时间、空间更有限。一旦介入这种上涨，极容易招致套牢割肉盘、解套盘的打压，从而被套。同样需要注意快进快出。这种"假上涨"之所以"假"，原因在于拉高只是为了更好地出货。

把握"真上涨"。走主升浪才是"真上涨"，不论牛市还是熊市，只有"主升浪"才是最大的"蛋糕"。而走主升浪的股票，必然存在下列特征：首先，均线多头排列。（并不是均线多头排列的所有股票都是走主升浪，但是走主升浪的股票其均线必定多头排列）。因此，选股首先在均线多头排列的股票中选择。不论牛市还是熊市，这都是选择大牛股的技术面的首要条件。其次，要看股价、股指所处的浪形，是第一浪、还是第三浪、抑或第五浪。要选主升浪的话，选择第三浪才有较好的成功率。这是选择大牛股的技术面的第二个条件和思路。

一般说，双底形态、头肩底形态的股票，一旦完成形态的突破以及完成形态突破之后的回抽确认，展开主升浪、第三浪的概率较高。这是选择大牛股的技术面的第三个条件和思路。走主升浪的股票，其上涨所以称为"真上涨"，在于其涨升力度强劲、比较可靠。

67.深思熟虑，炒股不要随意地下单

炒股下单要深思熟虑，不能冲动行事。在股市中，我们看到很多人买股票时，都一改生活中的精打细算，变得盲目和冲动起来。在这个市场里，一失足成千古恨的例子太多了，中小股民一定要分清情况再下单。

股民老穆2010年8月刚从股市中解套出来，手里有一笔资金。9月10日有人对老穆说日照港（600017）马上要突破平台上涨了，现在买入就能买在大行情的底部。老穆得到这个消息后兴奋不已，他马上打开K线图，发现这只股票真的像是马上要突破上涨的样子，于是老穆马上以6.55元重仓该股。周一一开盘该股股价果然继续上涨，但随后两天股价又拉出了阴线，老穆安慰自己：这只是突破上涨前的整理而已！9月16日日照港大幅跳水，股价跌至4.36元，老穆非常沮丧：自己刚逃出一个大坑就又掉进了一个陷阱！

案例中的股民老穆之所以屡屡被套，跟其个人的操盘手法有很大关系。下单之前应该仔细研究，仅凭传言就在情绪激动之下下单，当然容易遭遇失败。比如，很多中小散户往往是在股价下跌途中买进股票。看起来这支股价比前段的价格低，兴奋的好像捡到便宜货，然而股价根本没有止跌也不知道底部在哪里，买进后股价一路下跌，从而可能招致重大损失；还有人只要大盘一涨就激动，个股一涨就冲动，就去追涨。结果赶上调整市道，追涨反被套牢。

下面我们就具体地来看一下哪些情况下不应下单：

①大市不好不下单。炒股应当顺应大市，"覆巢之下，焉有完卵"。曾有报纸做过统计，大盘上涨时，十之八九的股票要么上涨，要么横盘，股民吃亏的可能性不大；而大盘下跌时，逆市上扬的股票不会超过5%。因此，中小股民一定要避免逆市操作，大市不好的时候尽量避免下单。

②对没有未来的企业不下单。一个企业有没有未来很重要，对于有未来的企业而言，它的发展轨迹是"芝麻开花节节高"，即使市场暴跌也不要紧。而对于没有未来的企业来说，随着时间的延伸，它的业绩会越来越差，经营越来越困难，过的是有今儿没明儿的日子。

③未经研究不下单。去市场买把菜，你还要挑挑拣拣，做股票是用资金去投资，

怎么能不研究就轻易下单呢。如果仅仅靠听来的消息，再怎么言之凿凿、信誓旦旦，只要股价一跌，马上就慌神儿；再一跌，就怀疑消息的真实性；继续跌，就自我否认消息；最后割肉出局，卖了个地板价。只有经过深入调研，把"消息"变成"信息"，变成自己研究之后确信的东西，才可以成为值得信赖的投资参考。

④短期暴涨过的个股不下单。连续暴涨的个股多半已经不便宜，而且买入之后多半会下跌或盘整，没有必要在里边跟它耗。

⑤股价处于下跌趋势中不下单。如果是做长线，那么中小股民完全可以在下跌中持续买入，但这要有三个前提：一是企业有很好的未来；二是股价已经低于企业内在的价值，已经是便宜柴禾了，就不妨捡一点；三是买了就要拿得住，别等到地板价的时候，心里一慌，全都割了。如果并没有打算长期持股，那还是要等趋势的改变，与其逆势而上，不如顺势而为。

⑥情绪冲动不下单。一些中小股民往往很容易被情绪左右，心绪一乱、头脑一热、心里一慌、手头一痒，结果往往是一败涂地。下单之前要问自己，操作的决定是来自理性的判断还是来自情绪的波动，如果是因为情绪不稳，就先离开大盘平静一会儿。

68.把握指标，不要忘记关注换手率

所谓换手率是指单位时间内，某一证券累计成交量与可交易量之间的比率。换手率数值大，不仅说明交投的活跃，还表明交易者之间换手的充分程度。换手率在市场中是很重要的买卖参考指标，它甚至比技术指标和技术图形来得更加可靠，如果从造假成本的角度考虑，尽管交易印花税、交易佣金已大幅降低，但成交量越大所缴纳的费用就越高是不争的事实。如果在K线图上的技术指标、图形、成交量三个要素当中选择，主力肯定是最没有办法时才会用成交量来骗人。因而，研判成交量乃至换手率对于判断一只股票的未来发展是有很大帮助的。

上海股民王大姐炒股三年多了，她笑称自己的炒股方法很"原始"，就是坐在大厅中听消息买卖股票，三年下来不赔不赚。王大姐进一步说："那些什么换手率啊量比之类的我是不懂的，我也不看，看了也不知道什么意思。股票嘛，都是人炒火的，我就看大家都买什么我就跟着买好了，技术的东西我是不懂的！"

股市里抱着像案例中王大姐想法的还大有人在：跟着大家炒就可以了，何必还那么麻烦地去研究换手率之类的呢！这种想法是非常错误的，换手率这样的指标是每一位投资者都应掌握的。换手率的高低，不仅能够表示在特定时间内一只股票换手的充分程度和交投的活跃状况，更重要的是，它还是判断和衡量多空双方分歧大小的一个重要参考指标。低换手率表明多空双方的意见基本一致，股价一般会由于成交低迷而出现小幅下跌或步入横盘整理。高换手率则表明多空双方的分歧较大，但只要成交活跃的状况能够维持，一般股价都会呈现出小幅上扬的走势。

我们来看一下换手率参考数据：

日换手率	股票状态	盘口观察	资金介入程度	操作策略	走向趋势
1%—3%	冷清	不关注	散户资金	观望	无方向
3%—7%	相对活跃	适当关注	试探介入	原则观望	小幅上升或回落
7%—10%	高度活跃	高度关注	大举介入	考虑买入或卖出	稳步上升或回落
10%—15%	非常活跃	重点关注	深度介入	大举买入或卖出	大幅上升或回落
15%—25%	极度活跃	极度关注	全线介入	短线进入或中线清仓	有可能暴跌
25%以上	走势异常强势上涨的离高点不远，不能强势上涨的，大跌在即。				

对于换手率的观察，中小股民最应该注意的是换手率过高和过低时的情况。在多数情况下过低或过高的换手率，都可能是股价变盘的先行指标。一般而言，在股价出现长时间调整后，如果连续一周多的时间内换手率都保持在极低的水平（如周换手率在2%以下），则往往预示着多空双方都处于观望之中。由于空方的力量已经基本释放完毕，此时的股价基本已进入了底部区域。此后即使是一般的利好消息，都可能引发个股较强的反弹行情。

而换手率高就要复杂的多，一般来讲，换手率高的情况大致分为三种：

①相对高位成交量突然放大，主力派发的意愿是很明显的，然而，在高位放出量来也不是容易的事儿，一般伴随有一些利好出台时，才会放出成交量，主力才能顺利完成派发，这种例子是很多的。另外还有一种股票却是很会骗人的庄股，先急跌然后再强劲反弹，并且超过前期整理平台，引来跟风盘后再大举出货。对于这类个股规避风险的办法就是：回避高价股、回避前期曾大幅炒作过的股票。

②新股，这是一个特殊的群体，上市之初换手率高是很自然的事儿，我国市场一度也曾上演过新股不败的神话，然而，随着市场的变化，新股上市后高开低走成为现

实。显然已得不出换手率高一定能上涨的结论。

③底部放量，价位不高的强势股，是我们讨论的重点，其换手率高的可信程度较高，表明新资金介入的迹象较为明显，未来的上涨空间相对较大，越是底部换手充分，上行中的抛压越轻。此外，目前市场的特点是局部反弹行情，换手率高有望成为强势股，强势股就代表了市场的热点。因而有必要对他们重点关注。

中小股民还要关注高换手率的持续时间，观注个股是刚刚放量的个股，还是放量时间较长的个股。在多数情况下，部分持仓较大的机构都会因无法出局而采取对倒自救的办法来吸引跟风盘。对于那些换手充分但涨幅有限的品种反而应该引起警惕。但对于刚刚上市的新股而言，如果开盘价与发行价差距不大，且又能在较长时间内维持较好的换手率，则可考虑适时介入。

69.高抛低吸，不要误读第一起涨点

很多中小股民都有这样的思维——买就要买在分时线即将起涨前的那一刻，也就是说要买在第一起涨点上。第一起涨点的盘面特征是，该点处于当日分时线第一波明显上升时的起跳处。它的最大实战意义是，无论当日大盘上涨还是下跌，对于强势股，尤其明星股而言，分时线起涨后的回调，一般很难受大盘拖累而跌破第一起涨点价位。

2009年11月，股民夏女士曾关注过重庆路桥（600106），当时该股刚结束低位震荡整理，夏女士考虑了一下还是没有买进该股。夏女士并没有意识到自己当时其实是站在第一起涨点上，随后股票大幅攀升，这让夏女士懊悔不已。之后该股走上了上升趋势，并一路从8.32元涨至15.49元。尽管中间有几次回档但夏女士都没有介入，她还在为自己错失第一起涨点而懊悔和不甘……

在实战中，一些股民往往会误读第一起涨点，进而让自己的操作陷入误区，这是十分可惜的，就像案例中的夏女士一样，如果她能够不纠缠于第一起涨点，把握好后面的几次回调机会，做高抛低吸所得也远远超过这一点了。

下面我们就来总结一下，在面对第一起涨点时，股民易犯的错误：

（1）第一起涨点绝对不是唯一买入股票的时间和价位

一只股票有很多买点，也有很多买入理由，没有绝对的、唯一的买点，第一起涨

点是根据强势战法理论而产生的一种合理买入股票的方法,因此投资者在使用这个买入方法时不要生搬硬套。

（2）第一起涨点不是股价由下跌转为上涨的最低买入点

第一起涨点的买入位置并不像大多数人认为的股价上升趋势开始的起点,我们也不相信有那么一种方法可以做到在那里买入,但是强势战法所要求的是快速、频繁、风险最低的交易方式,这个风险也包括时间风险,第一起涨点是指股票已经明确进入强势拉升阶段的最合理点。

（3）第一起涨点不是收益最大的买入点

第一起涨点的买入价通常是比较高的,好多时候用第一起涨点买入的单次收益赶不上做低吸高抛赚得多,但是第一起涨点的单位时间收益是最大的,可能2个小时就是10%,而且第一起涨点可以失败,可以多次失败,但最重要的是我们永远都是主动的,绝不被动等待股价上涨。使用第一起涨点的灵活性和抵抗风险的能力是其他分析方法无法相比的,同时它也是中小投资者利用自身优势最好的分析方法。

（4）第一起涨点选择的是强势趋势确认的最佳买点

根据强势战法理论我们不预测趋势,我们只确认趋势和计算趋势的惯性有多大,第一起涨点就是确认趋势已经是强势上涨,并且能够在趋势惯性持续的状态下赚钱所采取的买入原则。第一起涨点股价在未来上涨5%空间的可能性几乎是100%,所以第一起涨点是强势趋势确认的最佳买点。

（5）第一起涨点的股票不一定都会涨停

虽然大多数股票在出现第一起涨点后都会涨停,但这并表明第一起涨点就是一种买涨停股票的方法,这么说是为了投资者在使用第一起涨点时不要改变它的基本作策略,否则可能会导致失败的交易。

70.避免被套,抄底前别忘甄别事实

抄底是很多中小股民的终极梦想,每当市场步入阶段性调整,股民就会急切地想知道：什么时候会形成阶段性底部？因此中小股民们就运用包括移动平均线技术、波浪理论等多种方法来对市场底部进行分析和预测。但事实证明预测极少成功,以致那些听信了专家预测试图进场抄底的投资者一次又一次被套牢。那么,为什么会是这样一种结果？通过什么方法能够改变呢？

2008年，当中海发展（600026）一路从34.99元跌至8月份的16元左右时，一直关注该股的上海股民马先生欢欣鼓舞：股价终于见底了！8月15日该股开始了小小的反弹，上冲5日均线，马先生认为抄底的时机已经到了，于是迅速建仓，并且打算行情拉开回档时再陆续补仓，没想到上涨行情仅维持了几天，股价就又继续下跌，虽然被套牢了，但幸好马先生买的还不算太多。

大底一旦来临，没有投资者不希望在指数最低点满仓买入最强势的股票，从而获得超额回报的。但实际上，绝大多数投资者难以达到这种理想化的状态，做反的倒大有人在。因此，中小股民在抄底时一定要慎之又慎，以免"偷鸡不成蚀把米"。

首先，导致抄底失败最主要的原因在于很多股民总是力图对市场的未来趋势进行预测。然而，由于影响市场趋势的因素太多，其中又有许多因素根本无法提前预知和度量，如经济调控究竟出台何种具体政策、何时出台、将如何影响市场以及影响程度等，因此失误率自然会很高。靠猜测是产生不了市场底部区域的，要想有效提升投资操作的成功率，就必须放弃预测的企图，改为对已出现的事实进行甄别。

其次，查探底部要方法得当。要知道，市场之所以会阶段性交替出现"顶部"和"底部"，根源还在于场外资金与场内筹码的反复博弈，而移动平均线技术、波浪理论等方法并不能够及时准确度量每个交易日场外资金与场内筹码博弈的程度，具备这种功能的只能是成交量。对于这一观点只要查看一番大盘K线图就一目了然了：2009年7月29日，上海市场出现了该轮上涨行情中的最大成交量3029亿元，至2009年8月4日，上证综指形成了该轮上涨行情中的最高点位3478.01点，此后市场即进入周期性调整。随着2010年6月28日市场迎来调整以来的最小成交量和7月2日"地价"——2319.74点的形成，市场于7月9日开始进入新一轮升势。

再次，成交量分析失误。股市中有一句俗语："天量见天价，地量见地价"，大部分股民都知道这句话，那为什么仍然会出现大量的操作失误呢？其原因主要在于许多中小股民轻易相信了某些人的观点，或自以为经验丰富，眼力高超，将行情回调过程中的缩量误作"地量"而提前抄底。然而，这个成交量究竟能否构成名副其实的"地量"，并不是你或某些专家的主观认为的。有效甄别"地量"的方法，一是必须搞清楚行情回调过程中的缩量同真正"地量"的关系。二是读懂市场通过盘面语言向你发出的信号：只有当市场由跌转升，同时伴随着成交量的温和放大，方可证明前面出现的是"地量"。

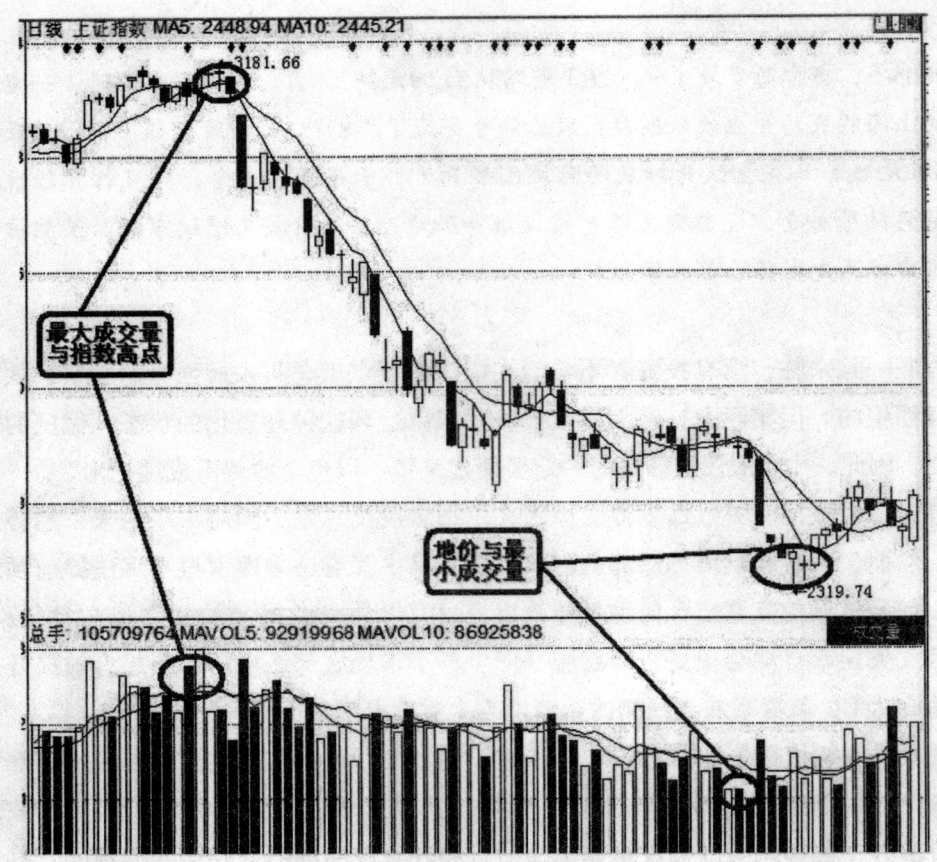

图81 上证指数与成交量印证图解

最后，当底部出现时都需要保持足够的仓位。投资者可以抓不住最强势品种，但不能让资金闲着。一方面，要树立防踏空的意识。如果说，在"牛末熊初"，持股不动是一件很愚蠢的事情，那么，在暴跌已经发生、极有可能"熊去牛来"的情况下，割肉轻仓则是更愚蠢的事情。所以，当指数处于底部区域时，一定要确立强烈的仓位意识，牢记"仓位也是硬道理"这一投资真谛。

本辑强化习题

1.开盘时高开、低开、平开三种状态都能说明什么问题?

解答:

(1) 平开

表示市场与上一交易日收盘结果一致,暂时认同上一交易日的收盘价,多方(看好后市主动买入的一方,也叫多头)和空方(看淡后市主动卖出的一方,也叫空头)处在平衡状态中,没有明显的上攻和下跌的方向。主力机构的真实意图只有在盘中交易时才能表露出来。

(2) 低开

表示目前空方占据主动地位,而后面的走势要根据具体情况去分析,看是主力机构出货还是多方有意打压股价建仓或洗盘(制造股价疲软假象令意志不坚者放弃持股)。

如果股价在顶部(某一时段内相对高位)大幅跳空低开表明人气不旺,常是多方力量衰竭、空方力量增长的征兆。主力机构获利回吐心切,以出货为主,大势有转坏的可能,日后虽有可能短时间内反弹,但摆脱不了一路下泻的局面。股民可以果断抓住这个机会,出货获利。

如果股价在底部(某一时段内相对低位)跳空低开,表示市场转暖,低开很可能是主力机构在建仓和洗盘。这时往往反而是抄底吸筹的良机。

(3) 高开

大盘如比前一日收盘点位高,说明人气旺盛。至于是否决定买入,还要看股价在中长期趋势的位置。如果股价处于底部,突然跳空高开,且幅度较大,表示有人抢筹码。这种情况往往意味着多空双方力量发生根本性逆转,多方坚决上攻,主力真实做多。这时应该果断地按照计划做多。如果股价处在高位,高开则可能为主力有意拉高派发,诱使场外买盘接盘使自己成功逃脱。

2.我们知道异动股可能会成为很好的投资机会,那么我们应该怎样操作暴跌个股呢?

解答:

暴跌分为大盘暴跌和个股暴跌,暴跌往往会出现机会,暴跌往往是重大利空或者偶然事件造成的,在大盘相对高点出现的暴跌要谨慎对待,但对于大涨之后出现的暴跌，你就应该选择股票了，很多迟到牛股的机会就是跌出来的，如2010年的成飞集成（002190）就是在暴跌后，从8.45元拉抬到52.29元高价的。

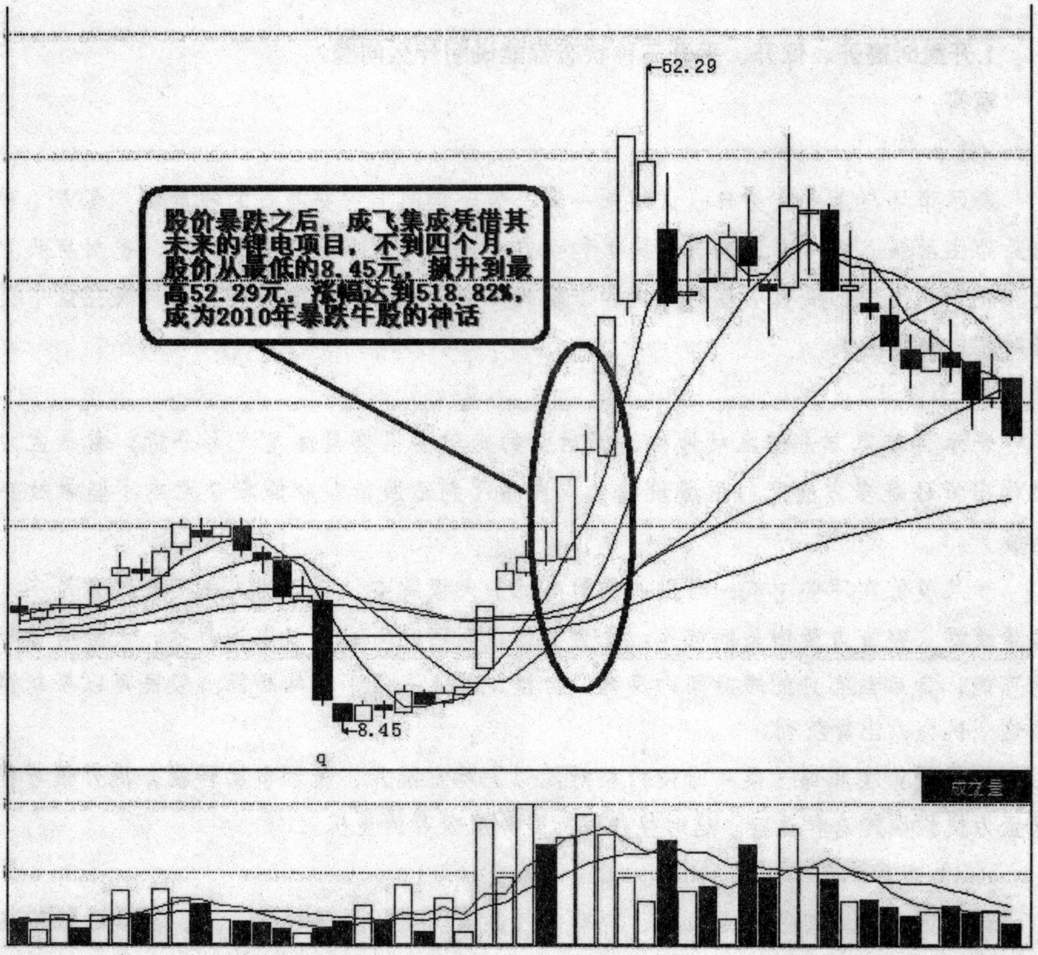

图82 成飞集成暴跌图解

3.在收盘前15分钟入场做短线有什么样的优势呢？

解答：

采用收盘前15分钟入市法，买入股票后就算下跌，由于只有15分钟时间，也跌不破3%的止损位。一般情况下，股市开盘后头30分钟表现的都比较强势，给我们有充分的止损出局的机会。即便跌破了3%的止损位，只要立即止损出局，到下午尾盘前15分钟时，又有入市机会。

4.是否换手率高的个股就应该积极参与呢?

解答:

对于换手率高的个股也要有所区分,主要分两种:一种是刚刚放量的个股,另一种是放量时间相对较长的个股。但如果只是充分换手就是不涨,反而应该引起我们的警惕,或者调低对其的盈利预期。而对于一批面临退市风险的ST股,尽管它们的换手率也很高,但还是敬而远之为好,由于其未来的风险实在较大,主力对倒自救吸引跟风也就是一种无奈的选择。

5.换手率作为一个对成交量最为敏感的指标其作用是显而易见的,特别是它的大幅上涨更应该引起关注。那么在实战中,中小股民在研判换手率时应该注意哪些问题呢?

解答:

有一些特殊的换手率变化更值得中小股民关注:

① 换手率激增,股价波动不大,大盘变化不大。这是一种出现概率并不低的现象,表明有大量的筹码在特定的小区域内换手,一般来说这是事先约定的换手,很有研究价值。

② 股价大幅上涨后换手率回落,股价随大盘波动。这种现象现在也很多,一般出现在成长股身上,表明大量筹码已经被锁住,主力资金长线运作,随着时间的推移股价将再上台阶。

③ 连续多天换手率处于高位,股价随之大涨并远强于大盘。这种现象一直存在,不过结果却有多种,有主力拉高建仓的可能,也有短线游资炒一把的可能,还有老主力出货的可能,需要进一步研判。

6.请观察2007年9中旬国电电力(600795)(见图83)的走势图,该股在9月10日到9月13日之间尾盘成交量放大,请分析该股后市走势。

解答:

国电电力(600795)在9月中旬出现千万买单,尾盘量明显放大。通过分析可知国电电力具备煤炭、新能源和环保等多种题材,在当时基金大举建仓,央企基金重仓股将成为热点的背景下,后势将强劲反弹。

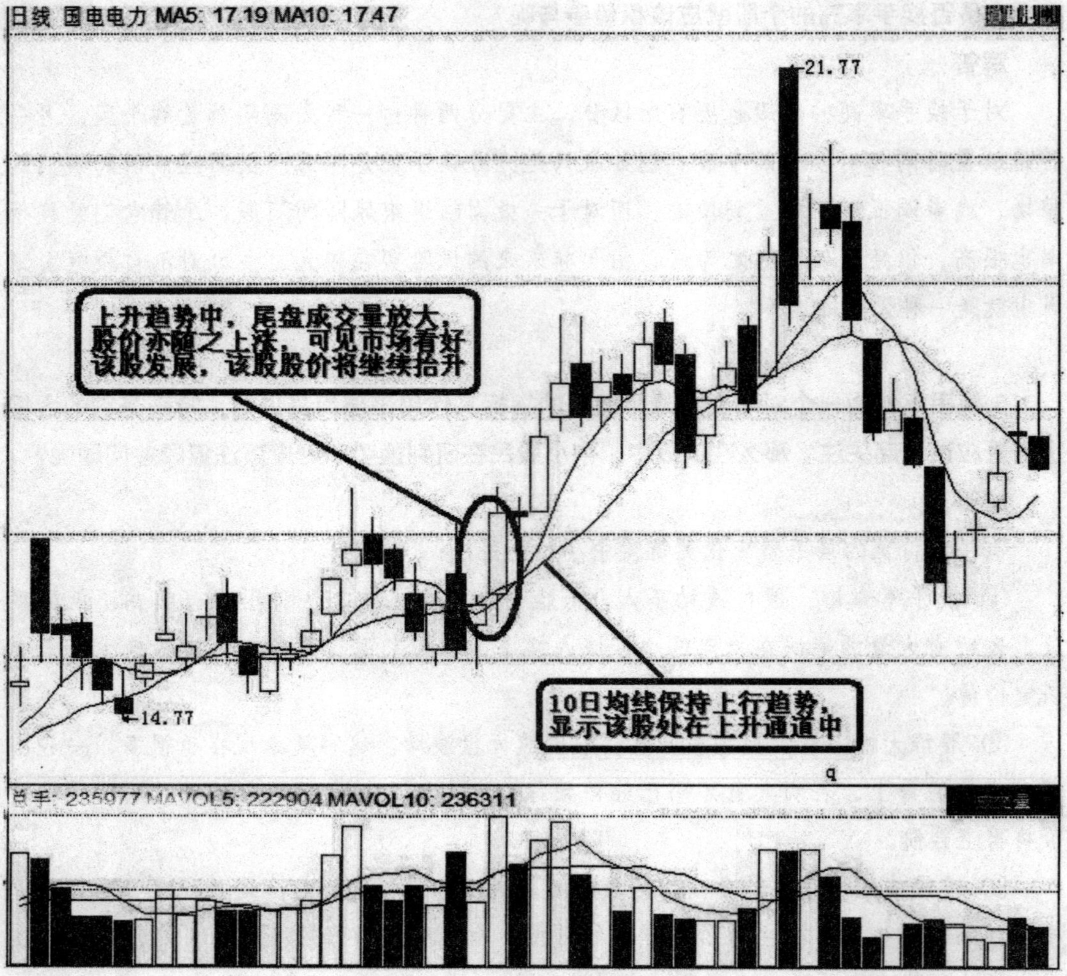

图83 国电电力尾盘成交量分析图解

7.观察神马股份（600810）（见图84）在2010年4月下旬的走势图，试分析为什么这次的上涨是假上涨？

解答：

从K线图上我们可以看到，该股前期总涨幅还是比较大的。在以16.47元见顶后股价缩量下跌，该股应该存在层层套牢盘。之后出现了一波反弹，但是股价未能站到20日线上方，此时不应介入，否则很可能会沦为接盘者。果然在这波微弱的反弹后，均线呈空头排列，股价也继续下跌，之后又有一次强劲反弹，这仍然是一次假上涨，因为均线系统并未改变下跌趋势，盲目抢反弹很可能会被套牢。

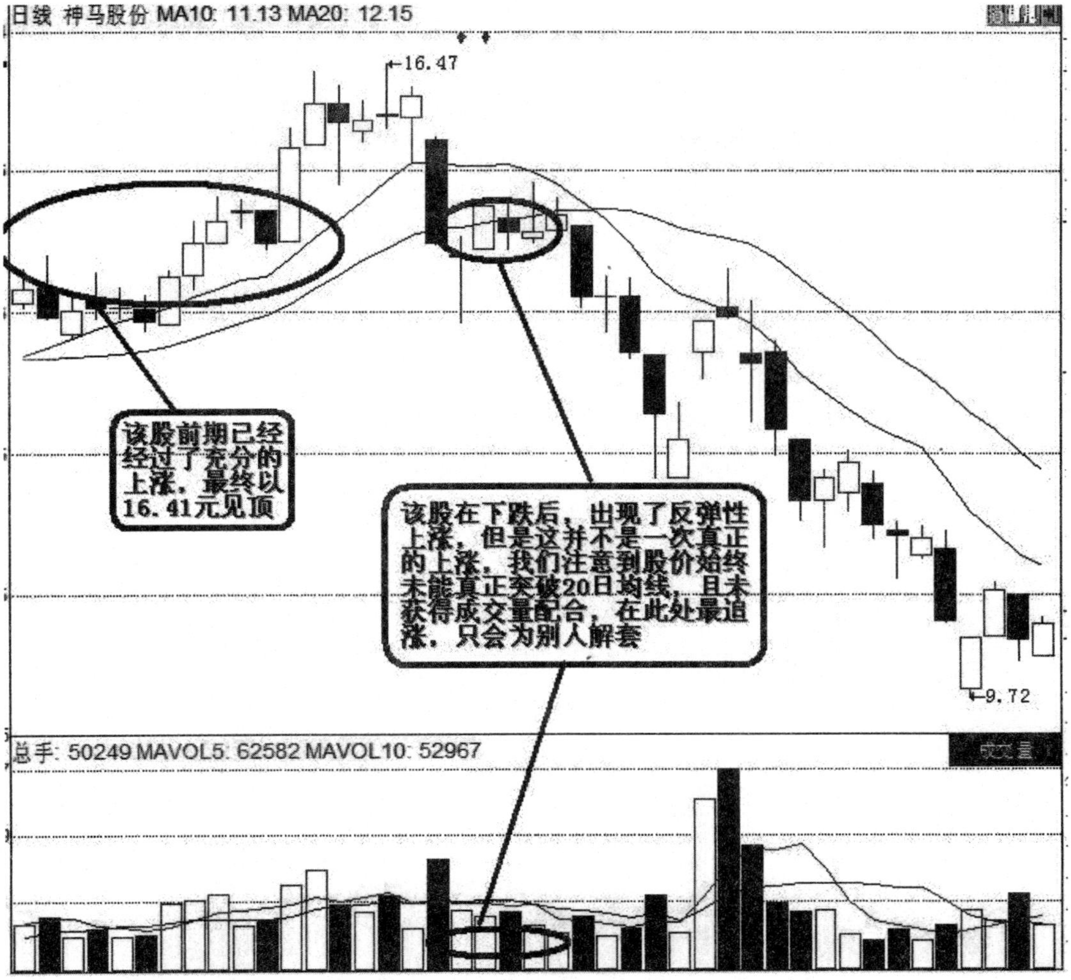

第六辑 实战分析——没有不赚钱的股市，只有不赚钱的操盘

图84 神马股份假上涨图解

第七辑　跟庄经验

识破陷阱靠理性，盲目接盘难免被骗

在大部分股民的眼中，庄家是神秘莫测的、强大凶悍的，庄家的目的是为了最大限度地赢得市场利润，而中小股民则需要正确地认识庄家，避开庄家设置的陷阱，学会观察庄家的基本操作手法，进而在跟庄顺庄中获利。因此，股民必须准确地识别庄家建仓的经典模式，剖析庄家洗盘的各种陷阱，了解庄家的出货的定式，这样才能在实战中避免沦为接盘者。

71. 知己知彼，不要认不清主力优势

俗话说"知己知彼百战不殆"，作为中小股民，我们一定要对主力的优势有充分的认识，这样才能避免落入主力陷阱。

2010年6月，股民赵女士重仓某制造业个股，6月中旬该股在高位盘整，有股友提醒赵女士防范主力出逃，赵女士很不以为然："这么小的量，主力怎么能出掉？主力没有出来，我们怕什么？"

结果没几天该股暴跌，赵女士账户损失接近百分之四十。

对于主力，很多中小股民了解的都不够深入，他们往往凭自己的主观臆想评判主力动向，其实这是一种认识的误区，很多中小股民就是吃了这种亏。

你真的清楚主力的优势吗？量小主力就出不来吗？

①主力没有出来的筹码本来就是底部的筹码，高位买的股票很少被套。

②主力在其他合作项目中或配股筹码中，一般都能实现10%以上的利润。

③主力未必要出来，等跌下来，他年可以再来一波。如果筹码不多就高卖低补，慢慢地减仓。

也就是说行情是由主力发动的，主力手中有较多的低位筹码；主力有极强的融资能力；下跌行情也是主力发动的，主力一般在高位卖掉了部分筹码，有了资金又可以投资别的。

因此主力的思路也不是一成不变的，只要有更好的品种，他们就会放弃手中的筹码而去收集新的股票。主力开新仓，可以挖掘新的热点，但是中小股民就不一样了，如果你手中的资金全部或大部分被套，又如何把握新的机会呢？而作为中小股民的优势就是资金少，如果因为主力还没有完全出来，就借口不动，等于是放弃优势，其结果只能吃亏。

在中小股民与主力的角逐中，中小股民往往处在不利的地位，原因之一在于主力与中小股民成本不一致，主力总是能在相对低位吸到筹码，等筹码到中小股民手中

时价格已大大上升？因此若发现有庄股缓慢出货的情况，应坚决出局，不管以后有没有一波强势拉升或反弹，都须谨慎为上。因为，要长久地在股市进行投资，就要时刻将风险限制在可控制的范围内，尽量扩大收益，这个市场上，高风险未必总伴随着高收益。

72.研判动向，跟庄不可不看买卖盘

我们使用的炒股软件上，都可以查看五档的买卖盘情况，即个股走势中买一、买二、买三、买四、买五和卖一、卖二、卖三、卖四、卖五。很多中小股民往往对买卖盘情况不够重视，实际上主力的动向在这里经常会暴露。

五档买卖盘有什么用？股民老谷挠挠头："那还能有什么用啊？不就是看一下实时交易行情嘛！反正我就是参照上面的价格下单，别的还真不知道！"那么，在实战中会特别关注买卖盘的变化吗？"那个买卖盘原来不是三档吗？后来变成五档了，不过这对我来说没什么要紧的。"

探寻主力动向的方法很多，但许多中小股民都忽视了一个可以准确观察主力动向的窗口，那就是个股交易的买卖盘。比如案例中的股民老谷对买卖盘的理解就过于简单了，要知道我们可以通过买卖盘的变化来判断市场多空双方力量的对比，这对实际操作有很强的指导性作用。

2003年以前普通股民只能看到买卖各三档的情况，在交易中，当普通股民将目光盯住买卖三档时，蛰伏其中的主力会却将自己真实的买盘或卖盘挂在3档之外。当主力想砸盘吸货时，一般不会直接将买单挂在前三档，而是挂在买四、买五的位置，以避免市场看出其用意。同时，主力利用手中已有的筹码，抛出和自己的买四档数量相近、价位相同的股票，以使自己的买四盘悉数成交，这样就很容易给市场造成恐慌气氛，而只能看到前三档买盘的股民，由于不知道主力的真实买单隐藏在后面，往往会认为无人护盘而放弃筹码，这样，中小股民抛出的筹码很容易就落入主力埋伏在买四、买五的买盘中。同样，庄家出货时，也是先将自己真实的卖盘挂在卖四、卖五的位置，然后便拉升股价造势，由于普通股民看不到四、五档的大卖单，往往会认为卖单稀松而主动挂单买进，庄家挂在卖四、卖五档的卖盘很容易成交，出货目的便能顺利完成。当报价系统增加至五档后，这类情形虽然仍然难以避免。但是，主力要想使

假相更逼真，就必须在虚买盘或虚卖盘上投入更多诱饵，成本的增加显而易见。

那么，中小股民怎样利用买卖盘研判主力动向呢？

第一，当某只股票长期在低迷状况中运行，某日股价开始启动，而在卖盘上挂出巨大抛单（每笔经常上百、上千手），买单则比较少，此时如果有资金进场将挂在卖一到卖五的压单吃掉，可视为是主力建仓动作。因为此时的压单并不一定是有人在抛空，有可能是主力自己的筹码，主力在造量，在吸引中小股民注意。此时，如果持续出现卖单挂出便被吃掉的情况，那便可反映出主力的实力。但是投资者要注意，如果想介入，千万不要跟风追买卖盘，待到大抛单不见了，股价在盘中回调时再介入，避免当日追高被套。如果在低位出现上述情况，介入一般风险不大，主力向上拉升意图明显，短线虽有被浅套可能，但终能有所收益。

与上述情况相反，如果在个股被炒高之后，盘中出现巨大抛单，卖盘一到五档总有成百、上千手压单，而买盘不济，此时便要注意风险了，一般此时退出，可有效地避险。

第二，当某只股票在某日正常平稳的运行之中，股价突然被盘中出现的上千手的大抛单砸至跌停板或跌停板附近，随后又被快速拉起。或者股价被盘中突然出现的上千手的大买单拉升然后又快速归位，出现这些情况则表明有主力在其中试盘，主力向下砸盘，是在试探基础的牢固程度，然后决定是否拉升。该股如果在一段时期内总收下影线，则主力向上拉升的可能性大；反之，该股如果在一段时期内总收上影线的话，主力出逃的可能性大。

第三，某只个股经过连续下跌，出现了经常性的护盘动作，在其买一到买五档常见大手笔买单挂出，这是绝对的护盘动作。但这不意味着该股后市止跌了。主力护盘，证明其实力欠缺，否则可以推升股价。此时，该股股价往往还有下降空间。但中小股民可留意该股，如果股价处于低位，一旦市场转强，这种股票往往也会一鸣惊人。

73.逆向思维，警惕主力低位放量出逃

一般来说主力出货有低位放量下跌出货，高位放量下跌出货，但是主力的手法千变万化，往往把中小散户认为应该会发生的事反向操作，以此来蒙骗中小股民。

上海股民苏阿姨是在2007年年初进入股市的，之后一直跟着一些朋友做做短线。9月下旬，苏阿姨听一个老朋友说正虹科技（000702）近期可能有大行情，应该多关

注。从9月26日开始，经过一波下跌的正虹科技股价开始不断上涨，更让人振奋的是成交量也随之攀升，这是明显的主力建仓信号啊！苏阿姨赶快买入该股，没想到几个交易日后股价却大幅下跌，苏阿姨傻眼了：原来不是主力建仓，而是主力出货啊！

低位放量下跌出货，一般容易识别。但低位放量上涨出逃，却往往被认为是建仓信号，隐蔽性较强，对中小股民的杀伤力极大。一些历史上被深套的庄股，在经过长时间的下跌和沉寂后，逐渐形成底部形态，其典型特征表现为量增价升，量价形成双重金叉，似乎表现为明显的建仓特征。然而经过一段时间上涨，比如上涨30%以后，升势却戛然而止，股价掉头向下，放量大幅下跌，甚至跌破历史支撑位。仔细辨别，原来主力不是建仓，而是通过低位对敲出货。

那么，中小股民如何区分低位放量出逃与放量建仓呢？

①成交量在短期内急速放大。低位建仓除非遇特大利好或者板块机遇，一般会缓慢进行。而低位放量出逃的特征是成交量在短期内迅速放大，日换手率连续保持在5%以上，在相对高位，会放出10%以上的成交量，且其间没有起伏，放量过程是一气呵成的。股价在明显的低位，如此放巨量，充分说明有资金在通过对敲出逃。

②上涨时放巨量。主要指即时走势图上，上涨时异常放量，成交量大量堆积，给人以不真实的感觉。日涨幅并不大，但是成交量却屡创新高。

③反复震荡。不管是上涨还是下跌，即时走势图上，股价反复震荡，暴露出主力清仓的意图。

④尾市拉升，连收小阳线。低位建仓的信号一般是尾市打压，日K线经常留下上影线，小阳线与小阴线交替出现。放量出逃的特征是经常在尾市拉升，盘中可能是下跌的，但日K线多以小阳线报收。由于短期内成交量连续放大，价格上升，形成量价金叉，形态上十分令人看好。

⑤不会突破前期重要阻力位。突破前期重要阻力位，意味着主力必须吃进更多的筹码，这显然与主力清仓的初衷相悖。在大势不好的情况下，主力通过这种方式出逃，成本相当高，而且出货量也不可能大。之所以如此，关键还是非走不可，比如说资金链出现问题，或者公司的基本面出现大的利空，否则主力不会在被套几年、股价远离成本区的情况下强行出货。这种形态具有较强的隐蔽性，即便是老手也有上当的可能。识别的关键还是看成交量的异常放大，尤其在相对高位，如果连续放出10%以上的成交量，可以认为主力在出逃。对于此类股票，如果看好形态，上涨初期可以参与，但一旦发现放量下跌，要果断出局，防止被套在高位。

74. 不受蒙骗，不要被缩量回调吓倒

缩量回调是指股价在低位上涨时回调并同时出现成交量萎缩。一般认为，这种情况很可能是一种震仓手法，投资者不应被这短暂的回调吓到，此时正是建仓加仓的好时机，在此处介入就可以把握一段主升浪。

2010年7月23日，上涨图中的中江地产（600053）突然缩量回调，股民王小姐有点担心：股价是不是要下跌？！第二日，惴惴不安的王小姐打开K线图，赫然又是一根缩量阴线，王小姐是在7月13日以7.34元买入该股的，现在算来不亏还小赚，于是她决定赶快离场，当日便以7.85元的价位将股票清仓。没想到卖出后该股却一直上涨，直到10.48元股价才开始回落，这让早早离场的王小姐后悔不已。

很多黑马股在拉升过程中都会出现缩量回调现象，王小姐就是因为被缩量回调吓到，才错失了中江地产这匹黑马。黑马股并不是突然形成的，看起来好像黑马股是在某一天突然爆发，但在之前已经有很多迹象，而成交量的细小变化最能反映出这种迹象。比如说某股票在上涨一小段时间后出现缩量回调（见图85）。

为了阻止中小股民抢筹，也为了清除一部分已获利的筹码，该股往往在攻击形态极佳之时，突然掉头向下，一路震荡走低，股价连连击穿众多"支撑"。由于多数筹码在庄家手中，而中小股民又不可能齐心做多，于是，庄家仅需牺牲少量筹码，便可打压股价；因此，随着意志不坚定分子的不断出局，成交量日渐稀少，最后，在连续数日持续萎缩之后，股价渐渐止跌——这便是缩量回调的过程。

缩量回调的形态很常见，如何判断是否是黑马股的震仓手法呢？

①从周线上看，明显有增量资金介入，上涨趋势明显，上涨过程中成交稳定而且换手不高，资金控盘明显。

②背离指标：A，该股走势周线与大盘的背离程度；B，该突发消息与股价的背离程度；C，日线走势与大盘的背离程度。

③资金介入的理由，如题材、业绩等等，特别要关注长期借口。

④前期股价没有出现较大幅度的上涨，在指数上涨的情况下，个股存在补涨的机会，或者主力在盘整中吸筹，买入时的安全性较高，买入被套的概率很低。

⑤当均线系统、MACD指标、KDJ指标出现抬头上行时，预示着个股股价即将上

涨，也是主力拉升股价很好的技术指标走势形态。

⑥当股价下跌时成交量明显萎缩，说明主力对该股的筹码进行了锁定，对该股的后市看好。同时，下跌时成交量萎缩，主力资金也无法流出，而且股价也没出现较大幅度的上涨，主力也不会出局。

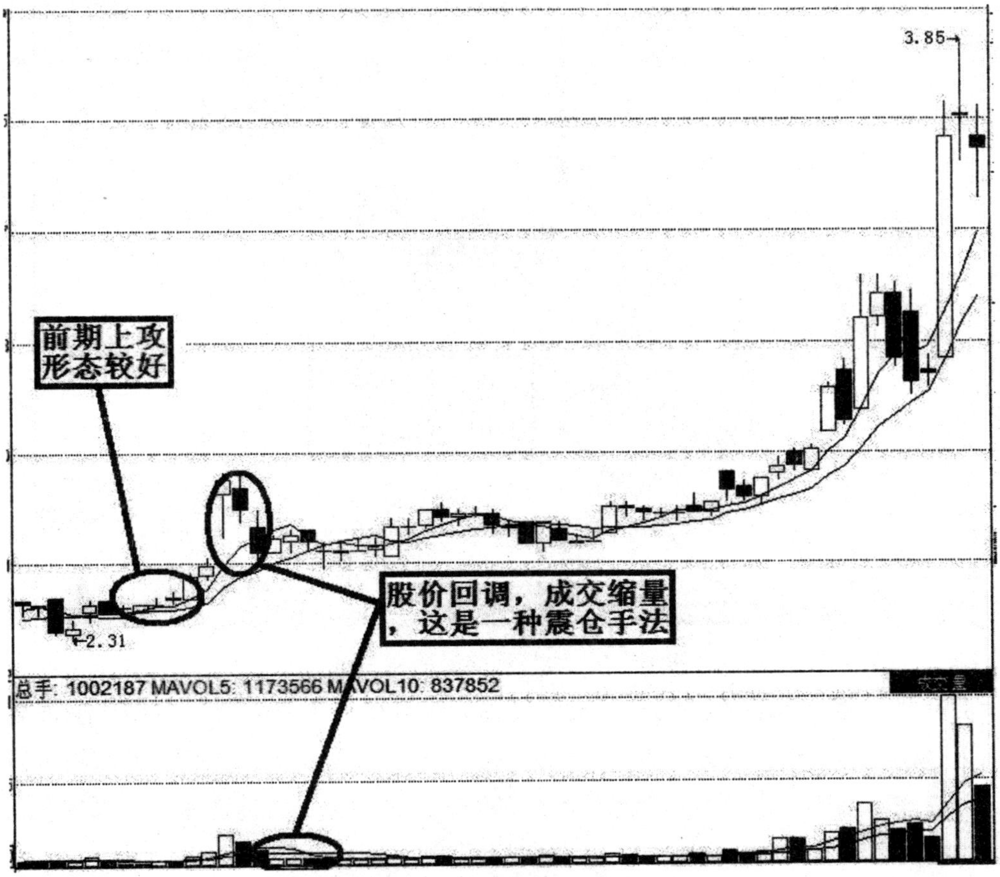

图85　个股缩量回调图解

把握以上六个方面，寻找黑马股就比较有把握了。

而确认黑马股后还要应用缩量回调进行操作：

①缩量回调时分批买入。

②突发利空，股价下挫而成交量没有异常放大时买入。

③只要成交量不异常放大就一直持有，加速上扬，成交放大，利好兑现时卖出。

例：大冶特钢（000708）（见图86）2000年4月14日，主力吸筹接近尾声，股价再度回落，至5月17日，成交量再度萎缩，股价止跌企稳。经过5个多月的吸筹，该股换手率已逾120%，至此，吸筹工作暂告一段落，随即展开一波强劲上扬行情。

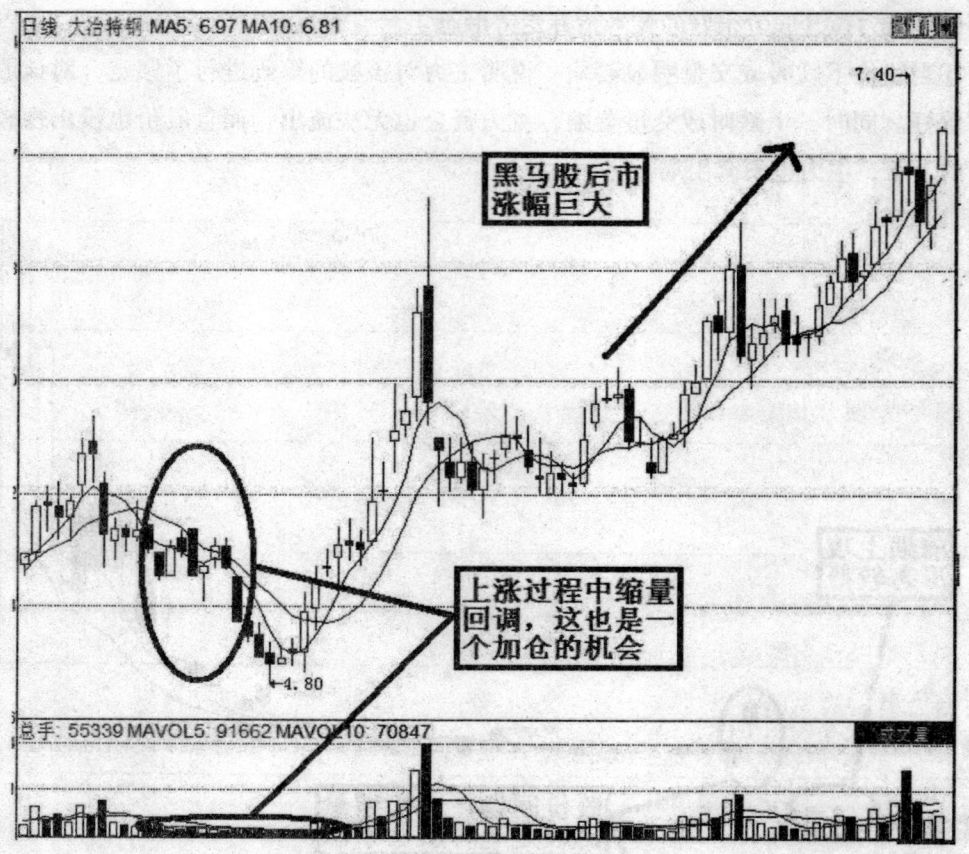

图86　大冶特钢缩量回调图解

上涨的个股出现缩量回调时，短线投资者可以卖出手里股票，在出现下跌企稳或临近收盘时再买回，这样可以做一个差价；如果是中线持有，在该股冲高缩量回落时，可以安心持股，不用担心股价的下跌，因为这是主力的震荡洗盘，想要将意志不坚决的投资者震荡出局，以便减少上行的获利筹码。

75. 小心为上，不要被假涨停板诱骗

市场上有一批涨停敢死队，这些短线高手不涨停不买入，我们知道涨停股价走势较强，特别是连续涨停的个股，短期可获取丰厚收益，但有时主力会制造假涨停板诱多，有时大涨之后也会大跌，因此，参与涨停股，高收益的同时伴随着高风险，中小股民一定要小心为上。

特发信息（000070）在2008年1月28日早盘一气冲到涨停，封板一会儿，但是这一天还是无数次打开，许多短线高手一看封的还不多马上追进，希望能以此获利，股民黄先生就是其中一个，他的买进价位是11.86元。没想到第二天也就是1月31日该股跌停！股价为10.69元，第三天该股依然跌停，股价为9.62元。这次追涨，黄先生损失惨重。

在实战中，炒作手法高明的少数市场主力借涨停板为幌子，达到顺利派发，套取大量现金的目的。当某只股票连续一段时间暴涨后，主力用大笔买单封住涨停，吸引许多中小股民跟风以涨停价格排队等待买入。这时眼见买入者众多，主力迅速申请撤单成功后，便开始全力出货，大量抛售。涨停板被打开，由于买入者众，主力不愁找不到买主。

中小股民明白主力在涨停下玩的把戏后，一旦有大笔卖单涌出后，主力出货迹象明显应抢在主力卖出前行动，以低于主力卖出价格0.1元或0.2元争先卖出。若自己不幸以涨停价格买入被套其中，第二天也应主动认赔离局，毕竟缺乏主力的炒作时单靠中小股民是难以掀起大幅上扬行情的。

有人统计，涨停次日最高点平均涨幅为5.92%，因此，如果短线介入涨停股后，次日平均收益也大大高于二级市场的收益率。如何挑选涨停股而不落入假涨停陷阱呢？

首先，我们要对涨停股做细致的分析。涨停股一般分为不开板的涨停板（又分为无量空涨型和有量仍封死型），以及开板的涨停板（分为吃货型、洗盘型和出货型）。

第一种，不开板的涨停板。

无量空涨型。股价的运动从盘中解释，即买卖力量的对比。有量仍封死型比无量空涨型可能上涨幅度要稍逊一筹，其含义是有一部分看空的抛出，但看多的更多，始终买盘庞大，拒绝开板，深天地曾出现过买一的委托量超过其总流通股本的奇观，庄家有意显示其超凡实力，只想告诉卖主一声，且慢出手。造成这种情况的原因不外乎四种：一是突发性政策利好，机构在前一日收盘后得到确切信息，今日开盘后立即以涨停价抢盘；二是个股主力经过吸纳、试盘、震仓后进入急速抬拉阶段，或板块热炒；三是个股潜在重大利好。当然过去常有子虚乌有、瞎编乱造，个股主力希望所坐庄的个股充当大盘或板块领头羊的作用，以某个涨停价开始连续拉抬几个涨停板，创造赚钱效应，吸引中小股民入市跟庄；四是主力融资期限较短，需速战速决。反正造成巨单封涨停的假象就好，自己往外甩货，有时打开之后，根据市场分时走势小量再拉上去。

第二种，反复打开涨停板。

这种涨停板的情况较为复杂，主要应从股价涨幅及大势冷暖两大方面研判：

吃货型。多数处于近日无多大涨幅的低位，大势较好。低迷市、盘整市则无需在此高位吃货，特点是刚封板时可能有大买单挂在买一等处，是主力自己的，然后大单砸下，反正是对倒，肥水不流外人田，造成恐慌，诱人出货，主力再吸，之后小手笔挂在买盘，反复震荡，有封不住的感觉。

洗盘型。股价处于中位，有了一定的上涨幅度，为了提高市场成本，有时也为了高抛低吸，赚取差价，也会将自己的大买单砸漏或直接砸"非盘"（不是主力自己的货），反复震荡，大势冷暖无所谓。

出货型。股价已高，大势冷暖无所谓，因为越冷，越能吸引全场注意。不要认为封涨停的都是主力在大力运作，有时仅四两拨千斤而已，一天某股成交了200万股，并封涨停，可能主力仅动用了20万股，甚至10万股而已。

假涨停一般是直拉至8、9个点，而未触及涨停，尤其是早盘开盘不久，主力在吸引注意力跟风盘之后掉头向下，往往是诱多，应快跑。

特别要注意的是那种突然放量很大，一下又迅速缩小，那说明主力心态不好，也会引起追涨盘的怀疑。

在识别假涨停时中小股民还应关注委托盘，真要涨停的股票，一般显示出来的买进委托盘不会比委托卖出盘大，因为主力的真正买盘是及时成交的，看不见，而那种很大的买盘托着股价慢慢上涨的，基本可以认为是主力在出货，不能追进。

76.把握意图，不要过于迷信筹码分布

筹码分布的一个重要作用是用来侦察和判断主力的行为。主力无论多么强大，他终归属于投资者的范畴，既然是投资，就需要买和卖，而只要是发生过的买和卖的行为，就会在筹码分布的技术分析图表上留下痕迹，聪明的中小股民可以通过分析主力进出的迹象，从而获知主力的真实意图。但是筹码分布就完全可信吗？

股民李先生最近一段时间一直着迷于研究筹码理论，他相信研究筹码分布情况就一定可以把握主力动向，比如主力是否吸筹、主力在什么位置上吸筹等，最重要的是他了解到，在做庄的运作过程，一般都是在底部吸足筹码，庄家才会强劲拉升，否则必定经过反复地震荡、洗筹让你先下马。这个吸足筹码的过程，就是筹码在低位慢慢

重新聚集，即上方的套牢筹码逐渐割肉，逐渐下移。因此筹码低位密集的股票是投资的首选。

在很多强庄股的背后，人们从事后的图表中都能发现一个现象"筹码密集"，于是，通过对筹码的分析，研判庄家成为一个热门话题。但事实上，筹码低位密集的股票并不一定是能够赚钱的好股。筹码分布只是一个直观显示筹码价格变化区间的简便工具。

筹码分布指标的原理就是成交量在成交区域立体的变化分布，它在一定程度上揭示了股票的涨跌与庄家的运做过程。但是筹码分布也有其局限性和不足之处。例如：庄家对敲的股票，筹码就会失真，而且根据筹码派生出的其他指标也必然失真。股票市场是变化多端的，有的股票庄家即使重仓，也会对敲拉抬。究其原因与市场状况及"战略资本运做"等诸多因素有关，仅仅靠筹码分布是无法分清的。因此，筹码分布并不神奇，绝不要迷信它。

那么筹码作假的方式都是怎样的呢？

①"筹码虚增"：庄家原地用相同成本的筹码对倒一次，庄家手中筹码没有变，筹码分布仍要"遵照"算法从其他价区搬一些筹码到成交价区内，造成这个区域的"筹码虚增"。

②"筹码虚减"：主力用一部分筹码在其建仓成本区之外的其他价区多倒几次而真正的库存不动，筹码分布的算法却要从其建仓成本区内搬走筹码，久而久之把主力的库存筹码提前搬光，给投资者一个"主力出货"的假象。

77.不要盲目，别忘预估个股的上升空间

中小股民在"跟庄"时往往会遇到一个问题：跟到哪里就该止步？换句话说就是一个庄股能拉多高？如果抛早了，就会与主升段擦肩而过；抛迟了，又会被主力逮个正着。实战中很多中小股民都没有认真地考虑这个问题，只是盲目随性地跟，结果往往招致被套牢的命运。

2010年10月份，股民胡先生开始关注中路股份（600818），10月22日趁着股价回调时，胡先生以21.38元重仓该股。买进后，该股果然继续大幅上涨，胡先生很庆幸：自己虽然下手较晚，但幸好应该还在主升浪上。股价涨至25元左右时，胡先生开始踌躇

满志地期待30元,没想到,该股却以25.24元见顶,随后一路暴跌。胡先生毫无防备,割肉无门,不知道何时才能解套。

没有人敢放言说自己能精确地计算出个股的上涨空间,但是作为弱势的中小股民,我们在跟庄时应该对个股的上涨幅度有个大概的估算,尽管不是很准确,但是心里有点盘算总好过盲目跟庄。关于个股的上升空间,中小股民不妨根据成交量、前期整理期的高度以及相对位置等来估算。

①无量上升的个股上升空间大。一般来说,随着股价的不断上升,成交量会逐步放大,但部分庄家完全控盘的个股,上升过程中成交量并未放大,表现为缩量涨升,这些个股未有明显的转势信号前,可一路持有。因为若是庄家减仓,成交量必然放大,未放量而有较大涨幅的个股风险并不大。大元股份(600146)(见图87)自2010年5月见底回升后,仅在7月16日至7月21日放量,其后上升过程中成交保持平稳,主力不急不躁,控盘自如,在没放大量之前即可持股待涨。

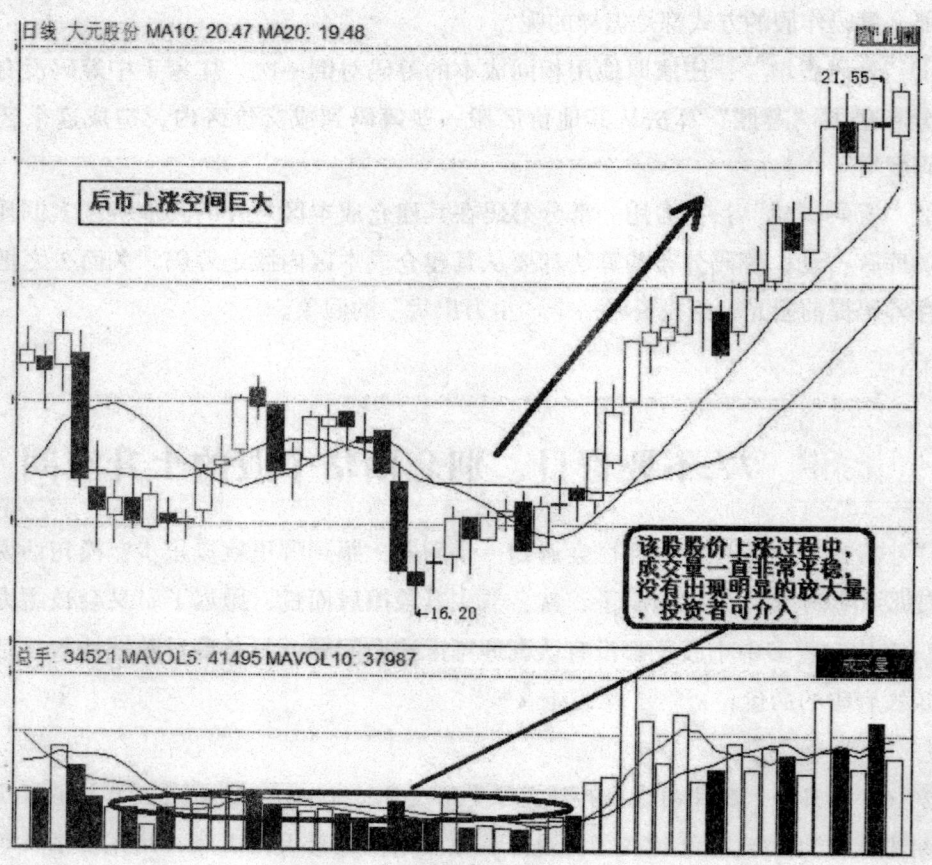

图87 大元股份持股待涨图解

②根据整理区的高度计算。我们知道箱形、三角形等整理形态都具有测量股价升幅的功能，股价一旦突破这些整理形态，其后的技术量度升幅通常可通过这些整理形态的高度来估算。例如，对长期在箱体整理的个股来说，一旦突破箱顶，后市的最低升幅为整理箱体的高度。洪都航空（600316）（见图88）2007年2月末到4月末长期在24～31.6元之间反复整理，箱体高度为6.6元，5月中旬有效突破箱顶，则理论上升空间为31.6＋6.6＝38.2元。当然，这仅仅是估算数，后市高于或低于该高度都是可能的。

见图88 洪都航空箱型整理图解

③从启动初的价位推算。实战中我们发现不少个股在一轮中级行情中升幅往往在一倍左右，如日照港（600017）（见图89）在2007年7月到10间股价从8.70元升至15.35元。充分利用这一简单的规律，可确定相应的策略；在升幅未达到一倍之前，可放心持股；若目前股价离起点已接近翻番，需提防可能出现的回落。

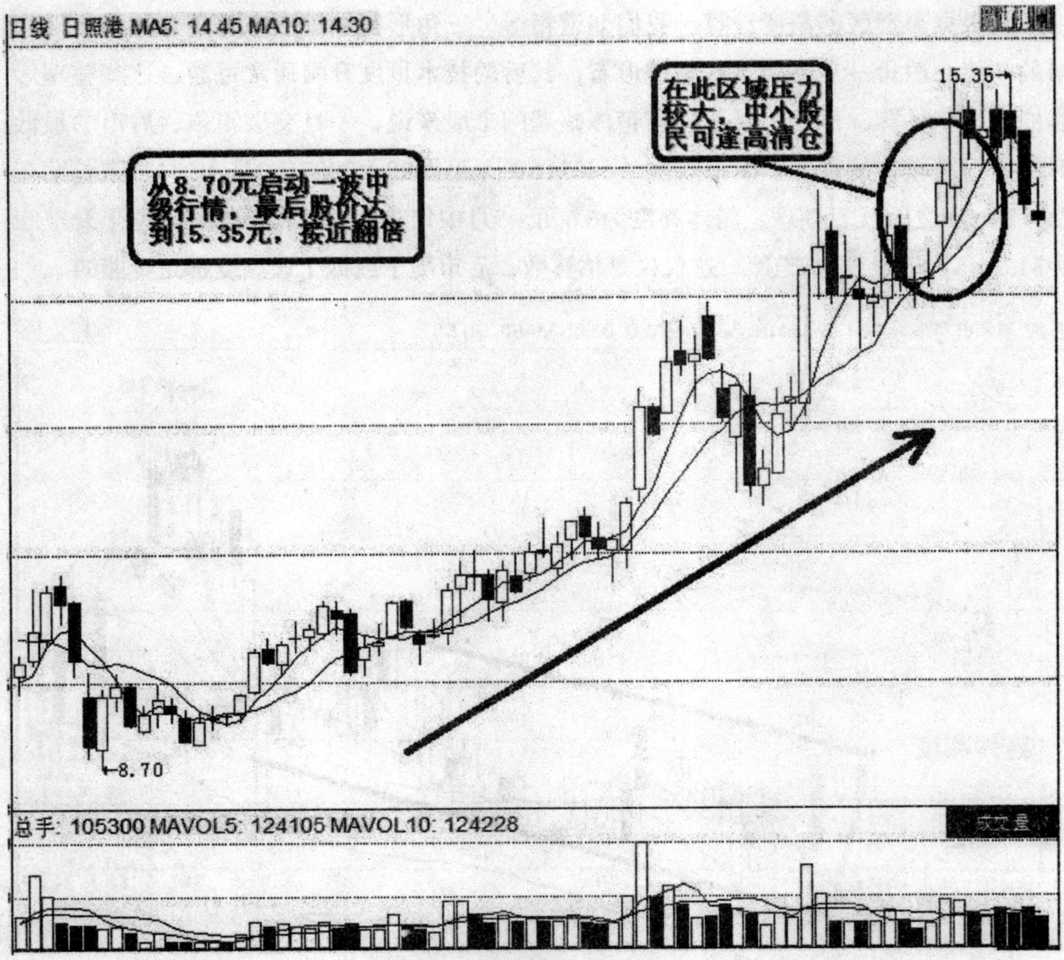

图89 日照港启动行情图解

④长期盘整的个股一旦突破上升空间通常较乐观。盘整期越长，表明主力吸筹越充分，其志向越高远，投资者可相应提高获利目标，如深科技（000021）（见图90）在2006年6月到年底长期盘整，股价一直在7元到8.3元之间震荡。从2007年1月开始股价突破上涨，最后在19.69元见顶回落。

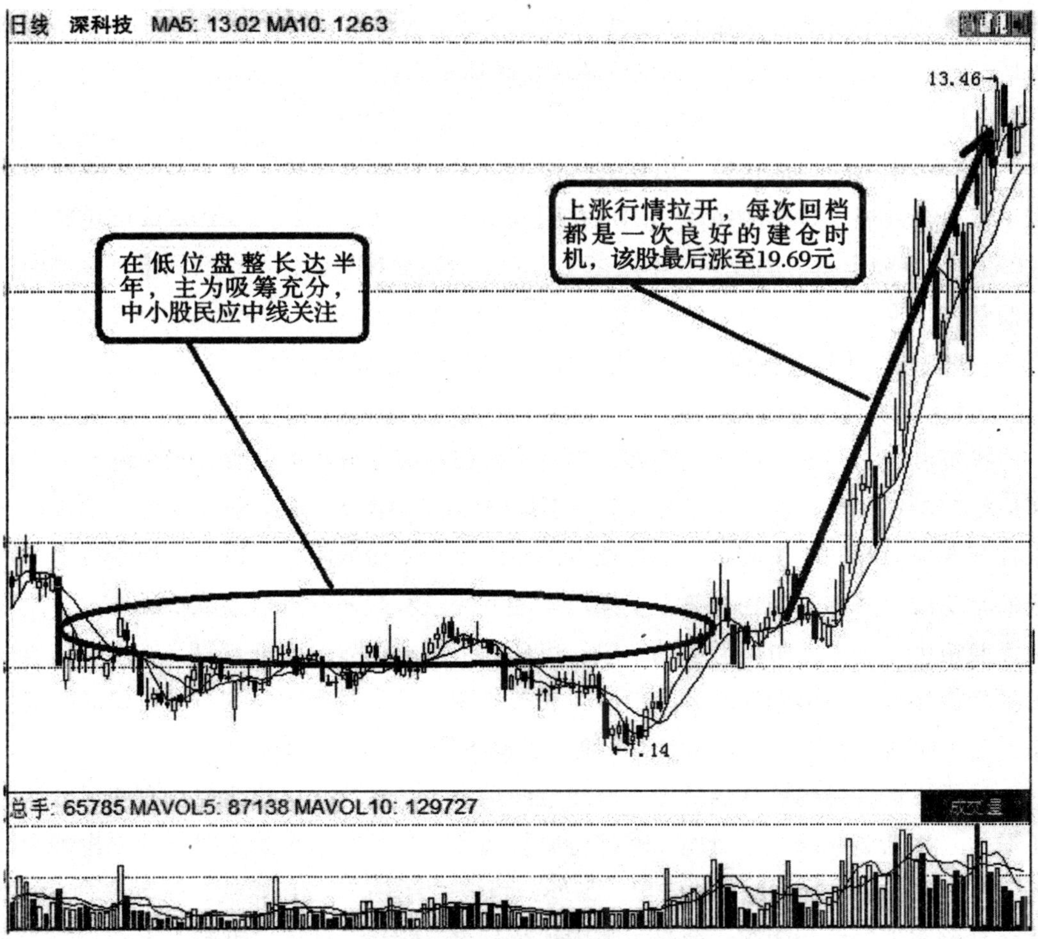

第七辑 跟庄经验——识破陷阱靠理性，盲目接盘难免被骗

图90 深科技盘整上涨图解

78.心稳手稳，不要惧怕主力阴线震仓

当一只庄股已经开始启动，主力为了清除获利盘，就会震仓，时间在3～5个交易日左右，震仓的幅度达50%，即使跌到20均线附近也会迅速拉起。震仓后，又会展开新的一轮上升浪。因此对于这类股票，我们不要被下跌阴线吓倒，如果能够及时在阴线附近全仓杀入，阳线就能短线获利，一般不出3天，就会有厚利。如果为强庄股就可能有涨停后，进入主升浪。

2010年3月23日，新海宜（002089）在上涨途中突然拉出一根阴线，次日股价低开。股民刘先生刚建仓该股不久，但是出于对下跌的担心，还是匆忙地在17.80元割肉离场了。让刘先生懊恼的是该股股价随后直线拉升，最后涨至23.63元。

在这个案例中，那根凭空出现的阴线只是主力的震仓手法，如果刘先生能仔细观察一下就会发现，该股的DDY、DDX在阴线出现时已经连红14天，DDZ成红色彩带也在0轴上方平稳运行。阴线下跌不过是主力有意制造恐慌局面让中小股民多杀多割肉出局而已。

一般来说，阴线震仓有两种情况是中小股民必须把握的：

（1）阴线打压中线走牛

投资者经常会遇到这样的形态，当股票价格在横盘或小幅上涨一段时间后，突然在K线走势中出现了连续四五天以上并不规则的阴线组合，这个阴线组合必然包括一根甚至几根高开的光头阴线，一根或多根吞没上周阳线的阴线，以及多根带有上下影线的小阴线。一串阴线在走势上呈黑压压的一片，看起来有点摇摇欲坠的感觉。这就是在股市中一些被大机构看中的个股，机构为了控制更多的廉价筹码，必须动摇场内其他稍懂些技术图形的持股者的信心，在走势图上故意打压出一些不可思议的阴线形态，为不明内情者制造压力和空头气氛，以迫使其在底部区离场。

如果投资者遇到这样的情形，要注意两点：一是在这阶段成交量没有明显的放大（通常是逐渐萎缩的），量能依然保持原状最佳。二是在这个阶段股价并未出现大幅的下跌，股价依然受中期均线支撑。另外，判定主力用K线打压骗线，一个最简单的办法就是研究近阶段的阴阳线数量，若阳线数量多于阴线，就可以判断主力在骗线，不必为难看的图形所阻，放心介入。还有就是在图形上出现该形态时，成交量是要萎缩的，而介入的时机就是在缩量即将结束之时。

2010年9月到9月17日，上汽集团（600104）（见图91）在经过一段时间的上涨后，突然拉出若干根不规则阴线，接着股价连续三天上涨。之后该股再次拉出连续阴线，我们看到同期成交量没有明显放大，应视为主力震仓手法，果然股价随后大幅上涨。

（2）连阴洗盘

股票处于一个缓慢的上升通道之中，并在上升途中突然止步，连续收出七八根小阴线，但成交量并无明显放大迹象。这类股票的走势显示了主力在目前局面中骑虎难下，由于具备一定的中线空间，主力意图以时间换空间，在强行调整洗盘后继续向上攻击。而此时的缩量更说明了大多数筹码已经被主力锁定，浮筹清理的比较彻底。故投资者应保持高度戒备，在调整到位后积极介入，中线通常具备30%以上的空间。

投资者在操作上要注意一定要认准目标个股的运行趋势，即连续的小阴线是处于一个有效的上升通道中的，而如果是下降趋势或目标个股前期涨幅已经较大，则应坚决回避。另外，操作上还要注意的是，即使在上升通道中出现了多连阴形态，短线也不必急于立刻买入，通常股份还会出现惯性低点，耐心的投资者可以在阴线完毕之后追进并中线持有。

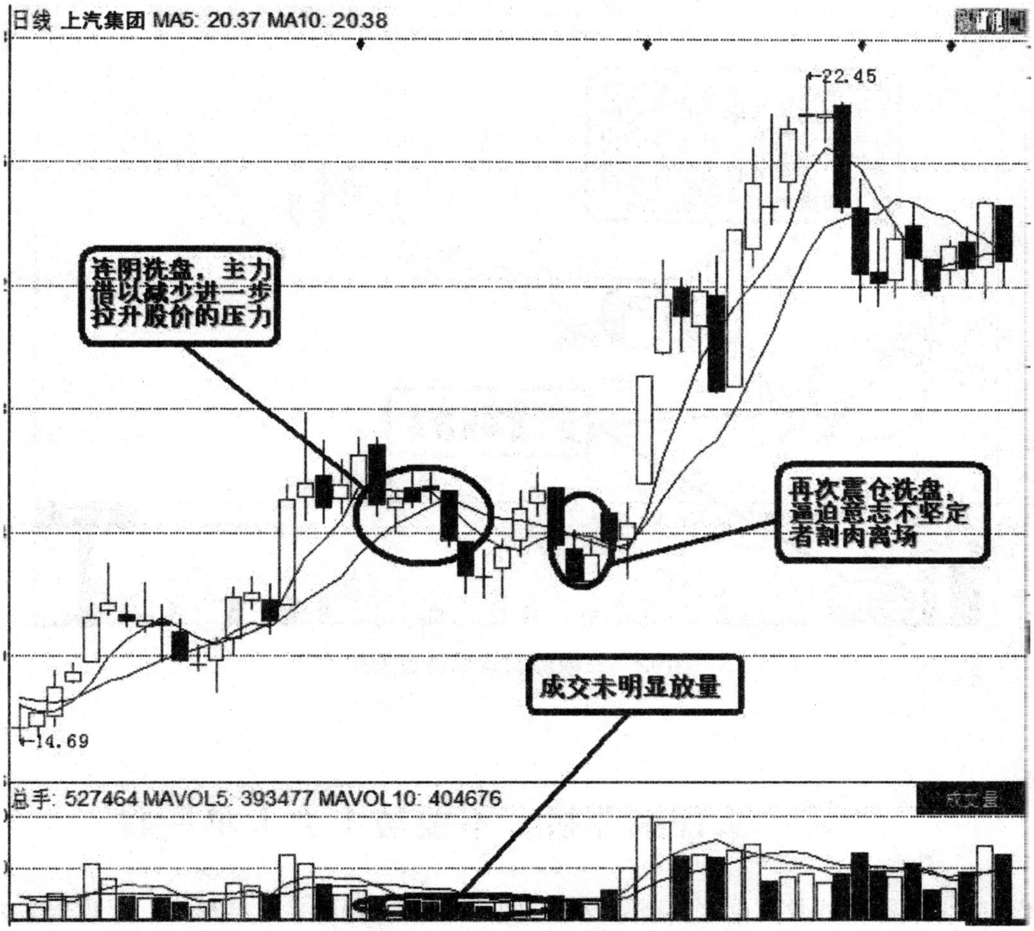

图91 上汽集团阴线打压图解

三峡新材（600293）（见图92），2009年9月22日到9月29日，该股在上涨过程中，突然拉出连续的小阴线，可以视为主力用连续的小阴线震出市场的浮筹，期间成交量始终维持在一个相对较低的水平。

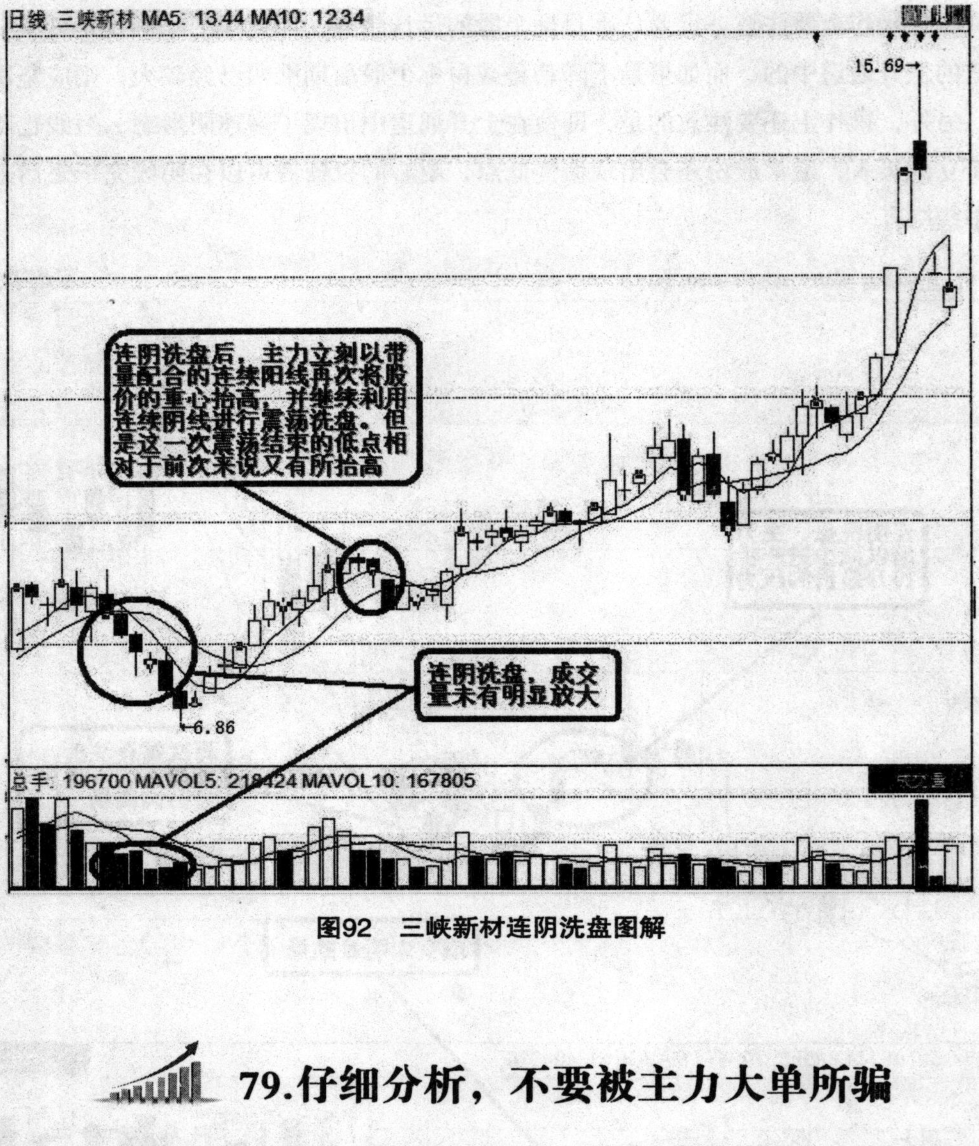

图92 三峡新材连阴洗盘图解

79.仔细分析,不要被主力大单所骗

中小股民在炒股时也常会碰到这样的情形:在下档的接盘挂单中会出现很多大单,猛一看似乎股价是不可能下跌的。不过这很明显是一种误解,因为我们无形中作了一个假设,那就是这些挂单都愿意买进。而这个假设却不一定成立,这些买单是存在撤单可能的,我们甚至可以说,其中的一些买单根本就没有想要成交过,其挂出来的目的就是给中小股民看的。

江苏的股民赵阿姨最近看好了一只银行股,并且打算全仓买进,她看好该股的理由是:最近几天一直挂着大买单,这说明股价是不可能下跌的,有这么多人都争着买，那这只股票还会不涨吗？

一只股票如果总挂着大买单，那往往是情况不妙的征兆，那是骗中小股民买进的，让人以为很多人要买，股价不会跌下来的。案例中的股民赵阿姨很可能是一位缺少经验的新股民，她不明白盘面这些信息往往是相反的，有时候一只股票拉升前，它的卖单往往比买单大数倍，主力就是让中小股民觉得压力重重。

在实战中，你可能会碰到某些股票下面的大接单一下子消失得无影无踪的情况。如果这几个价位的接单全部是市场上真实的接单，那么应该涉及很多个投资者，而我们又很难想象这些分布在各个不同营业部的投资者会在瞬间集体同时撤单，因此这些单子一定只是属于主力资金的操盘者，这样撤单才能在瞬间同时完成。所以遇到大的接单，我们一定要认真研判其真实性。

假设有一只股票五档买进价位中至少有四档是大接单，平均比上档买单多一个数量级。该股股价近期表现平稳，没有大涨过。

对于这只股票，中小股民辨别的关键在于大盘的同步走势，所以股民朋友应当把指数的走势叠加在个股的走势上面。

首先我们排除市场自然接单的可能。尽管其中可能会有一两张市场的大接单，但市场绝不会一窝蜂地排在第四甚至第五价位接，除非这些价位是整数位，所以这些大接单可以看做是做给市场看的。由于这些大单已经挂在那里了，因此存在被动成交的可能，比如一笔超大抛单一下子砸掉下面五档接单。不过一般而言由于这些大单的存在市场抛盘会小很多，这样通常情况下是不会成交的，不过指数的走势会对市场抛单起到诱导的作用，所以我们现在要用到指数的叠加图了。

指数下跌将带出更多的抛盘，这一点主力比我们更清楚，因此指数的下跌将带动下档接单的成交，所以这时候是观察的最好时候。如果接单撤掉，那么这些就是假接单。如果这些接单在指数下跌的时候仍然岿然不动，那么就有以下几种可能性。

第一，指数下跌比较平缓，主力估计市场抛盘不会很大。这样我们就等待指数更明显的下跌波动。

第二，尽管指数下跌较猛，但主力知道市场本身抛盘不大，即使如此也不会带出更多的抛盘。这表明主力近期一直在运作，对于市场较有感觉，同时也把这一信息告诉了我们。

第三，主力愿意增加筹码。由于不在建仓期（不会采用这种方式建仓），主力一般不希望无故增加仓位，所以这样做的目的就是维护股价，为短期推升股价做铺垫。

只要在指数下跌特别是明显下跌的过程中这些大接单不撤，至少表明短期内股价存在上涨机会。不过主力的计划也经常变，不过只要市场不坏，那么短期内主力寻机推升股价是有较大可能性的，但如果大盘出现明显下跌，那么主力很有可能会改变初衷。

还有一种情况，值得中小股民特别注意，那就是阻截式的大单。

所谓阻截式的大单是指这样一种情况：当上档抛盘较大时在第一接盘出现了十分明显的大单。比如某股现在的价位是8.94元对8.95元，从8.95元到8.99元的五档压盘以万股左右，第一压盘8.95元更是有4万余股，接盘方面，下档四个价位全部为数千股接单，唯有第一接盘8.94元出现了5万余股的接单。显然，一般情况下至少短时间内8.94元以下的接单是不可能成交的，因此这个8.94元的大接单就成为了"阻截式大单"。

由于下档除了第一接盘以外其他的接盘都比较小，所以如果市场上要抛出来的筹码绝不会因为第一接盘大而不敢出来，反而会更愿意对着第一接单砸下去。但事实上并没有看到大单砸出来，因此可以得出这样一个结论：市场上想抛的大单不多，说白了就是市场的大单已经不多了。

在这里，我们说市场上想抛的大单子不多只不过是一种理论上的结论，其实不论股价在什么位置，市场上都会有想出来的大单子。而现在没有大单子抛出来的真正原因只有一个，就是大量的单子已经被主力封存，所以结论就是主力已经进驻这家股票。至于"阻截式大单"只是主力的一种操作手法而已，其真正的目的无非是希望市场能够将第一卖单打掉。总而言之，"阻截式大单"的出现表明盘中有主力在运作，目前的价位主力认为不高，但主力希望通过适当的换手将股价推高。当然，如果"阻截式大单"只是偶尔出现一次，或者出现以后股价并没有出现向上的推升，那么本小节"阻截式大单"的有关结论并不一定成立。

本辑强化习题

1. 2000年9月11日,青山纸业(600103)出现了除权后的历史成交天量,达近亿股,非常引人注目,给人的感觉是该股正在换庄或有新庄介入,准备填权。该股买卖盘也很有特点:买一的买盘量近100万股,而买二和买三上的买盘更高达100万股以上;卖一、卖二和卖三上有巨大的卖盘量,只不过卖盘量要比买盘略少。请分析该股庄家的操作手法。

解答:

该庄家的手法是这样的:首先,让股价先跌一点,引起大家抄底的兴趣;其次,在买一、买二和买三这三个价位上摆着巨大的买盘量,其中买一的买盘量近100万股,而买二和买三上的买盘更高达100万股以上,好像明确地告诉中小股民,该股根本没有下跌空间;再次,在卖一、卖二和卖三上也挂上巨大的卖盘量,不让股价波动,但卖盘量却比买盘略少;最后,对于卖一位置的筹码,庄家见单就吃,有多少吃多少,显示抢购非常踊跃,吸引他人跟风买进。由于该股除权后的绝对价位不高,于是想拣便宜货者一拥而上,纷纷介入。当他们都抢到了货,持股待涨时,已经上了庄家的大当,因为他们在卖一里所抢的便宜货全是庄家的。第二天,庄家又用这种方式去骗其他股民上当,博傻理论发挥了作用,庄家最终得以全身而退。

2. 2009年12月14日,本来处在上升通道中的永鼎股份(600105)(见图93)突然开始下跌,与前次震荡不同,该次成交量也开始伴随股价下跌而萎缩。

解答:

从K线图上我们看到,主力在这一点做出了持续下跌假象,但是仔细观察就会发现,本次的下跌低点仍未跌破前次低点,可以认为该股仍在上升通道中,而缩量下跌不过是一个空头陷阱。

空头陷阱在成交量上的特征是跟着股价的持续性下跌,量能始终处于不规矩萎缩中,有时盘面上甚至会涌现无穷空跌或无量暴跌现象,盘中个股成交也是非常不活泼,给中小股民营造出阴跌走势遥遥无期的气氛。偏偏在这种氛围中,主力往往可以轻松地逢低建仓,从而形成空头陷阱。

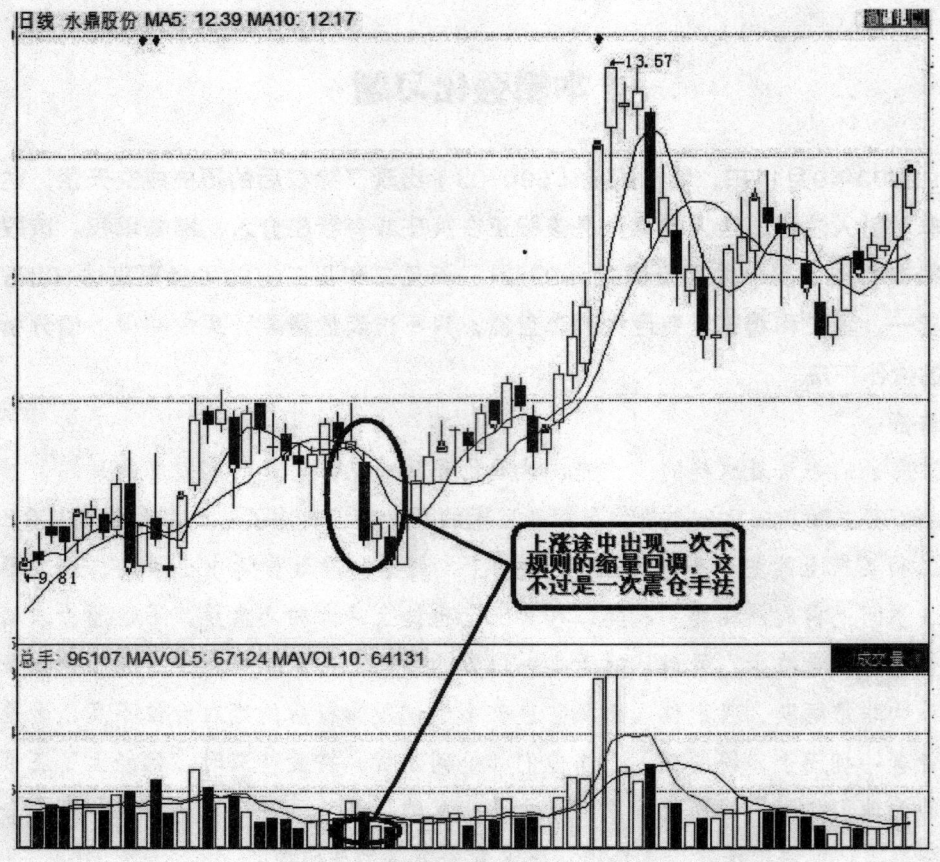

图93 永鼎股份缩量回调图解

3.主力的洗盘手法繁多，比较常见的是固定价位区洗盘法。请试着解释这种洗盘的操作手法。

解答：

固定价位区洗盘法的特征是股价不动，但成交量却不断扩大。其具体的操作手法为：某股涨停是25元，跌停是15元，而主力会在18元处限价以超大量的单子挂入。这样的结果将导致一整天股价将"静止"在18元和17元之间，只要股价久盘不动，一些中小股民就会不耐烦地将手中股票抛出，不管多少，将全部以17元落入主力的手中，直到量大到主力满意为止。然后，往后的涨幅又是由主力决定，而中小股民只有追高或抢高的份了。

4.股票筹码分布在两个或两个以上价位区域，分别形成了两个或两个以上密集峰；上方的密集峰，称为上密集峰；下方的密集峰，称为下密集峰；中间的密集峰，

称为中密集峰，两峰之间称为峰谷。因此，我们要掌握主力动向就必须观察这些密集峰。

解答：

筹码理论告诉我们：

①当庄家为买方，股民为卖方时，所形成的单峰密集意味着上攻行情的爆发；

②当庄家为卖方，股民为买方时，所形成的单峰密集意味着下跌行情的开始；

③当庄家和股民混合买卖时，这种单峰密集将持续到趋势明朗。

5.根据我们讲到的内容，思考一下主力阴线洗盘的思路以及中小股民操作时应注意的问题。

解答：

主力阴线洗盘的思路为：低位低开高走（吸筹）——拉高脱离持仓成本区域——拉升中派发部分获利筹码（以增加后市拉升过程中的可用资金）——连阴震仓——再拉高，股价就这样在不知不觉中被庄家逐步推高。

中小股民在遭遇连阴洗盘个股时应注意以下几点：

①当股价筑底成功并拉升至中期均线之上时，投资者不要急于介入。因为主力为了清洗前期套牢筹码，还会继续震仓。而当股价回调至中期均线处止跌并收阳线时，这说明主力第一次洗盘已完成，当成交量再度配合时，投资者可大胆介入。

②当股价重新拉升至中长期均线之上时，主力为清洗短线获利筹码，一般情况下也不会急于拉升，而往往会依托20日均线再次展开震仓洗盘行为，此时投资者可继续持股。而当股价重心小幅回调至中期均线处止跌，并在成交的配合下再度带量收阳时，表明主力第二次洗盘完毕，投资者应及时进行补仓操作。

③当股价再度上升至所有中短期均线之上时，主力会故伎重演。盘中反复使用阴线洗盘，以试探前期套牢盘及抛压的情况。此时只要股价的阶段性低点相对在不断抬高，投资者就可继续持股；反之，则应出局回避风险。

第八辑　消息面错误

人群中积聚的是愚蠢，而不是天生的智慧

中国人喜欢跟风，但是炒股一定不能"随大流"或者"听消息"，因为人多的地方未必安全。"内幕消息""专家推荐"都不能成为你买卖的理由，消息只能作为操盘的参考，而且有些消息只适宜短炒，有些消息一旦明朗化就失去了炒作的价值，而且有许多庄家经常制造消息出货，为中小散户设下投资陷阱，所以对于一般的小道消息，尽量做到左耳听右耳出，对于重大消息一定要分析消息的来源，再作操作参考。

80. 跟风炒股，"风头"得利"风尾"吃亏

中国最流行的一个字就是"热"：房产热大家都跑去炒房产，基金热不管对基金有无了解都先去跟风买上一笔。而近些年来股票热，于是大量的新股民们，甚至伪股民们立即蜂拥而上，一人赚钱，多人眼红，"传染性"极强。听说某只股票赚钱，大家便纷纷将钱投进去，却不知跟风其实是炒股大忌，其结果很可能是少数"风头"得利，而大多数后来者吃亏。

在某建筑公司从事预算工作的陈女士生活富裕，家中小有资产。2001年上半年正是中国股市大热的时候，陈女士周围的同事朋友很多都加入了炒股大军，每日所见就是同事报纸、收音机不离手，耳中听到的便是"某某一炒暴富"的新闻。尽管对股市及股票并无了解，陈女士还是选择加入。5月初，陈女士在朋友的指点下投入了3万多元购买了一支银行股，结果小赚了一笔，陈女士大受鼓舞，在和丈夫商量后，一次性投入了17万元进股市，指望大赚。没想到6月后股市就大跌，因为不懂止损加上还对股市抱有期望未能及时割肉离场，最后陈女士一家血本无归……

像陈女士这样的例子并不少见，随着众多一夜致富的传奇故事迅速蔓延，越来越多的人抱着"捡钞票"的心态，盲目地加入了炒股行列。事实上，很多刚入市的股民只想着赚钱，根本没有考虑到在亏钱的问题，也就是说他们没有做好充分准备，而只是盲目跟风，这是不可取的。

众多股民们看到身边的人一个个在股市中大赚，就都怀着"入市就能赚钱"的理念跟进，而这种跟风的心态，正是"全民炒股"的隐忧所在。

当股市大跌时，不同的人从不同的角度可能分析出不同的原因。比如说，我国股市基础建设还不牢固，存在不少深层次的问题，大小非解禁也可以处理得更好；比如说，因为2006年和2007年股市上涨过多，泡沫积累严重，随后股市下跌是泡沫破灭的结果等。但如果从投资者的角度分析，就是我国的投资者还不够成熟，最突出的一点就是跟风严重。

跟风炒股就是别人说哪只股好，他就买哪只股，没有一点主见，人云亦云。据调查，70%的股民一般都是依照券商的消息来投资股票，只有不到10%的人是自己分析股票自己投资股票的。大多数人炒股连最简单的K线图都不知道看，就已经大把地把钱投下去了，亏钱之后再埋怨自己运气不好，这实在是一种很危险的投资行为。

炒股应当保持理性，不要盲目投资。股市有风险，入市需谨慎。

81.不要盲目，重仓强势题材股要谨慎

很多中小股民都认为，在股票市场上，炒股就要炒强势股。一个够水平的投资者会在一波行情风声乍起之时从数只率先拉涨停的个股中筛选出一至两个股票。它们必须在流通股本、股价绝对高度、题材、业绩及个股日分时图、股价拉涨停的角度与速度等诸方面占有绝对优势。强势股走势强劲，往往一连数月一口气上涨，抓住它的人兴奋，错过它的人懊恼。

于是我们看到，当某一行业或是类型的股票大涨时，当我们的眼前、耳边充斥着强势股的种种讯息时，很多人都难以挡住诱惑。为了赚更多，一些人甚至不惜把所有的资金都押到强势股上。不过，强势股涨得快，跌得也同样快。未能及时抽身而出的话，损失就非常惊人了。

投资者萧小姐是个理财高手，她炒股票、买基金，目光敏锐，出手大胆，在投资中赚了不少钱，但是在2009年她却因为过于"大胆"而吃了亏。

近两年，新能源股是市场上的强势股、大热门，萧小姐认为新能源板块大有可为。于是在2009年4月份萧小姐开始就买入京能电力（600578），刚开始的时候买入了3万股。萧小姐觉得，新能源的确拥有不错的前景，买入京能热电后，股票的强劲势头也让她感到非常满意。到5月初，京能热电的股价已经拉升到了9.6元，在一个月的时间内，萧小姐的收益就达到了20%。

这种情况让萧小姐非常兴奋，她认为"富贵险中求"，既然抓住了热门题材热门股，就应该大胆出手，买的多才能赚得多。于是趁着一次股价下调的机会，萧小姐又买入了1万股京能热电。开始萧小姐还有点惴惴不安，可是到了6月，京能热电的股价又到了10.9元。这样一来萧小姐信心大增，于是干脆把账户上其余的股票都卖掉，全部换成了京能热电。

萧小姐算了算，自己的持股量达到了6万7千股，持股成本在10元左右。萧小姐开

始满怀希望地祈祷京能热电继续强势上涨。8月5日,京能热电创出了12元的新高,萧小姐欣喜若狂,打算等股价涨到13元便出手。可是京能热电创出新高后,就一路下跌。而且不仅仅是京能热电,前期极为强势的新能源股都出现了较大的回落。而萧小姐的账户亏损已经达到了30%。

近几年的强势股炒作使得不少中小股民形成了思维定势,他们像案例中的萧小姐一样见到强势股就一头扎进去。在这些投资者眼中,强势股一路强势,它们拥有占据着涨幅榜的前列,若不把它们列入账户,实在有些对不起自己。然而,强势股的消失和它的崛起一样神速。仿佛在一夜之间,热点就被迅速切换到另外一个频道上,昨日的明星成为被遗忘的角落。但是,重仓的昔日热门股该怎么办?一种方式是放弃,迅速追随上新的热门股;一种方式是等待,等待题材重新被炒热。这就会给投资者带来损失。

那么,中小股民应该怎样正确操作强势股呢?

首先,面对大盘及个股股价的走高,投资者绝不能盲目乐观,要保持高度的警惕性。不论大盘还是个股,其走高的过程也是风险凝聚的过程;股指(价)走得越高,其投资风险也就越大,而随着这种风险的增大,它总有一天是会释放出来的。

其次,绝不在高位买进股票。当股指或股价进入高位后,理性的投资者是不应买进股票的,特别是买进那些股价同样处在历史高位的股票。面对进入历史高位的股指或股价,普通的中小股民正确的做法应该是:空仓者以持币观望为主;轻仓者以持股观望为主;而重仓者应以派发为主。

再次,要注意合理配置强势股的比例。尽管强势股上涨时动能强劲,但是不要忘记的是,下跌时它同样反应迅速。追逐强势股并没有错,但是重仓强势股,把所有的资金都押在其中,就意味着极大的风险。

最后,中小股民在资金量允许的前提下,应该对投资进行适当的配置,包括强势股、传统行业股票、现金等,尽管短期来看可能会降低收益率,但是长期来看,这会让投资稳健得多。

82.别听噪音,小道消息满布陷阱

股市中,小道消息总是满天飞,也有很多中小股民总是爱打听小道消息,据此而"寻找"黑马,事实上试图利用小道消息炒股赚钱是一种错误的做法,当消息都到了

消息最不灵通的中小股民的时候就是世人皆知的消息了。成也消息，败也消息，小道消息或许让你10次中9次赚钱1次赔，但是往往就是这一次赔会让你全部赔完。

在现阶段，"消息市"是我国目前股市的典型特征，"搏消息"也成为机构大户操纵股市的重要方式。众多中小股民容易听信众说纷纭的消息，机构庄家便利用这一点进行爆炒恶炒，牟取巨额利润。再加上市场本身和投资者队伍的不成熟，成为流言滋生的土壤。

消息只能作为操盘的参考，而且有些消息只适宜短炒，有些消息一旦明朗化就失去了炒作的价值，而且有许多庄家经常制造消息出货，为中小散户设下投资陷阱，所以对于小道消息，尽量做到左耳听右耳出，对于重大消息一定要分析消息的来源，再作操作参考。

股民老王是在退休后才加入炒股大军的。由于对股票市场并不了解，再加上也不知道如何选股，他只能靠从朋友或者市场上听来的小道消息炒股。2007年五月上旬，老王听到内部消息说世纪星源很快就要停牌。5月15日这天，老王马上就以8元的成本买了5200股。果然，世纪星源在连涨数日之后，5月22日如期停牌。老王以为这次终于等到了个准消息。谁知停牌近两个月之后，7月11日，世纪星源宣布终止定向增发，复牌后连续6个无量跌停，这下子老王愁坏了，他每天都想割肉但都找不到机会。7月20日，他终于"如愿以偿"，以6.2元的价格割肉成功。这一下又让他损失了1万元。

生活中，像老王这样的听消息炒股的人还有很多。有些人天天在查看哪只要停牌，哪只要出利好。这只进了后没停牌，亏本出来，那只进了没利好，又亏本出来，最后的结果是：炒了很长时间的股票，没赚到钱还亏了不少。股市就是一个传闻满天飞的地方，各种传闻每天都通过不同的渠道充斥着投资者的耳朵。一些投资者由于轻信了传闻，导致误入传闻陷阱的事时有发生。股市上大鱼吃小鱼，"大鱼"更多是借别人之手，或借势吃掉"小鱼"。股民提高自己的风险意识是最主要的防御武器，不要轻信各种各样的小道消息，不要仅凭看了某个股评就做决定。对中小股民来说，最根本的抵御方法是用心理解长期价值投资的基本理念，并了解一些方法。抑制自己投资的贪念，把自己投机的动机放置在一个理性思维的框架里，这样才可能减少落入各种各样消息陷阱里的次数。

庄家出货和吃货，通常的手段就是诱多和诱空。不是在交易形态上，给中小股民造成错误的判断，就是在消息上面上，给中小股民挖许多陷阱。而这两种手段一定是配合使用的，真真假假，对一个普通的股民来说，比较不易判断。

那么，常见的小道消息陷阱有哪些呢？

第一，配合庄家出货，散布小道消息让中小股民跟风接盘。当股价涨幅达到15%以上时，各种小道消息就开始登台亮相了，有关该股的传闻在随后的几天里会不绝于耳，这时的投资者总是听到相互矛盾或无法确定的消息。投资者是不是相信这些消息，其实并不重要，总之股价还在继续上升，仿佛在告诉投资者，那是千真万确的好消息和赚钱机会，而实际上这只是在为庄家出货做准备。

第二，为了拉抬股价，往往会给自己做庄的股票制造些传闻。

先出些坏的，打压股价以便自己更多地吸筹，到了一定阶段，开始狂拉股价，在中小股民犹犹豫豫不知是否该买入时，又猛出利好传闻，诱中小股民入局，而庄家却开始出货。而这些公司大部分在利益的面前倒下了，与庄家配合得天衣无缝。最后受损的还是不明真相的中小投资者。

我们一再强调不要被"内幕消息"左右，并不是要求股民不重视消息的价值，而是说我们绝大多数人得到的消息是不全面的和错误的。消息的积累是必需的，但不是听所谓的小道消息，而是要自己去观察总结。

总之，盲目地追逐市场消息或市场谣传往往成为庄家的抬轿人。中小股民必须学会根据自己了解和得到的信息进行仔细分析，通过分析去伪存真，把握消息带来的投资机会。

83.网络陷阱，世上没有免费的午餐

除了人传人的口头消息渠道之外，目前，互联网也是一个被"大鱼"经常利用来布置消息陷阱的有效工具。各种证券类的网站、综合门户网站的证券论坛、股评、博客等，都可能成为消息陷阱的公开场所。股民的共同特点是喜欢听牛市的故事，不喜欢听风险警告。这是网络推荐陷阱能够得逞的关键。由于庄家在筹划消息陷阱方面的经验与细密布置，即便中小股民中招，也可能完全意识不到。

江西的小陈是一个年轻的股民，她很喜欢在网上冲浪，与人交换炒股心得。一次偶然的机会，小陈跟着"推荐黑马股票"的广告走进了一个博客，发现博客主人不但写股评还在文章最后会推荐股票买入，小陈暗暗跟了一回，小赚了一点，心下一喜第二天又跟着去看博客，后来发现该博客主人还有"内幕消息体验"的QQ群可以提供7天免费推荐的三只黑马股票，小陈一高兴就加入了QQ群。

2010年1月18日,小陈加入QQ群当天就去群空间看了博主的当天黑马股票,并立即买入了代码为600159的大龙地产,价格为21.30元。买入后股票果然上涨了,小陈非常开心。1月21日,该股涨到了22.60元,小陈觉得自己不应当太贪心,她打算等股票涨到23元就抛出。然而第二天,大龙地产开盘就一阵猛跌,到了2月5日已跌至13.92元,小陈几次想出手都未能成功,被深度套牢。

"提供短线黑马3只""点击进入最新暴涨黑马""提供7只大牛股有望暴涨40%""震荡行情,短线可为""惊天内幕,免费提供"当这些极度诱惑的字眼频频出现在各种财经网页的时候,不少股民们都会情不自禁地点击进去,看看这些博客是否会为自己赚来第一桶金。而小陈带给我们的教训就是,炒股博客盘中盘后盘前的大势分析只能学习,千万不可盲目跟随其进行操作。

近年来,"炒股博客"如雨后春笋般出现在各网络媒体上时,往往以"昨日大盘指数上涨多少多少,符合自己的判断"为开场白,随后便推荐个股,甚至说出目标价和时间,每天都有更新,有时候盘中也会更新。在文内还留有和博客主人交流的QQ号码和联系方式。声称自己是免费帮助新股民解答问题。而正是这些免费提供内幕的博客却为不少新股民添了"新伤"。新股民往往不是得到了免费的服务,而是为博客主人们抬了轿,做了接棒者,没有赚到钱,却深深被套。

总之,现在网上各类股票资讯产品鱼龙混杂,卖家的承诺无任何保障,一旦上当受骗,股民很难为自己维权。对于股民来说,面对网上荐股,一定要保持清醒。

84.不要跟风,散户要建立买卖规则

作为一个投资者,即使是中小股民也应该学着为自己负责:你要决定入场的时间,决定持股的时间,决定出场的时间。电视、广播、网络、朋友的推荐或者短信的股评信息可以多听一听,多看一看,有利于综合分析,但是只能参考,不能当做自己买卖股票的唯一依据。

不相信自己,却轻信别人,这是很多中小股民易犯的错误。不少中小股民通过学习,掌握了很多分析方法和技巧,具有一定的分析水平。可当自己精心研究看中一只股票,准备买进时,只要听旁边的股民随便说说"这只股票不好,不如某某有题材……",立即放弃买入改买某某股。

江苏的李先生很喜欢炒股,但是他只是利用业余时间偶而为之,买卖的数额也都不大。但是在2007年年末,李先生生了一场大病,单位给了半年休假,于是李先生就对炒股更加专注起来。他频繁地到交易大厅买卖股票,也在那里认识了很多股友。2008年2月的一天,他听几个股友说恒天天鹅(000687)未来将有大行情,尽管对这只股票不了解,李先生还是以20.20元的价格买进2万股恒天天鹅。随后几天恒天天鹅一直走跌,最高单日跌幅8%,李先生有点坐不住了,他问几位股友是不是该止损,结果这几位股友说:我们有内幕消息,公司要重组,这只股票会涨到25元。李先生想还是跟着大家共同进退吧,于是放弃了止损的念头。随后几天该股票一直没有上涨的迹象。到了3月14日,恒天天鹅暴跌,三天后已跌至6.42元,李先生被深度套牢,想起之前没有按自己的想法将股票清仓,李先生痛悔不已。

股市上还有许多的"李先生们"跟风买卖。很多人买卖股票很大程度上受周围人的影响,甚至左右,其实就像自己的孩子自己了解一样,自己的股票也是自己最有发言权,买卖的理由自己应当清楚,原则是依照自己的思考操作,错了也没关系,起码可以长教训。

跟风严重的表现之一,就是越涨越买。中国股市在五六千点时,每日开户以10万计。说明一些中小投资者正在跑步进入市场。跟风严重的又一表现是越跌越卖。股市从6124点一路跌下来,仅10个月时间,就跌去了60%以上,跌得可谓惨烈。本来当亏损达到一定程度时就不要再割肉了,但一些投资者忍耐不住,在低位割肉说这下跌和国外的热钱撤离有关,还不知会跌到何处,决定卖出。这越跌越卖也加剧了股市的下跌。在高位买,在低位抛,就是跟风者的最后结果。

要知道一个市场,总会有人下新单买卖,有人作平仓出场,价格呈曲线形涨跌。跌得再厉害的市,也会有一级又一级的反弹;升得再急的市,也要一段又一段的消化。每隔若干价位,或大或小的获利回吐总会出现。一个浪接近尽头,你才盲目跟风尾巴去追,你的新单子进场,正是人家要平仓,巴不得有人来承受,你入市之时,正是行情开始回吐之日,一进场就陷于被动。

因此,要想达到盈利的目的,你必须建立自己的规则。不要总是跟风买卖,太多的可能会使你无所适从,其结果将是灾难性的,就像案例中的李先生一样。自主买卖在心理上困难的地方在于:你必须自己建立规则,并完全由自己为这些规则所产生的后果负责,这是极大的责任。

大牛市、大熊市的洗礼,深套的经历,割肉的痛苦,赢钱的兴奋,都是对自己的一种磨练,中小股民应当让自己的投资心理、投资理念一点点成熟起来,不要见别人

赚钱自己才进股市，不要见别人抛股自己就抛股。成熟才可能盈利，成熟才最可贵。跟风买卖这个坏毛病也只有在不断成熟中才能克服。

85.不要追星，炒股莫做"追星族"

"追星"只存在休闲生活当中？不一定，近来，股市中也掀起了一阵"娱乐风"，很多知名的影视明星的名字赫然出现在上市公司的大股东名单中。于是中小股民们又兴奋起来，比如某一季度市场偏爱炒重组题材，如果一只传闻可能重组的股票出现了明星股东，中小股民就会认为重组消息是真的，因为"明星都有内幕消息"，游资就能趁机把价格炒起来。

2009年4月17日，ST黑龙［现名国中水务（600187）］在复牌当日的涨幅达到了惊人的1004.08%，创出A股市场复牌首日涨幅纪录。然而，最精彩的一幕却刚刚开演。当人们发现，一些著名的影视明星早已潜伏在其中时，明星概念股这个崭新的题材横空出世。随后，明星概念股的表现，可谓精彩得一塌糊涂，个别有明星"加盟"的个股收出涨停板。一时间，有投资者开始疯狂地寻找是否还有明星搏杀于股海中，以图找到大牛股。

明星炒股真的都有赚无赔吗？不然，让我们看看下面的例子：
李嘉欣身家曾经保守估计达4亿元，然而却在股市翻船，炒股亏损已逾亿元；
曾宝仪数千万元有去无回，跌幅100%；
张菲1亿元新台币打水漂，跌幅30%；
……

随着明星概念股逐渐浮出水面，股市也诞生了一批追星族。盲目跟风娱乐明星或者明星基金经理的做法需要谨慎，投资风险不可小视。许多名不见经传的股票因为有了"明星代言"而被拉高涨停。大家之所以追逐明星概念股是认为明星持有股票肯定都是有内幕消息，会保赚不赔。需要提醒中小股民的是，不排除有些庄家利用明星效应炒作，意图"钓鱼"。面对明星概念股时还需认真分析，防止被忽悠。

投资者如果仅仅因为某明星买入而买入，则隐含着比较大的风险。一方面，明星的信息被公布出来时可能已经过了一段时间，而市场价格可能已经发生变化；另一方面，明星本身也是在做一个组合，购买单个股票的效果跟组合的差别很大，对于单个股票而言,他也同样会有很多次不成功的投资。

俗话说会卖的是赢家,卖出是比买入更为困难的任务。因此,投资者就算跟对了明星的股票,但如果不知道该在何时卖出,也同样难以获得满意的结果。对于价值投资者而言,卖出原则不尽相同。

86.破除迷信,股评只能做参考

很多中小股民特别喜欢听各类股评,靠专家的指点炒股票。但实际上专家或者股评人员没有"点金石"的本领,否则他们早就自己去亲自买卖股票了,用不着整天替股民"指点江山"。他们有其致命的缺陷,譬如没有远见性,喜欢急功近利,光是笼统地推荐,特别是广而告之的推荐方式,让庄家有机可乘,让稍微晚知的股民受害不少。

上海的老张原来是一所高校的教师,在学校教授货币银行学。他一直对炒股很有兴趣,退休后开始加入炒股大军,每天的工作就是围着股市转。他有个习惯,那就是每天都要看电视台财经频道、听广播台的股评节目,还订了三四份证券类的日报,用他的话说就是"专业人士做专业的事,听专家的准没错"。

2010年1月初,老张听到自己常听的广播节目"资深股评家"说,今年化纤市场将重返景气周期,作为化纤行业的龙头公司,山东海龙(000677)(现名*ST海龙)股价将有比较大的涨幅。没过几天,老张又恰好从报纸上看到说化纤产品价格在上涨,这让他觉得那位股评家真有"先见之明",他非常兴奋,认为自己把握了一个难得的投资机会。

于是在1月11日,老张果断买入2万股山东海龙,买入价8.52元。到了1月14日,这只股票价格上涨至9.43元。老张心中窃喜,庆幸自己买入及时。

没想到几日之后风云突变,从1月20日开始,山东海龙的股价却突然掉转方向,急转直下,拉出多根大阴线,到2月1日已经跌至7.3元左右,距离老张的买入价已经跌去近15%。老张不舍得割肉,听专家说这股票应该还有翻盘的机会。于是继续持有。可惜,到当年7月1日,山东海龙已经跌至4.5元附近,老张被套牢了。

老张这类故事,我们每天都会听说。对于很多中小股民来说,股评是操作的重要依据,但是做股评者素质良莠不齐,不少股评家确实是新股民的辅导老师,解惑答疑，分析大势，推荐好股票，成为中小股民的好帮手，但有些股评是没有基本面、没有技术面分析论证的瞎说；有些是信口开河、不负责任的胡说；有些是敷衍搪塞、模棱两可的白说；更可恶的是庄托，他们的股评往往是诱骗股民的"假说"。股评不是不能看，但要辩证地看，所有的专业人士都有成功的判断，也有失败的判断，不可能总是对的，俗话说会说的不如会听的，用经验去体会、辨别真假是不难的，对股评要有个总体的评价。

很多股市投资新手，尚未掌握基本投资知识就急于开始投资，并对周围一些曾获得较好收益的投资者、专业证券机构存在"盲目崇拜"心理，结果，仅仅听别人推荐一番就购买了某只股票。即便是一些老股民，也会出现从众心理，或者以小道消息为投资风向标，结果遭遇惨跌。

靠股评研判大势，决定买卖股票，是把自己的命运交给素不相识的人，风险极大。对股评不要盲目听信，而要客观分析。你持有的股票被多家股评推荐时不要盲目暗喜，要冷静，如低位可持有，如有一定涨幅，技术指标又在高位，可能已是头部。在高位或横盘的股票，一家股评多次反复推荐，多家股评共同推荐，可能就是要大跌的股票。当大盘在高位或盘整之时、阴跌暴跌之时、时间之窗之时、密集成交区之前、重要阻力位之前、前期高点之前，对所有的分析预测都不要信。推荐的股票不要太过相信，有些推荐的股票基本是涨势末期。

总之，作为中小股民，一定要提醒自己，任何投资行为都存在一定的风险，投资者只有在了解自己、了解市场的基础上做出适合自己的投资决策，才是对自己负责任的表现。任何盲目听从他人意见或"随大流"的行为，非但不能降低投资风险，反而容易给自己的投资带来更大的损失。

87. 不要轻信，警惕圈子变为陷阱

近年来，网上的"炒股圈子"火得一塌糊涂。所谓圈子实质就是"收费博客"，一些热门博客的博主作为圈主，在圈子中与投资者交流炒股技巧，并推荐股票。这种圈子的本意是好的，但也常容易被别有用心者利用，给中小股民设下陷阱。比如为个人谋利；比如庄托诱惑中小股民高位接盘；比如套取个人信息，用作不法目的。

中小股民小马就曾经是"圈子"中的一员。小马毕业才三年，自己存了一点钱就想炒炒股票，赚点零花钱，顺便也锻炼一下投资技巧。2010年，经一个师姐介绍加入

到一个股票"圈子",据说在那里能学到很多股票知识,更重要的是有人指导买股。小马很高兴地加入了,不过,"圈子"没给她带来多少收益,11月初,"圈子"老师介绍的有研新材(600206),让她亏了4000多元,几天的工夫一个月的工资打水漂了。现在,小马再也不敢随便相信别人推荐的股票,抓住绩优股,长线投资成为她的投资原则。

热衷于"圈子"的中小股民有很多,他们希望在圈子中获得指导或者找到同伴,这也符合人的群体心理。但是要注意,很多圈子的第一目的就是谋利,免费博客只说大趋势,而在圈子里,投资者可探讨个股走势,圈主也会给出具体建议,包括推荐股票。圈子的收费从30~90元不等。用户确定注册圈子后,系统将根据收费标准扣取相应的金币点数(1元人民币=10金币),大多圈子收费在500~900金币/月。

我们只能说,如果圈主真的是炒股高手或者消息灵通,根本不会开什么圈子,早就自己炒股赚钱了。炒股圈子鱼龙混杂,首先是为了谋利,赚取购买金币的费用;其次,部分打着专业人士、操盘手的名号进行指导的所谓老师,其实是庄托,诱惑中小股民高位接盘;而有的圈子让填写手机号等详细个人资料,不排除其在套取个人信息,用作不法目的。因此,中小股民对圈子一定要多加警惕。

88.不要循规,炒股可做反市场操作

投资买卖决定全部基于市场投资者的行为。当市场投资者几乎都看好股市进度,就是牛市开始到顶,是卖出股票的关键。相反,当人人几乎都看淡时,熊市已经见底。

股票市场在很多时候适用反市场理论操作,比如在投资者都看好股市,或投资者都看淡股市的特殊时刻,与绝大多数投资大众持相反意见,反其道而行之,往往能够逃大顶与抄大底。

1929年,美国道·琼斯指数屡创新高,全美民众欣喜若狂。老肯尼迪是当时美国十分出色的证券投资家。当鞋童在街边为他擦皮鞋时,十分感兴趣询问他如何投资股市,表示自己很想入市买入股票。敏感的老肯尼迪心中极度恐慌,连鞋童都想买入股票,可见市场十分火爆,能拿出闲钱买入的投资者几乎都满仓,买方力量已经接近枯竭,股市再也难有后续资金来推高,"气泡"随时可能破灭。老肯尼迪转身奔向华尔

街证券交易所，把手中股票全部卖出。仅过一个星期后，道·琼斯指数崩盘，大幅暴跌，形成历史上第一个大熊市，数年后道·琼斯指数跌得只剩几十点，跌幅竟高达90%以上。

市场研究中发现，赚大钱的人只占百分之五，有百分九十五都是输家。要做赢家只可以和大众路线相背，切不可以同流。

这样说并不是大部人看好，我们就要看淡，或大众看淡我们便要看好。市场投资者通常都在主要趋势上看得对。大部分人看好，市势会因这些看好情绪变成实质购买力而上升。这个现象有可能维持很久。直至到所有人看好情绪趋势于一致时，市势会发生实质的变化——供求的失衡。

在市场行情将转势，由牛市转入熊市前一刻，股票大都涨了又涨，每一个人都看好后市，都会觉得价位会再上升，无止境地升。大家都有这个共识的时候，大家会尽量买入，升势消耗了买家的购买力，直到想买入的都已经买入了，而后来资金，却无以为继。牛市就会在大家所有人看好中完结。相反，在熊市转入牛市时，就是市场一片淡风，所有看淡的人士都想沽货，直到他们全部都清了货，市场已经再无看淡的人采取行动，市场就会在所有人沽清货时到了谷底。

在牛市最疯狂，但行将死亡之前，大众媒介如报章、电视、杂志等都反映了普通大众的意见，宣传市场的看好情绪。人人热情高涨时，就是市场暴跌的先兆。相反，大众媒介懒得去报导市场消息，市场已经没有人去理会，报章新闻，全部全都是市场坏消息时，就是市场黎明的前一刻，最沉寂的时候，曙光就在前面。大众媒介永远都采取大众路线，所以和相反理论原则违背。大众媒介全面看好，就看淡，大众媒介看淡反而是入市时机。

许多投资者都明白市场中只有少数人赢钱，因此自己的投资行为往往与众不同，认为只有这样才能获得满意回报。在股市行情稍上扬一段时间，升幅有一定幅度，见买入的人多，少数投资者马上抛售股票，结果卖出的股票，稍有回档后又立即大幅上扬，眼见自己抛出股票仅在上升中途，十分可惜。当市况下跌才一段时间，幅度有限时，少数投资者会不恰当地买入，结果被套在下跌中途中。

因此反市场操作的难点是对市场人气的冷与热的判断，没有一个具体的参考标准，在运用方面存在很大的主观性与差异性。到底证券公司门口有多少人才能算得上"门可罗雀"呢？市场人人近乎绝望，你如何全面了解？市场极度冷清，如何具体衡量？应用相反理论抄大底的前提条件是股市行情大幅下跌，到底跌多少才算大幅下跌呢？一般来说，下跌幅度相对高点有50%以上时，可以考虑抄底。否则跌幅不深，过早来抄所谓的"底",成功率极低,反受其害。

在这里要给投资者一些建议,

①深思熟虑,不要被他人所影响,要自己去判断。

②要有怀疑精神,市场投资者所想所做的未必是对的,即使投资专家所说的,也要用怀疑态度去看待处理。

③一定要控制个人情绪。恐惧贪婪都是成事不足,败事有余。周围环境里的人,他们的情绪会影响到你,你反而因此要更加冷静。当投资者一窝蜂地争着在市场买入股票时,你要考虑市势是否很快就会见顶而转入熊市。

投资者不妨将报纸杂志投资专家发表的言论归纳分析好淡观点的比例,以做买卖决策。一般来说,当大众媒介都争着报导好消息时,大市见顶已为时不远。这个说法,屡经印证,屡试不爽,投资人士可以加倍留意。

本辑强化习题

1.在操作强势股时，怎样避开风险，准确判定离场时间？

解答：

一轮跌市接近尾声之时，最先冒头拉涨停板之个股最易成为超强势股。此外，一波短多或次中级行情的初期，也是我们检验超强势股的重要时刻。那些符合市场主流、股本适中并率先领衔上涨者最有希望成为超强势股。超强势股从行情启动至股价见顶一般只用6至20个左右交易日不等。由于主力有备而来，股价走势极具爆发性。因此，一旦5日价格均线趋平、K线拉阴，投资者即应出局。

2.中小股民从市场上获得的消息主要有哪些？

解答：

①新闻媒介公布的信息。包括金融和证券市场管理政策、宏观经济报告、上市公司年报、上市公司信息公告等。其中，前两类直接影响股市大盘的走势，后两类影响个股的涨跌。

②各类证券市场分析报告。包括各抒己见的股评，研究人士作的上市公司分析，行业分析报告等。

③市场传闻。一般地，中小投资者比较关注第二类信息和第三类消息。由于第三类消息具有许多不确定性，极富神秘感，易于被庄家利用，引发市场的跟风气氛，因而激起中小投资者的浓厚兴趣。

3.网络上财经类网站及博客铺天盖地，其中不乏一些一些打着"重大借壳机会""庄家内幕"的股评、荐股文章。文章下往往配有多条吹捧回复，让不少股民心动不已。那么，这些网络推荐可信吗？

解答：

事实上，通过博客、QQ、股吧、专家在线咨询、超级软件等途径荐股，然后吸引会员缴纳会费、手续费、保密费等，是各种非法证券活动中最常见的一种。有知情人士透露，部分炒股博客和收费QQ群依托于一些小型的民间资金，在短期内确实能够影响一些个股的走势，但长期而言往往换来的是血本无归。此外，网络炒股会员没有书面合同保证，利益自然得不到任何保障。一旦网站、QQ群关闭，股民缴纳的会费自然化为乌有。

4.投资者应该怎样建立自己的买卖规则呢?

解答:

①买股票之前就要盘算好买进的理由,并计算好出货的目标。千万不可以盲目地进去买,然后盲目地等待上涨,再盲目地被套牢。

②凡是出现巨大亏损的,都是由于入市的时候没有设立止损点。而设立了止损点就必须执行。尤其当刚买进就套牢时,如果发现错了,就应该卖出。

③不要基本面不好的个股。买或还没买的股票都要看看它的基本面,有没有令人担忧的地方,几个重要的指标一定要注意,谨防基本面突然出现变化。在基本面确认不好的情况下,要谨慎对待,如实在"无药可救"一定要及时了断,以免永久被套。

④不怕下跌怕放量。有的股票无故下跌并不可怕,可怕的是成交量的放大。有时是庄家持股比较多的品种绝对不应该有巨大的成交量,如果出现,十有八九是主力出货。所以,对任何情况下的突然放量都要极其谨慎。

5.网络上有上百家申银万国、中金公司等知名券商的"山寨"网站。通过电话冒充知名分析师,收取一定费用进行炒股咨询、荐股等行为也很常见。股民如果不注意鉴别真伪,很容易因公司名气响亮而受骗上当。那么,遇到这种情况,股民应该怎么做呢?

解答:

遇到该类情况时,投资者应到证监会、证券业协会网站上查询进行荐股的当事人是否具有合法的从业资格,以及是否身处具有合法资格的机构。同时,应该明确几点:第一,证监会不允许正规咨询机构承诺收益;第二,合法证券咨询机构提供咨询服务,一般要与客户签订书面服务合同;第三,合法咨询机构一般通过公司专用收款账户收取服务费。